BANCA, BOLSA
E CRÉDITO

Outros títulos nesta Colecção:

A Tutela Constitucional da Autonomia Privada — Ana Prata
Recursos em Processo Civil — M. de Oliveira Leal Henriques
Do Abuso do Direito — Jorge Manuel Coutinho de Abreu
Participação e Descentralização, Democratização e Neutralidade na Constituição de 76 — J. Baptista Machado
A Falsidade no Direito Probatório — José Lebre de Freitas
Direito Bancário — Temas Críticos e Legislação Conexa — Alberto Luís
Temas de Direito das Sociedades — António Caeiro
Usufruto e Arrendamento — O Direito de Usufruto como Alternativa ao Arrendamento — António dos Santos Lessa
Droga — Prevenção e Tratamento. Combate ao Tráfico — A. G. Lourenço Martins
O Agravo e o seu Regime de Subida — Estrutura, Funcionamento e Prática do Agravo — Fernando Luso Soares
O Processo Penal como Jurisdição Voluntária — Uma Introdução Crítica ao Estudo do Processo Penal — Fernando Luso Soares
Os Direitos dos Consumidores — Carlos Ferreira de Almeida
Direito do Trabalho e Nulidade do Despedimento — Messias de Carvalho — Vítor Nunes de Almeida
Para uma Nova Justiça Penal — Ciclo de Conferências no Conselho Distrital do Porto da Ordem dos Advogados
Temas Laborais — António Monteiro Fernandes
A Convenção Colectiva entre as Fontes de Direito de Trabalho — José Barros de Moura
Despedimentos e Outras Formas de Cessação do Contrato de Trabalho — Carlos Alberto Lourenço Morais Antunes — Amadeu Francisco R. Guerra
Intenção e Dolo no Envenenamento — João Curado Neves
A Natureza Jurídica do Recurso — Direito de Anulação — Vasco Pereira da Silva
Conceitos Fundamentais do Regime Jurídico do Funcionalismo Público — Vol. 1 — João Alfaia
Conceitos Fundamentais do Regime Jurídico do Funcionalismo Público — Vol. 2 — João Alfaia
Estudos de Direito Civil Comercial e Criminal — A. Ferrer Correia
Direitos Fundamentais dos Trabalhadores e a Constituição — João Caupers
O Direito Penal Sexual: Conteúdo e Limites — Karl Prelhaz Natscheradetz
Danos não Patrimoniais — O Dano da Morte — Delfim Maya de Lucena
Problemática do Erro sobre a Ilicitude — Teresa Serra
Cláusulas de Exclusão e Limitação da Responsabilidade Contratual — Ana Prata
Reflexões Críticas sobre a Indignidade e a Deserdação — Branca Martins da Cruz
Estudos de Registo Predial — Jorge Seabra de Magalhães
A Conversão do Negócio Jurídico — Teresa Luso Soares
Contratos Internacionais — Maria Ângela Bento Soares — Rui Manuel Moura Ramos
Arrendamentos Comerciais — M. Januário Gomes
Temas Fundamentais de Direito — M. Bigotte Chorão
Temas de Direito Comercial — Ciclo de Conferências da Ordem dos Advogados do Porto
O Procedimento Administrativo — Paulo Ferreira da Cunha
Temas de Direito de Família — Ciclo de Conferências da Ordem dos Advogados do Porto
Tribunal de Conflitos: Organização, Competência, Poderes e Natureza Jurídica — António Augusto Damasceno Correia
Manual de Acidentes de Viação — Dario Martins de Almeida
Constituição e Direitos de Oposição — J. M. Silva Leitão
Crimes de Empreendimento e Tentativa — Jorge C. Almeida Fonseca
A Relevância Jurídica Penal das Decisões de Consciência — A. Silva Dias
Atendibilidade de Factos não Alegados — Prof. Pessoa Vaz
A Excepção de não Cumprimento do Contrato de Direito Civil Português — José João Abrantes
Sobre os Regulamentos Administrativos e o Princípio da Legalidade — Jorge Manuel Coutinho de Abreu
Trabalho a Favor da Comunidade — Maria Amélia Vera Jardim
Novas Perspectivas de Direito Comercial — Faculdade de Direito da Universidade Clássica de Lisboa
O Novo Código de Processo Penal — Centro de Estudos Judiciários
Estudos de Direito Civil — A. Menezes Cordeiro
A Cláusula de Reserva de Propriedade — Luís Lima Pinheiro
Constituição de Sociedades — Albino Matos
As Operações Comerciais — Curso de Mestrado na Faculdade de Direito de Lisboa — Vários Autores
Assembleias Gerais nas Sociedades por Quotas — Branca Martins da Cruz
Temas de Direito Comercial e Direito Internacional Privado — A. Ferrer Correia
A Tutela dos Interesses Difusos em Direito Administrativo — Luís Colaço Antunes
Filiação — Constituição e Extinção do Respectivo Vínculo — Tomás de Oliveira e Silva
Homicídio Qualificado — Tipo de Culpa e Medida da Pena — Teresa Serra
Estudos de Direito Comercial — Vol. 1 — Das Falências — Faculdade de Direito de Lisboa
Nome das Pessoas e o Direito — M. Vilhena de Carvalho
Manual dos Juros — F. Correia das Neves
Introdução ao Processo Penal — José da Costa Pimenta
O Subcontrato — Pedro Romano Martinez
Em Tema de Revogação do Mandato Civil — Manuel Januário Gomes
Para um Contencioso Administrativo dos Particulares — Vasco Pereira da Silva
A Confissão, Desistência e Transacção em Processo Civil e do Trabalho — Álvaro Lopes-Cardoso
Legislação sobre Seguros e Actividade Seguradora — Paulo Ventura
A Posição Jurídica do Comprador na Compra e Venda com Reserva de Propriedade — Ana Paula Peralta
O Contrato de Concessão Comercial — Maria Helena Brito
Justa Causa de Despedimento na Jurisprudência — Pedro Cruz

ANTÓNIO MENEZES CORDEIRO
PROFESSOR DA FAC. DIREITO E DA UNIV. CATÓLICA
DOUTOR EM DIREITO

BANCA, BOLSA E CRÉDITO

ESTUDOS DE DIREITO COMERCIAL E DE DIREITO DA ECONOMIA

I — VOLUME

LIVRARIA ALMEDINA
COIMBRA—1990

NOTA PRÉVIA

A presente recolha reúne alguns trabalhos de Direito Comercial e de Direito de Economia publicados pelo autor, nos últimos três anos, em várias revistas e colectâneas de estudos.

Agradece-se ao Boletim do Ministério da Justiça, à Revista da Ordem dos Advogados, a O Direito, à Revista de Direito e de Estudos Sociais, ao Centro de Estudos Judiciários e à Faculdade de Direito de Lisboa a autorização dada para a sua publicação.

Lisboa, Junho de 1990

I — CONCESSÃO DE CRÉDITO E RESPONSABILIDADE BANCÁRIA*

I — INTRODUÇÃO

1. Crédito bancário e responsabilidade civil

I. No decurso da sua actividade e, designadamente, no sector relevante do crédito, o banqueiro pode perpetrar factos ilícitos, indutores de responsabilidade, reunidos que se encontrem os demais requisitos postos, pela lei, para tal efeito.

Em si, esta situação nada teria de específico: qualquer ente que, no espaço jurídico, desenvolva actuações pode, a todo o momento, incorrer em responsabilidade. Cabe mesmo ir mais longe: ponderando aspectos específicos da actividade em causa — portanto, os que resultem do particular exercício da profissão de banqueiro — apenas se obteriam dados indutores de uma *responsabilidade menor* do que a comum. Na verdade, trata-se de um exercício que não envolve perigos para a integridade das pessoas ou dos bens, ao contrário do que sucede com numerosas outras actividades, incluídas nos sectores da produção ou dos serviços.

Vários factores conjugaram-se, no entanto, para sublinhar eventuais situações de responsabilidade ligadas ao crédito bancário.

II. As instituições de crédito assumem, dentro do espaço jurídico-económico que compartilhem, um papel fundamental([1]), em

---

* Publicado no *BMJ* 357 (1987).

([1]) Cf. o quadro de KARSTEN SCHMIDT, *Möglichkeiten der Sanierung von Unternehmen durch Massnahmen im Unternehmens-, Arbeits-, Sozial- und Insolvenzrecht*, em Gutachten 54. DJT (1983), D 11 ss.

que não cabe insistir. Nas diversas ocorrências de falência ou similares, que traduzam danos para o devedor ou para os seus credores, intervêm, na prática, sempre bancos, seja como principais credores, seja como entidades cuja intervenção, a dar-se, poderia evitar ou retardar a falência.

À presença, insistente e inevitável, da banca em situações que, por natureza, poderão exprimir uma multiplicação de danos para todos os intervenientes, soma-se a ideia difundida da força económica das instituições de crédito às quais, em nome de uma equidade informe, poderiam ser pedidos sacrifícios, ainda que carecidos de clara base jurídica.

A esta ideia vaga foi dado corpo, em França, através das considerações de Houin[2]. Entre outros aspectos, Houin veio defender a tese de que a banca desenvolveria um *serviço público*: ela escaparia, assim, à lógica do Direito privado, encontrando-se adstrita a servir o público, ainda que com danos para si[3]. Tal orientação foi prontamente rejeitada pela própria doutrina francesa[4]: a actividade bancária tem efectiva relevância social, em termos que não suscitam

---

[2] ROGER HOUIN, na rubrica *Faillites et règlements judiciaires*, RTDComm 1955, 137-166 (150-151); do mesmo autor e na mesma rubrica, cf., também, RTDComm 1961, 436-481 (460) e 1964, 143-181 (163 ss.), bem como HOUIN/LE GALL, *Règlement judiciaire, liquidation des biens, faillite personnelle et plan d'apurement du passif*, RTDComm 38 (1975), 623-642 (628 ss.), desta feita com incidência em aspectos de processo.

[3] HOUIN não deixava, aliás, de matizar o seu pensamento, afirmando que os bancos *participavam* num verdadeiro serviço público de distribuição de crédito — RTDComm 1955, 151. No *relatório de síntese* elaborado nas jornadas brasileiras da Associação Henri Capitant, em 1984 — *Travaux* 35 (1986), 10-15 (11) — dirigidas ao tema da responsabilidade do banqueiro, limita-se apenas a enfocar o relevo social da banca.

[4] Assim, RENÉ RODIÈRE/JEAN-LOUIS RIVES-LANGE, *Précis de droit bancaire*[3] 1980, 463, que a consideram abandonmada, e GEORGES PRAT, *La responsabilité du banquier et la "faillite" de son client*[2] (1983), 7, para quem ela é "...*tout à fait fausse*". Contra o que poderia resultar do texto de Prat, deve frisar-se que, na actualidade, a teoria do serviço público bancário surge, de facto, nos escritos da especialidade, apenas a título ilustrativo. Anteriormente, o próprio JEAN STOUFFLET, an. Paris 26-Mai.-1967, JCP 1968, II (jurisp.), 15518, II, 13, considerara perigoso assimilar a banca a um serviço público. Registe-se, por fim, desde já, que fora do espaço francês, tal teoria recebe uma negativa categórica; assim, KLAUS J. HOPT, *Rechtspflichten der Kreditinstitute zur Kreditversorgung, Kreditbelassung und Sanierung von Unternehmen/Wirtschafts- und bankrechliche Überlegungen zum deutschen und französischen Recht*, ZHR 143 (1979), 139-173 (147 ss.).

Concessão de crédito e responsabilidade bancária

dúvidas; no entanto, ela pauta-se por parâmetros de eficiência, de rendibilidade e de dinamismo que não são, assumidamente, os que devem presidir aos serviços públicos (5).

III. A rejeição da tese de Houin, hoje remetida, apesar do seu prestígio pessoal, para o nível das curiosidades doutrinárias, não impediu, contudo, a formação de um espaço autónomo de debate sobre a responsabilidade do banqueiro. Esse espaço intensificou-se quando, sobre ele, directa ou indirectamente, incidiram encontros de juristas, como o que deu lugar à obra colectiva publicada, em 1978, por Gavalda (6), o que ocorreu em Königstein, em Janeiro de 1979 (7), o 54.º dia dos juristas alemães, de 1982 (8) e as Jornadas brasileiras da Associação Henri Capitant, em 1984 (9). Tais encontros, como se verá, concluíram, de modo geral, pela inconveniência em onerar a banca com particulares situações de responsabilidade as quais, em última análise, acabariam por se *repercutir* negativamente nos utentes. E em consonância com esse aspecto da política legislativa, concluíram também pela inexistência de meios jurídico-positivos para efectivar situações de responsabilidade acrescida, a cargo do banqueiro.

A impressividade do tema e a facilidade relativa, psicologicamente explicável, que sempre existe na condenação de um banco, provocaram uma difusão teórica da problemática, mesmo em países onde ela não assume qualquer relevância digna de nota (10).

( ) Há, efectivamente, serviços públicos ligados ao dinheiro — como os que visem a concessão de subsídios — que não se confundem com os bancos e obedecem a regras diferentes.

(6) CHRISTIAN GAVALDA (publ.), *Responsabilité professionnelle du Banquier, Contribution à la protection des cliens de Banque*, (1978). Cf. o prefácio de Pierre Marcilhacy.

(7) Cf. os estudos publicados na ZHR 143 (1979) — 113, a nota prévia — ilustrativos das intervenções então realizadas.

(8) Cf. os *Gutachten für den 54. Deutschen Juristentag* (1982).

(9) Publicadas como o tomo XXXV dos *Travaux de l'Association Henri Capitant*, 1984, ed. em 1986, sob o título *La responsabilité du banquier: aspects nouveaux*. O título contrasta com a modéstia dos resultados.

(10) Torna-se esclarecedora a leitura dos *relatórios* de FÁBIO COMPARATO, quanto ao Brasil — 103-108 (103) —, de LUBIN LILKOFF, quanto ao Canadá — 109--142 —, de GIUSTO JAEGER/ BIANCA CASSANDRO SULPASSO, quanto à Itália — 161-169 (161) —, de ELVINGER/ GODART/ LINSTER, quanto ao Luxemburgo — 171-182 (175) —, de J. R. SCHAAFSMA, quanto aos Países Baixos — 183-192 (187, salvo o relevo geral

IV. Pode adiantar-se que o aparecimento de uma doutrina específica relativa à responsabilidade do banqueiro pela concessão — ou não concessão — do crédito é um fenómeno circunscrito à doutrina francesa, com alguns reflexos na belga. Assenta, aí, numa particular técnica de tratar a responsabilidade civil — e que passa pela não-distinção entre a culpa e a ilicitude — técnica essa que deve considerar-se ultrapassada pela evolução geral da Ciência Jurídica continental dos nossos dias.

Não obstante, é no espaço alemão que o tema tem merecido — independentemente de quaisquer linhas de solução — os estudos mais aprofundados, acompanhados de uma jurisprudência sugestiva. A panorâmica alemã é complementada pela rica experiência bancária suíça [11]. Estas lições têm especial interesse uma vez que o Direito português, numa situação definitivamente sancionada pelo legislador civil, em 1966, neste aspecto como noutros, está bem mais próximo do alemão do que do francês, sem prejuízo de especificidades importantes.

No espaço jurídico — e, sobretudo, no espaço jurídico-privado — não há entidades irresponsáveis. Os bancos não poderiam ser excepção. Mas a uma situação inicial, em que a responsabilidade ligada à concessão ou não concessão do crédito veio ligada a conjunções emocionais, deve seguir-se uma análise serena e científica, que faculte as respostas claras e precisas de que esse sector tão importante carece.

2. O problema no Direito português

I. Enquanto tema específico, a responsabilidade do banqueiro não tem merecido tratamentos doutrinários ou jurisprudenciais de relevo, no Direito português ([12]).

---

da boa fé) —, de Jerjy Rajski quanto à Polónia — 193-200 (200) e de Pierre Alain Patry, quanto à Suíça — 207-214 —, inseridos nos *Travaux* citados na nota anterior: em todos estes países, o tema é ou ignorado, ou rejeitado ou, simplesmente, mencionado por osmose com a experiência francesa.

([11]) O tomo XXXV dos *Travaux* referidos nas notas anteriores não compreende, lamentavelmente, qualquer relatório relativo ao Direito alemão, enquanto o relatório suíço, de P.-A. Patry, surge demasiado sintético para deixar clara a sua clivagem de fundo perante o Direito francês.

([12]) Exceptuem-se as referências à doutrina francesa, feitas por Alberto Luís, *Direito bancário/temas críticos e legislação conexa* (1985), 70 ss., e o *Relatório*

Esta situação, se poderia colocar, à partida, a tónica na inexistência de qualquer responsabilidade particular do banqueiro torna, no entanto, também, o espaço português vulnerável a transposições apressadas de experiências estrangeiras. Ora convém ter presente que o Direito privado português, assente numa síntese de transferências culturais diversas, e de elaborações próprias, apresenta uma identidade que não contemporiza com tais transposições. Por outro lado, recorda-se que as diversas soluções nacionais emergem, muitas vezes, de condicionalismos locais que não se repetem, mesmo em espaços vizinhos.

O problema deve, pois, ser estudado à luz do Direito comparado, mas sem esquecer as especificidades nacionais.

II. Alguns aspectos genéricos, próprios da situação portuguesa, podem, desde já, ser postos em relevo. Assim e sem preocupações de exaustão, retenham-se:

— a nacionalização da banca, ocorrida em 1975;
— a legislação bancária específica portuguesa;
— o sistema português de responsabilidade civil;
— a situação na qual as regras a determinar devam ser aplicadas.

A *nacionalização da banca*, ocorrida em 1975, atingiu os bancos comerciais portugueses([13]). Poderia, daí, retirar-se um princípio de responsabilidade acrescida, porventura mesmo uma aproximação à ideia de serviço público bancário, semelhante à ventilada por Houin, na década de cinquenta. Não é assim. Logo na altura, as medidas de nacionalização deixaram incólumes os bancos estrangeiros; ora seria disfuncional colocar a banca nacional em situação de encargo acrescido — e logo em posição de inferioridade — perante a banca

---

português, apresentado nas Jornadas brasileiras da Associação Henri Capitant por Leite de Campos — *Travaux* cit., 201-205, publ. em língua portuguesa na ROA 1986, 49-55, sob o título *A responsabilidade do banqueiro pela concessão ou não concessão de crédito* —, o qual, para além de muito sintético, em obediência ao objectivo para que foi elaborado, permite justamente concluir pela inexistência de tais tratamentos.

([13]) Decreto-Lei n.º 132-A/75, de 14 de Março; o artigo 1.º/1, a) desse diploma excepcionou da medida o Crédit Franco-Portugais e os departamentos portugueses do Bank of London & South America e do Banco do Brasil. Os bancos emissores — de Angola, Nacional Ultramarino e de Portugal — já haviam sido nacionalizados pelos Decretos-Leis n.ºs 450, 451 e 452/74, todos de 13 de Setembro.

estrangeira, não-nacionalizada. Posteriormente, a abertura, ao sector privado, da actividade bancária ([14]), com a subsequente instalação de novos bancos estrangeiros e com a criação de uma banca privada nacional, mais veio reforçar a ideia de uma concorrência entre entidades colocadas em posições similares e não de especiais gravames dirigidos à banca nacionalizada.

Mais importante ainda do que essas circunstâncias ambientais — já, de si, decisivas — é a própria natureza intrínseca dos bancos nacionalizados como empresas públicas ([15]). Estas têm como postulado de base a utilização, pelo Estado, dos esquemas privados ([16]); segue-se, daí, num aspecto que haverá ocasião de retomar, uma total imersão de princípio do banco nacionalizado no Direito Privado.

Das nacionalizações ocorridas em Portugal não se retiram, pois, especiais argumentos quanto à responsabilidade da banca no domínio do crédito ([17]).

III. Portugal é um País de *legislação fácil*. Muitas vezes, certas soluções que, noutros espaços jurídicos, se obtêm apenas depois de uma trabalhosa evolução doutrinária e jurisprudencial, são, entre nós, oferecidas sem esforço, pelo legislador, ao intérprete-aplicador.

O sector do crédito bancário segue essa regra. Aspectos melindrosos como sigilo bancário e o saneamento das empresas que, em certos países, levantam problemas doutrinários de monta têm, à luz do Direito português, solução legal expressa. Trata-se de uma questão a desenvolver; no entanto, compreende-se desde já que, perante tais dispositivos, enfraqueça a necessidade de solucionar os problemas de crédito bancário com recurso a conceitos indeterminados — como a boa fé — ou a cláusulas gerais — como a da responsabilidade civil.

([14]) Artigo 3.º/1 da Lei n.º 46/77, de 8 de Julho, na redacção dada pelo Decreto-Lei n.º 406/83, de 19 de Novembro, precedendo autorização legislativa conferida pela Lei n.º 11/83, de 16 de Agosto. O regime da constituição dos bancos privados consta do Decreto-Lei n.º 51/84, de 11 de Fevereiro.

([15]) Os bancos nacionalizados foram expressamente qualificados como empresas públicas pelo artigo 2.º do Decreto-Lei n.º 729-F/75, de 22 de Dezembro; por outro lado, as Bases Gerais das Empresas Públicas, aprovadas pelo Decreto-Lei n.º 260/76, de 8 de Abril, consideram como públicas as empresas nacionalizadas — artigo 1.º/2 — e determinam que se lhes aplique o mesmo regime.

([16]) Cf. MENEZES CORDEIRO, *Direito da economia* 1 (1986), 245 e *passim*.

([17]) Também LEITE DE CAMPOS, *A responsabilidade do banqueiro*, cit., 53.

Concessão de crédito e responsabilidade bancária　15

IV. O *sistema português de responsabilidade civil* é diferente do francês e do alemão, embora se aproxime mais deste. Beneficiando dos ensinamentos colhidos nos longos anos de vigência dos Códigos Civis francês e alemão, o legislador civil de 1966 evitou quer a incipiência do sistema francês, assente na indistinção entre a culpa e a ilicitude, quer as insuficiências do alemão, carecido de uma cláusula geral da responsabilidade civil delitual.

Trata-se de um aspecto importante, que traduz uma vantagem do Direito Português e que tem, por vezes, sido esquecido na transposição apressada de soluções estrangeiras. Há que tê-lo em conta.

V. Por fim, deve ter-se presente, que de acordo com os ditames consagrados da interpretação e da aplicação da lei, as *circunstâncias em que se apliquem as regras jurídicas* devem ser tidas em conta. A esse propósito recorde-se que a discussão em torno da responsabilidade pela concessão ou não concessão do crédito bancário atingiu, em França, o seu ponto alto na segunda metade da década de setenta, na sequência da crise económica iniciada nos finais de 1973 e da depressão prolongada que se lhe seguiu. Importava, então, conservar o que estava, à custa das instituições de crédito, se fosse esse o caso.

Dez anos volvidos, o ambiente é muito diverso. A experiência já alcançada e as possibilidades de novos períodos de expansão convidam a um dinamismo económico no qual o crédito bancário pode desempenhar importante papel motor. Há, pois, que evitar quaisquer indefinições.

3. As questões a considerar; sequência

I. A responsabilidade civil constitui, por razões estruturais([18]), um tema central de Direito das Obrigações; além disso, ele apresenta especificidades e concretizações em numerosos outros ramos do

---

([18]) A responsabilidade civil deveria, em princípio, ser um capítulo da parte geral do Direito civil, uma vez que ela acompanha todas as situações jurídicas, mesmo as que não tenham natureza patrimonial. No entanto, o facto de ela se concretizar através de vínculos estruturalmente obrigacionais — as obrigações de indemnizar — explica que, tradicionalmente, ela seja incluída no Direito das obrigações. Cf. MENEZES CORDEIRO, *Direito das Obrigações*, 1.º vol. (1980), 18 ss..

Direito. Um desenvolvimento geral sobre a responsabilidade civil está fora do âmbito do presente estudo, antes tendo-se por pressuposto.

Assim e procurando determinar as soluções positivas postas, pelo Direito português em vigor, para o tema da responsabilidade associada ao crédito bancário, cabe isolar grandes núcleos de problemas em que o tema tem sido ventilado. Evita-se, desta forma, um mero acumular de generalidades.

A determinação prévia dos problemas a considerar não implica uma limitação apriorística da pesquisa. A experiência facultada pelo estudo dos diversos ordenamentos mostra que o relevo aparentado pela responsabilidade do banqueiro ocorre, sistematicamente, em certos pontos nevrálgicos. Tais pontos devem ser esclarecidos, sem prejuízo de, depois, se proceder a uma sindicância generalizante.

Considerações já efectuadas permitiram constatar que a responsabilidade do banqueiro tem sido diferentemente abordada em França e na Alemanha. Por outro lado, falece-lhe, noutros ordenamentos, um desenvolvimento digno de nota. Como fonte de elementos informativos e procurando testar a excelência dos resultados obtidos recorrer-se-á, assim, preferencialmente, às doutrinas e jurisprudências desses dois países, complementadas com elementos belgas e suíços que, de algum modo, mantêm, entre si, uma distância paritária.

No entanto, não se abdica, no mínimo, das especificidades do Direito português, nas diversas propostas de solução a apresentar.

II. Feitas estas precisões, pode anunciar-se que a responsabilidade civil no domínio do crédito bancário se articula em torno dos seguintes quatro pólos problemáticos:

— a responsabilidade do banqueiro pelos danos causados aos credores do seu cliente;
— a *culpa in contrahendo* do banqueiro;
— a relação bancária complexa, que inclui os aspectos atinentes ao possível dever de conceder crédito, à manutenção do crédito e ao corte do crédito;
— os deveres legais específicos a cargo do banqueiro.

III. Estes quatro pontos correspondem ao desenvolvimento subsequente.

II — A RESPONSABILIDADE DO BANQUEIRO POR DANOS CAUSADOS AOS CREDORES DO SEU CLIENTE

4. Cassação francesa, 7 de Janeiro de 1976; o problema da «falta»

I. Em 7 de Janeiro de 1976, a Cassação Francesa, através da sua Secção Comercial, admitiu a competência de um síndico de falência para interpor uma acção contra um banco, credor do falido. A acção de fundo destinar-se-ia a responsabilizar o banco por prejuízos sofridos pelos demais credores da massa, em consequência de múltiplos créditos bancários que ele concedera: a entidade falida piorara, consideravelmente, a situação patrimonial quando, afinal uma falência solicitada em tempo útil teria minorado os danos ocorridos[19].

Com esta decisão, a Cassação francesa alterou a sua própria jurisprudência anterior que não reconhecia, ao síndico de falência, semelhante capacidade[20]. Assistiu-se, pois, a uma *viragem processual*, num domínio técnico muito específico do Direito francês das falências. Não houve inovações substantivas: tratava-se, apenas, de aplicar o dispositivo geral da responsabilidade civil, tal como resulta do Código Napoleão, perante um delito alegadamente cometido por um banco[21].

---

[19] CassCom 7-Jan.-1976, JCP 1976, II, 18327 = GP 1976, I, 412--413 = RTDCom 1976, 171-172 = RS 94 (1976), 126 = DS 1976 (Jurispr.), 277-278.

[20] Cf., por exemplo, as anotações de CHRISTIAN GAVALDA/JEAN STOUFFLET, JCP 1976, II, 18327, de BERNARD BOULOC, GP 1976, I, 413-417, de MICHEL CABRILLAC/JEAN-LOUIS RIVES-LANGE, rubrica *Crédit et titres de crédit*, RTDComm 1976, 157-176 (172-174), de HONORAT, RS 94 (1976), 126, e de FERNAND DERRIDA/JEAN-PIERRE SORTAIS, DS 1976, 278-286 (278-279).

[21] Nesse sentido, e para além das anotações mencionadas na nota anterior, refiram-se ainda J. GUESTIN, *La prophétie réalisé (à propos de l'arrêt de la Chambre commerciale de la Cour de Cassation du 7-Jan.-1976, déclarant recevable l'action du*

18 Banca

II. Apesar da viragem jurisprudencial em causa respeitar apenas a uma matéria técnica precisa, resolvida de modo variável pelas diversas leis processuais, a decisão em análise é correntemente apresentada como um marco significativo na denominada responsabilidade do banqueiro pela concessão do crédito[22]. A verdade científica deve ser reposta.

Esclareça-se, ainda, que a modificação processual levada a cabo pela Cassação Francesa foi impulsionada pelos factos subjacentes à decisão. Tais factos são *pouco conhecidos* e, em regra, não aparecem sequer aflorados pelas numerosas referências doutrinárias à decisão em causa[23]. Este aspecto é importante: muitas das grandes decisões judiciais da História, que inflectiram importantes vectores jurídicos, apenas se compreendem perante os factos que as impulsionaram[24]. E, naturalmente, tais factos dão uma ideia precisa dos valores efectivamente tutelados.

---

syndic contre une banque responsable de l'aggravation du préjudice de la masse), JCP 1976 I (doctrine), 2786, e REINHARD BÖHNER, *Observations à propos de l'arrêt de la Chambre commerciale de la Cour de Cassation du 7 Janvier 1976 sous l'angle du droit allemand*, em *Responsabilité du Banquier*, publ. CH. GAVALDA (1978), 91-100 (91-92).

[22] Assim HERBERT SCHÖNLE, *Rechtsvergleichende Aspekte (Frankreich, Belgien, Schweiz) der Bankenhaftung aus Sanierungsakten*, ZHR (1979), 208-226 (212), e MANFRED OBERMÜLLER, *Kredite und Konkurseröffnung*, ZIP 1980, 337--344 (337). Também a doutrina francesa acolheu a decisão com considerações que não se coadunam com o seu alcance substantivo.

[23] Na verdade, tais factos não se retiram dos extractos da decisão, tal como se encontram nas cinco publicações referidas na nota 19. Do mesmo modo, eles não constam dos numerosos comentários que, a seu propósito, têm sido tecidos com excepção das anotações de GAVALDA/STOUFFLET, JCP 1976, II, 18327, de CABRILLAC/RIVES-LANGE, RTDComm 1976, 173-174, e de DERRIDA/SORTAIS, DS 1976 (jurisp.), 278-279. Para além de nas obras citadas nas notas anteriores — com excepção dessas três — a ausência pode verificar-se, também, em JACK VÉZIAN, *La responsabilité du banquier en droit privé français*[2] (1977), 169-170, em G. PRAT, *La responsabilité du banquier* cit., 191, em JEAN STOUFFLET, *Relatório francês* apresentado nas jornadas brasileiras da Associação Henri Capitant, *Travaux* 35 (1986), 143-160 (157-158).

[24] Assim: o abuso do direito, admitido sem base legal expressa pela C. Imp. Colmar, 2-Mai.-1855, D 1856 2, 9-10, e pela CassFr 3-Ag.-1915, D 1917, 1, 79, perante os conhecidos factos chocantes da construção de uma chaminé falsa só para **tapar a luz ao prédio contíguo e da edificação de espigões inúteis, para perfurar os** dirigíveis do vizinho; a revalorização monetária, admitida em nome da boa fé pelo RG 28-Nov.-1923, RGZ 107 (1924), 78-94 = JW 1924, 38-43 = DJZ 1924, 58-65, que

Concessão de crédito e responsabilidade bancária 19

Subjacente à decisão em estudo encontra-se a falência da Sociedade Laroche e Filho; apurou-se que, durante largos lapsos de tempo, a Sociedade em causa sacava efeitos sobre compradores imaginários ou desconhecedores do saque, pretensamente domiciliados em várias agências da Banque Nationale de Paris e remetia-os para desconto desse Banco. No vencimento, retirava-os ou pagava-os por intervenção, recorrendo a novas operações similares para obter os fundos necessários. Para além disso, havia *dossiers* falsos, nas várias agências, relativos às operações irregulares realizadas. Ora, segundo o tribunal, todas estas operações fraudulentas, que lesaram gravemente os interesses dos credores da sociedade falida, só foram possíveis devido à conivência do banco ou a uma negligência grosseira, já que a mínima verificação teria conduzido ao esclarecimento dos processos seguidos.

Perante isto — e uma vez que a decisão judicial é, sempre, a solução de um problema concreto e não a colocação genérica e abstracta de uma regra jurídica — compreende-se a via seguida pela Cassação Francesa, procurando, no caso, fazer certa justiça.

III. A decisão da Cassação Francesa de 7 de Janeiro de 1976 fica, assim, explicada e reduzida às dimensões que lhe competem. Cabe, agora, indagar-lhes os fundamentos jurídico-positivos.

Tomados em si, tais fundamentos são apresentados, de modo vago, pela própria instância donde promanam[25]. Trata-se duma situação bastante comum na jurisprudência francesa, que lhe confere indubitável elasticidade, mas que recomenda cautelas acrescidas, quando se trate de operar transposições.

A condenação do banqueiro por danos sofridos pelos credores do falido — portanto pela concessão de crédito — repousa na ideia de *falta («faute»)*[26]. A teoria do serviço público, acima referida e rejeitada, ainda que por vezes mencionada como tópico argumentativo,

---

só se compreende tendo em conta que a inflação, na altura, atingia 1 para $1/522 \times 10^9$ chegando, um mês mais tarde, a 1 para $1/10^{12}$ — uma cifra difícil de exprimir verbalmente e equivalente a um seguido de doze zeros.

[25] H. SCHÖNLE, *Rechtsvergleichende Aspekte der Bankenhaftung* cit., 213.

[26] Vária jurisprudência já havia firmado esta linha; assim CssComm 28--Nov.-1960, RTDComm 1961, 460 e NîMES, 13-Nov.-1963, RTDComm 1964, 163 ss. — neste último caso, mais do que a *faute* requereu-se a *fraude* do banco.

não tem fundamentado decisões condenativas da banca[27]. Tudo se mantém, pois, no campo do Direito privado.

Segundo o artigo 1382 do Código Civil francês, «Todo o feito humano que cause dano a outrem obriga aquele por cuja *falta* tenha ocorrido, a repará-lo».

A «falta» tem sido definida como «...cometer um acto proibido ou abster-se de um acto prescrito, em condições tais que se fique sujeito à censura»[28].

A utilização da *falta* permite à doutrina e à jurisprudência francesas responsabilizar o banqueiro pela concessão de créditos, quando esta se venha a revelar danosa para terceiros, sem grande esforço[29]. A *falta* é um conceito que não tem correspondente exacto na linguagem jurídica portuguesa, sendo particularmente inadequado traduzi-la por culpa. Em termos analíticos, ela exprime um *misto de culpa e de ilicitude*[30], isto é, de censura jusnormativa e de inobservância de comandos legais[31]. *Esta indefinição permite-lhe abarcar situações incaracterísticas ou insuficientemente indeterminadas.* Como se escreveu noutro local, e a propósito de uma questão muito diversa, «... remeter uma determinada situação controvertida para a «falta» redunda, em regra, no aproveitamento de factores afectivos que deixariam pressupor o desvalor jurídico para figurar a ilicitude. À luz da Ciência do Direito, a técnica da «falta» que, em abstracto, poderia ser utilizada como esquema alternativo a outras cláusulas gerais, como a boa fé, embora com a desvantagem de, misturando dados heterogéneos, se tornar mais complicada, redunda, pelo uso que dela tem sido feito, numa fórmula vazia que compreende, na realidade, cripto-

---

[27] AMIENS, 24-Fev.-1969, JCP 1969, II, 16124, an. Ch. Gavalda = RTD-Comm 1969, 1059, com an. CABRILLAC/RIVES-LANGES, *idem*, 1059-1060, onde se diz que a actuação bancária teria semelhanças com o serviço público, mas onde se recusou a responsabilidade do banqueiro, que nela se julgava.

[28] AUBRY/RAU/ESMEIN, *Droit civil français* 6 6 (1951), 425. Não há definição legal de «falta».

[29] JACK VÉZIAN, *la responsabilité du banquier* cit., 153 ss.; PRAT, *La responsabilité du banquier* cit., 21 ss.; RODIÈRE/RIVES-LANGE, *Droit bancaire* 3 cit., 465.

[30] Quanto à aludida natureza mista da «falta» justamente no campo da responsabilidade bancária, *vide* SCHÖNLE, *Rechtsvergleichende Aspekte der Bankenhaftung* cit., 209 e, em geral, MENEZES CORDEIRO, *Da boa fé* cit., 1.º vol., 565 96.

[31] As noções de *culpa* e de *ilicitude* podem ser confrontadas em MENEZES CORDEIRO, *Direito das obrigações*, cit., 2.º vol., 302 ss. e 307 ss..

Concessão de crédito e responsabilidade bancária 21

-sequências de decisão, filiadas, de facto, no empirismo e na equidade» [32].

Portanto e mais concretamente:

— ao remeter a responsabilidade pela concessão de crédito, perante terceiros, para a «falta», alguma doutrina e jurisprudência francesas pretendem alicerçar deveres de indemnizar apenas na base de um juízo psicológico de censura;
— em particular, é escamoteado o problema fulcral da ilicitude, isto é, da norma jurídica que, concretamente, tenha sido violada.

IV. Saídas deste tipo, com base na «falta», seriam inviáveis nos Direitos alemão e no suíço [33]. E são, também, impraticáveis no Direito português que, como os anteriores, exige claramente a culpa e a ilicitude para a imputação delitual de certos danos.

Apenas na Bélgica — onde, como se sabe, vigora também o Código Napoleão, ainda que interpretado, por vezes, de modo próprio — a doutrina da «falta» conheceu um relativo acolhimento. A doutrina, ainda que admitindo a possibilidade de condenar o banqueiro que, com «falta», prejudicasse terceiros, previne contra os excessos a que tal linha pode dar lugar [34].

Muito citada [35], a sentença da 12.ª Câmara do Tribunal Comercial de Bruxelas de 3 de Maio de 1976, entendendo que o banqueiro deveria abster-se de, pela concessão de crédito, prejudicar terceiro, condenou-o em indemnização, por descobrir uma ligação causal entre a «falta» verificada e o prejuízo ocorrido [36]. Mas logo o mesmo Tribunal, desta feita pela 4.ª Câmara, decidiu, em 29 de

---

[32] MENEZES CORDEIRO, *Da boa fé*, cit., 1.º vol., 556 148.

[33] Cf. HERBERT SCHÖNLE, *La responsabilité extra-contractuelle du donneur de crédit envers les tiers, en droit suisse*, SAG 49 (1977), 149-154 (149 e 154), e *Rechtsvergleichende Aspekte der Bankenhaftung* cit., 209 ss. e HOPT, *Rechtspflichten der Kreditinstituten* cit., 147 ss.

[34] Vide ALAIN ZENNER, *Nouveaux développements de la responsabilité du dispensateur de crédit*, JT 1977, 53-57 (57), e PIERRE VAN OMMESLAGHE, *La responsabilité du banquier dispensateur de crédit en droit belge*, 49 (1977), 109--149 (109), bem como as considerações finais de ZENNER/HENRION, no *Relatório belga* para as jornadas brasileiras da A. H. Capitant, *Travaux* 35 (1986), 47-101 (90).

[35] P. ex., VAN OMMESLAGHE, *La responsabilité du banquier* cit., 109.

[36] Comm. Bruxelles, 12ème Ch., 3-Mai.-1976, JT 1977, 60-65 (60, 63 e 65).

Outubro de 1976, que embora em princípio se pudesse responsabilizar o banco que, com falta, concedesse crédito abusivo, dando ao cliente uma aparência de solvabilidade e permitindo-lhe, assim, continuar a desenvolver actividades ilícitas, não devia, no caso considerado, haver condenação, por não se ter mostrado sequer que o banco tivesse conhecimento das irregularidades cometidas [37]. Outras decisões intentam explicar vários ângulos da «falta» dos bancos, embora acabem por, na prática, negar qualquer responsabilidade [38].

V. As incipiências da «falta» e a sua incapacidade para conferir às decisões o mínimo de previsibilidade requerido pela segurança jurídica não deixam de ser sentidas pela doutrina francesa. Esta esforça-se, assim, por descobrir deveres mais precisos, a cargo do banqueiro. Este incorreria em deveres de discernimento, de informação e de vigilância [39]: discernimento para não financiar actividades ilícitas; informação para se inteirar da verdadeira situação do cliente; vigilância para acompanhar a utilização dada aos financiamentos.

O grau de diligência posto pelos bancos na prossecução desses deveres fica pouco claro nos escritos franceses da especialidade. Jean Stoufflet, especial defensor da responsabilidade específica dos bancos, não deixa de notar que deveriam ser visados os que, *conscientemente, prejudicassem terceiros* [40].

---

[37] Comm. Bruxelles, 4ème Ch., 29-Out.-1976, JT 1977, 58-60; esta decisão refere, de passagem, uma missão económica-social do banco.

[38] P. ex., Comm. Bruxelles, 3ème Ch., 8-Mar.-1983, JB 1984, 104 (nº 4) = JT 1983, 467-469, que considerou responsável o banco que, com falta de prudência, incitasse terceiros a contratar com uma empresa cuja má situação conhecesse, embora, em concreto, tivesse entendido não ser esse o caso; Comm. Liège, 2-Jun.--1983, JB 1985, 111 (nº 26), para a qual a «falta» do banqueiro não deve ser ajuizada perante factos ocorridos apenas depois do comportamento a apreciar; Comm. Liège, 10-Jun.-1983, JB 1984, 105 (nº 9), para quem cometeria «falta» o banco que, não examinasse as cartas do cliente. Conforme informação de ZENNER/ /HENRION, *Relatório belga* cit., 47-48, apesar do interesse dirigido ao tema pela doutrina, apenas escassas acções teriam sido interpostas contra os bancos e menos ainda — duas nos últimos dez anos — teriam sido julgadas procedentes.

[39] RODIÈRE/RIVES-LANGES, *Droit bancaire* [3] cit., 465 ss.. Cf. J. STOUFFLET, *Devoirs et responsabilités du banquier à l'occasion d la distribution du crédit*, em Gavalda, *Responsabilité professionnelle du banquier* cit., 21-51 (22 ss.).

[40] STOUFFLET, *L'ouverture de crédit peut-elle être source de responsabilité envers les tiers?*, JCP 1965, I (doctrine), 1882, nº 4; o autor afirmara antes não ser evidente que o banqueiro devesse ser responsável perante todos.

Concessão de crédito e responsabilidade bancária

A *Cour d'Appel de Paris,* em decisão de 6 de Janeiro de 1977, que tem sido entendida como restritiva da «generosa» orientação assumida pela Cassação, em 6 de Janeiro de 1976[41], negou a responsabilidade do banco quando lhe houvessem sido apresentados elementos indicadores de que a empresa de construção a financiar era viável[42]. E anteriormente, Guestin sublinhara a inconveniência em considerar os bancos como seguradoras, o que acabaria por conduzir a indesejáveis restrições para o crédito[43].

Finalmente, surge também como elemento moderador a exigência de um nexo de causalidade entre a «falta» e o dano registado em terceiro[44]. Este aspecto, embora pouco aprofundado pela sempre elegante mas imprecisa doutrina francesa, tem um relevo considerável na delimitação dos danos a considerar. Basta enfocar que os deveres de indagação, de informação e de vigilância visam, antes de mais, proteger o próprio banco; a sua violação não é, à partida, uma causa adequada para prejudicar terceiros.

A concluir, deixa-se claro que a jurisprudência francesa, apesar da relativa ventilação doutrinária existente, é muito cautelosa na responsabilização do banqueiro pela concessão do crédito[45]. Os exemplos que se encontram centram-se em torno de casos clamorosos, de que a Cassação Francesa, na decisão de 6 de Janeiro de 1976 é, ainda, o melhor[46].

---

[41] SCHÖNLE, *Rechtsvergleichende Aspekte der Bankhaftung,* cit., 214.

[42] CApp Paris, 3^{ème}Ch., 6-Jan.-1977, DS 1977, 144-148. Em anotação, MICHEL VASSEUR, DS 1977, 148-152, afirma que o risco envolvido corre, efectivamente, por todos os intervenientes. Paralelamente, a CassComm 2-Mai.-1983, DS 1984 (IR/SC) 89 = BBC/Ch.-Comm nº 127 (109-110), admitiu a responsabilidade do banco que financia, contra um estudo realizado pelo próprio banco, uma empresa inviável; na verdade há, em tais condições, uma consciência do prejuízo. Comentando esta decisão, M. VASSEUR considera o perigo de algum modo presente na atribuição de quantias em dinheiro. O problema não se poria, contudo, perante créditos concedidos de acordo com os procedimentos normais; assim, CassComm 7-Fev.--1983, DS 1984 (IR/SC) 90, an VASSEUR = BCC/Ch-Comm nº 49 (38-40).

[43] GUESTIN, *La prophétie réalisée* cit., 2786.

[44] RODIÈRE/RIVES-LANGE, *Droit bancaire* 3 cit., 472 e PRAT, *La responsabilité du banquier* cit., 150 ss..

[45] JEAN STOUFFLET, *Relatório francês* cit., 144.

[46] Noutro caso, normalmente apontado como antecedente da CassComm 6-Jan.-1976, a CComm Paris, 26-Mai.-1967 responsabilizara o banco que concedera crédito a clientes tão desonestos que haviam sacado uma série de efeitos falsos, acabando por fugir para o estrangeiro. Cf. JCP 1968, II (jurisp.) 15518, an. J. STOUFFLET.

24 Banca

5. Tribunal do Reich, 9 de Abril de 1932; o problema dos bons costumes

I. No domínio da responsabilidade do banqueiro pela concessão do crédito, a experiência alemã segue uma via bastante diferente da francesa[47]. Como decisão exemplar, pode utilizar-se a do *Reichsgericht,* de 9 de Abril de 1932, muito comentada na literatura da especialidade[48]. Fora, aí, solicitada a condenação de uma caixa de poupança que, tendo concedido uma série de créditos a um devedor inadimplente, acabara por prejudicar os terceiros também credores. A possibilidade legal a considerar residia no § 826 do BGB, segundo o qual é responsável aquele que, actuando dolosamente contra os bons costumes, provoque danos a outrem. Analisando o problema, o *Reichsgericht* isolou cinco casos em que tal situação poderia ter lugar[49]:

— dilação da falência, com o fito de obter garantias próprias mais vantajosas, em detrimento dos restantes credores;
— exploração do devedor, fortemente dependente do credor em causa e capaz de aceitar, por isso, as condições que lhe sejam postas;
— apropriação fáctica do negócio, ficando o devedor reduzido a mero «homem de palha»;
— crédito-burla, tendente a fazer crer aos terceiros numa boa situação patrimonial do devedor;
— atentado aos credores, através da obtenção de garantias a tanto destinadas.

---

[47] Logo à partida, a doutrina nega, de princípio, qualquer responsabilidade do banqueiro pela concessão de crédito — HOPT, *Rechtspflichten der Kreditinstitute* cit., 147 ss. (148) — ou afirma a existência na Alemanha, de menores armas dos credores contra os bancos — HANS-JAOCHIM MERTENS, *Zur Bankenhaftung wegen Gläubigerbenachteiligung* ZHR 143 (1979), 174-194 (175).

[48] Cf. MENNO ADEN, *Der Vorwurf der Konkursverschleppung gegen den Mitgläubiger,* MDR 1979, 1979 891-896 (892); OBERMÜLLER, *Kredite und Konkurseröffnung* cit., 338; DIETRICH RÜMKER, *Gläubigerbenachteiligung durch Gewährung und Belassung von Krediten,* ZHR 143 (1979), 195-207 (195); BÖHNER, *Observations* cit., 98.

[49] RG 9-Abr.-1932, RGZ 136 (1932), 247-260 (249-250, 253-254 e 260); o RG acabou, no caso considerado, por denegar o pedido de responsabilidade efectuado. Foi possível localizar uma decisão anterior relevante: RG 19-Out.-1914, RGZ 85 (1915), 343-347 (347), onde se considerou dolosamente contrária aos bons costumes a obtenção de certas garantias destinadas a prejudicar os demais credores.

Concessão de crédito e responsabilidade bancária

A orientação aqui prefigurada era bastante circunspecta; a multiplicação apontada de casos apenas traduzia uma preocupação de análise. No entanto e porque, dela, se poderia retirar um certo relaxamento na verificação dos requisitos postos pelo § 826 do BGB, ela foi prontamente revista pelo próprio *Reichsgericht* que, meses volvidos, a veio criticar, em nova decisão, afirmando simplesmente a necessidade de se pretender enganar os credores [50]. Pouco antes, aliás, ainda o *Reichsgericht* negara a existência de qualquer dever de prevenir os credores da nova concessão de créditos [51].

Até aos nossos dias, pode afirmar-se que a jurisprudência constante, continuada pelo actual Tribunal Federal, apenas admite a responsabilidade dos bancos pela concessão de crédito quando, atentando dolosamente contra os bons costumes, eles o tenham feito para prejudicar os restantes credores [52]. Outra possibilidade, já ensaiada, constitui em fazer declarar nulos os negócios que prejudicassem os terceiros credores, por contrariedade aos bons costumes [53].

[50] RG 21-Dez.-1932, RGZ 143 (1934), 48-57 (53-54).

[51] RG 17-Jan.-1931, LZ 1931, 694.

[52] Entre muitas outras existentes, houve a oportunidade de compulsar as seguintes: BGH 25-Abr.-1961, WM 1961, 776-780 (776-777 e 779-780) — a responsabilidade pelo financiamento de uma empresa de construção em dificuldades só se constitui havendo dolo no prejuízo causado a terceiros, pelo menos na forma de dolo eventual; BGH 4-Jul.-1961, WM 1961, 1103-1106 (1106) — uma situação de domínio total da empresa financiada só conduziria, apesar disso, a responsabilidade, se o banco pretendesse retirar vantagens paralelas aos prejuízos causados aos devedores; BGH 15-Jun.-1962. WM 1962, 527-530 (529) — a necessidade de dolo traduz-se na intenção de prejudicar outrem; BGH 20-Set.-1962, WM 1962, 1220-1222 (1222) — a violação dos bons costumes requer uma situação de opressão do devedor; BGH 18-Set.-1963, WM 1963, 1093-1094 (1093-94) — o banco só é responsável por não ter prevenido terceiros da verdadeira situação do devedor quando, com isso, se verifique a previsão do § 826 do BGB; BGH 24-Mai.-1965, WM 1965, 918-920 (919 e 920) — recusou-se, também, uma condenação por não se ter demonstrado uma intenção de prejudicar os restantes credores que atentasse contra os bons costumes ou, mais precisamente, um comportamento doloso contra os outros credores; BGH 9-Dez.--1969, NJW 1970, 657-659 (659), — de novo a concessão tardia de crédito foi negada como constitutiva do dever de indemnizar, por não ocorrer a previsão do § 826 do BGB.

Esta repetição de julgados terá feito rarear os pedidos e, daí as decisões respeitantes a esse ponto. No entanto, pode-se ainda relevar BGH 9-Jul.-1979, BGHZ 75 (1979), 96-116 (114) = WM 1979, 878-884 (883), OLG Düsseldorf 5-Abr-1984, 188-192(191), e OLG Düsselordf 20-Jun.-1985, AG 1985, 276-281 (277) — a propósito da dilação na falência.

[53] BGH 9-Jul.-1953, BGHZ 10 (1963), 228-234 (231) = NJW 1953, 1665-1666 (1666) e BGH 8-Fev.-1956, BGHZ 20 (1956), 43-53 (49) = NJW 1956, 706.

Assim amparada na jurisprudência, não admira que a presente orientação tenha acolhimento doutrinário pleno[54]; certas posições aparentemente dissonantes têm, na realidade, a ver com aspectos précontratuais e não com a pura responsabilidade pela concessão de crédito, como haverá oportunidade de verificar.

II. O requisito do *dolo* não suscita particulares problemas[55]. Em compensação, a ideia de *bons costumes* deixa antever algumas dificuldades, designadamente quando se intente proceder a uma transposição para o Direito privado português.

Os bons costumes não tinham uma consagração genérica no antigo Direito romano; as fontes apenas facultam hipóteses concretas de comportamentos contrários aos *mores*[56]. Os primeiros esforços generalizadores ficar-se-iam a dever à pandectística que, no entanto, ainda trabalhava com grandes grupos de actuações defrontadores dos bons costumes[57]. Estes, numa posição que deixaria vestígios até aos nossos dias, eram entendidos como uma remissão para a Moral[58].

---

[54] Assim: ADEN, *Konkursverschleppung* cit., 896; HELMUT COING, *Eine neue Entscheidung zur Haftung der Banken wegen Gläubigergefährdung* WM 1980, 1026-1030 (1027); MERTENS, *Bankenhaftung* cit., 179; RÜMKER, *Gläubigerbenachteiligung* cit., 205: HANS-ULRICH WACKERHAGEN, *Haftung der Banken aus Kundenberatung im Wertpapiergeschäft* (1974), 81.

[55] Já se intentou equiparar ao dolo a negligência grosseira, considerada, para o efeito, expressamente, como a violação consciente dos deveres de cuidado a observar; cf. BGH 15-Jun.-1962, WM 1962, 962-966 (965).

[56] Quanto à evolução dos bons costumes, é essencial a investigação de H. SCHMIDT, *Die Lehre von der Sittenwidrigkeit der Rechtsgeschäfte in historischer Sicht* (1973).

[57] WINDSCHEID/KIPP, *Pandekten*[9] (1906), § 314 (2, 286-287); LOTMAR, *Der unmoralische Vertrag/insbesondere nach gemeinem Recht* (1896), 66 ss.; H. SCHMIDT, *Sittenwidrigkeit* cit., 96. Para LOTMAR, por exemplo, haveria três hipóteses de contrariedade aos bons costumes: a do negócio indutor de acções, suportações ou omissões imorais, como a *societas* ou o *mandatus turpis* ou do reconhecimento falso da paternidade; a do negócio que implique uma acção, uma suportação ou uma omissão que, não sendo, em si, imorais, não possam, por razões éticas, ser contratualmente assumidos, como seja a obrigação de cumprir os deveres paternais; a do negócio que implique contribuições em dinheiro contra prestações que, pela Moral, não possam ser remuneradas, como no campo do comércio sexual — *Unmoralischer Vertrag* cit., 68-74.

[58] Cf. L. JACOBI, *Die sittliche Pflicht im Bürgerlichen Gesetzbuch,* FS Dernburg (1900), 153-172 (156 e 171); A. VON THUR, *Allgemeiner Teil* (reimp. 1957), 2, 1, 22-23; LARENZ, *Allegemeiner Teil*[6] (1983), 424; MEYER-CORDING, *Gute sitten und*

Mas tal posição era insustentável: para além das dificuldades clássicas na determinação dos «valores morais», ainda haveria que lidar com o facto de muitas bitolas morais, mesmo que reconhecidas, serem indiferentes para o Direito. A dificuldade foi, aparentemente ladeada com recurso a uma fórmula retirada dos trabalhos preparatórios do BGB: nos bons costumes, estaria em jogo uma bitola a «retirar da consciência popular dominante, do sentimento de decência de todos os que pensam équa e justamente». Para o efeito seriam relevantes as pessoas médias normais, dentro do círculo próprio onde o problema se ponha. Apesar de largamente utilizada, esta fórmula é hoje reconhecida com vazia: ela não facultaria um conteúdo preciso mínimo quanto ao seu teor([60]).

As dificuldades experimentadas no tratamento «moral» dos bons costumes levaram ao aparecimento de entendimentos de tipo sociológico([61]), no termo dos quais os bons costumes foram reconduzidos à denominada Moral social([62]). Procurando concluir esta evolução, K. Simitis veio aproximar os bons costumes da «ordem pública» do Direito francês: eles constituiriam um conjunto de princípios emergentes do Direito legislado, da jurisprudência e dos valores constitucionais([63]).

III. A referência aos bons costumes tem um relevo especial no Direito alemão: ela constitui a disposição básica da lei contra a con-

---

ethischer Gehalt des Wettbewerbsrechts, JZ 1964, 273-278; WIEACKER, *Rechtsprechung und Sittengeset,* JZ 1961, 337-345 (341).

([59]) G. TEUBNER, *Standards und Direktiven in Generalkauseln/Möglichkeiten und Grenzen der empirischen Sozialforschung bei der Präzisierung der Gute-Sitten--Klauseln im Privatrecht* (1971), 19; H. HABERSTUMPF, *Die Formel vom Anstandsgefühl aller billig und gerecht Denkenden in der Rechtsprechung des Bundesgerichtshofs* (1976), 14 ss.; K. ROTH-STIELOW, *Die «guten Sitten» als aktuelles Auslegungsproblem,* JR 1965, 210-212 (210).

([60]) W. BREITHAUPT, *Die guten Sitten,,* JZ 1964, 283-285 (283); ROTH-STIELOW, *Die «guten Sitten»* cit., 211; HABERSTUMPF, *Die Formel vom Anstandsgefühl* cit., 73; TEUBNER, *Standards* cit., 20-21.

([61]) Foi pioneira, nessa direcção, a obra de H. HERZOG, *Zum Begriffe der guten Sitten im BGB* (1910).

([62]) Entre muitos: ROLF SACK, *Sittenwidrigkeit und Interessenabwägung,* GRUR 1970, 493-503 (499); LARENZ, *Grudsätzliches zu § 138 BGB,* JurJb7 (1966/67), 98-122 (104); como percursor, KARL GOEZ, *Zur Auslegung des § 138 BGB,* JW 1922, 1192-1193 (1193).

([63]) K. SIMITIS, *Gute Sitten und ordre public* (1960), 78 ss., 162 e 197.

28

Banca

corrência desleal ([64]). A ponderação do seu conteúdo, efectuada com base nas decisões judiciais que deles façam aplicação, revela duas áreas diferenciadas ([65]):

— por um lado, os bons costumes correspondem a concretizações de valores e princípios imanentes à ordem jurídica;
— por outro, eles abrangem comportamentos nos domínios da actuação sexual e familiar onde o legislador não pode ou não quis ser explícito e, ainda, regras próprias de certas deontologias profissionais.

A dualidade é marcada e dificultada, em extremo, a formulação unitária do conceito.

No Direito português, contudo, não se coloca tão grande dificuldade. Na verdade, o Código Civil de 1966, aproveitando a elaboração doutrinária que o antecedeu, consagrou, como noções separadas, a ordem pública e os bons costumes. Assim, é possível definir ([66]):

— a ordem pública, como o conjunto de princípios injuntivos do ordenamento, que limitam a autonomia privada;
— os bons costumes, como uma série de regras atinentes à moral social que, embora não inseridas nas fontes, devem ser consideradas na ponderação jurídica dos problemas; em especial, ficam aqui incluídas as aludidas normas de comportamento sexual e familiar, que embora conhecidas não foram, pelo legislador, expressamente incluídas em textos legais e, ainda, certas regras deontológicas, próprias de profissões como as de médico, de advogado e de jornalista.

IV. O balanço da experiência alemã permite concluir, na prática, pela inexistência de um esquema de responsabilizar o banqueiro

---

([64]) Assim o § UWG — *Gesetz gegen den unlauteren Wettbewerb* — que tem dado lugar a uma larga casuística; cf. Baumbach/Hefermehl, *Wettbewerbsrecht*[14] (1983), § 1.º, 1.

([65]) Larenz, *AllgT*[6] cit., 426, e *Grundsätzliches zu§ 138 BGB* cit., 104 ss. e 109 ss., e Lindacher *Grandsätzliches zu § 138 BGB,* AcP 173 (1973), 124-136 (125). A enumeração das várias hipóteses pode confrontar-se, p. ex., em Larenz, *AllgT*[6] cit., 430 ss., e em Coing, *Allgemeine Rechtsgrundsätze in der Rechtsprechung des Reichsgerichts zum Begriff der «guten Sitten»* NJW 1947/48, 213-217.

([66]) Cf. Menezes Cordeiro, *Direito das obrigações* cit., 1.º vol., 367 ss., e *Da boa fé* cit., 2.º vol., 1222 ss., com bibliografia.

Concessão de crédito e responsabilidade bancária 29

perante a concessão de crédito, ainda que, daí, resultem danos para terceiros. O esforço analítico jurisprudencial, no qual a decisão do antigo *Reichsgericht* de 9 de Abril de 1932 assume ainda uma posição liberante, destrinça, de facto, diversas possibilidades; fá-lo, porém, em termos que, no plano de efectividade, evita, uma responsabilidade específica dos bancos.

A bitola dos bons costumes — que abrange, na linguagem científica portuguesa, quer os bons costumes em si, quer a ordem pública — apenas permitiria sancionar casos estranhos e extremos; a exigência de dolo, posta pelo § 826 do BGB, para que a violação dos bons costumes facultasse um dever de indemnizar, estreita ainda mais um crivo já de si bem apertado.

Afinal, seria responsabilizado o banqueiro que atentando dolosamente contra princípios fundamentais da ordem jurídica ou contra uma particular deontologia profissional — que não surge explicitada — concedesse crédito a outrem *para* prejudicar terceiros. Nem uma jurisprudência rica, como a alemã, em casos extraordinários, permite documentar, com clareza, semelhante hipótese.

6. A solução no Direito português

I. O aprofundamento anterior permite explicitar, com maior facilidade, a solução jurídica portuguesa para o problema da eventual responsabilidade do banqueiro por danos causados a terceiros, pela concessão de crédito.

Num primeiro momento, cabe *afastar a existência de uma responsabilidade pública dos bancos pela concessão de crédito*. Como já foi indiciado e haverá a oportunidade de retomar, os bancos movem-se, em Portugal, no seio do Direito privado. Doutrinas como a do serviço público ou similares — rejeitadas hoje no seu espaço de origem e totalmente recusadas fora dele [67] — baqueariam, em Portugal, por maioria de razão: ao desamparo doutrinário somar-se-ia a total ausência de base legal [68].

---

[67] Além da bibliografia acima citada e com referência de síntese cf. HOPT, *Rechtspflichten der Kreditinstitute zur Kreditversorgung* cit., 147.

[68] Trata-se agora, apenas, da responsabilidade do banqueiro por danos causados a terceiros.

II. Uma solução de tipo francês, assente na «falta», seria *inviável* no Direito português. Ao contrário do esquema napoleónico, o Código Civil português separa, no domínio dos pressupostos da responsabilidade civil, a culpa da ilicitude. Assim, em qualquer *situação de imputação delitual*, é necessário apontar uma norma jurídica violada. Na sequência de tal violação, poder-se-á, então, formular um juízo de censura sobre o comportamento do agente que, em conjunto com os demais elementos postos, por lei, para o efeito, dê azo ao dever de indemnizar.

As soluções imprecisas, de elevado teor afectivo, assente numa «falta» informe[69] não têm cabimento, traduzindo, caso fossem adoptadas, um retrocesso sem precedentes na evolução científica do ordenamento português.

III. A orientação alemã, pelo contrário, encontraria no Direito português, um ambiente mais favorável: neste ponto como noutros, o paralelo entre os dois ordenamentos é nítido, mesmo quando efectuada a destrinça entre os bons costumes e a ordem pública.

Na concessão do crédito, o banqueiro deve abster-se de prejudicar terceiros, atentando contra os bons costumes, ou contra a ordem pública. No primeiro caso, assistir-se-ia, por exemplo, à celebração de negócios bancários com fitos atentatórios da moral sexual ou familiar ou, ainda, contrariando aspectos deontológicos. No segundo, o comércio bancário processar-se-ia contra vectores básicos injuntivos, impondo, por exemplo, actividades ilícitas ao utente ou assentando, quiçá, em discriminações de tipo rácico. Tudo isto surge académico: não se vê como, na prática, possam ocorrer semelhantes prevaricações e — ainda mais — como elas possam ser demonstradas. Na actualidade, o «banqueiro» é uma instituição complexa: a concessão de crédito implica a intervenção de várias pessoas, o que impossibilita a prática dos clássicos delitos civis, de base individual. De pé ficaria, afinal, apenas a inobservância de uma deontologia bancária: esta consta, no entanto, de normas específicas e, a esse título, será examinada.

Cabe ainda ter presente que uma eventual atribuição de crédito em violação da ordem pública ou dos bons costumes apenas

---

(69) A facilidade existente no recurso à «falta» explica, em França, a irrelevância actual do abuso do direito e da *culpa in contrahendo*. Cf. MENEZES CORDEIRO, *Da boa fé* cit., 2.º vol., 682⁹⁶, e 1.º vol., 564 ss., respectivamente.

Concessão de crédito e responsabilidade bancária   31

acarretaria — só por si — a nulidade dos negócios implicados — artigo 280.º/2 [70]. Para, daí, passar à responsabilidade para com terceiros, seria também necessário que o comportamento prevaricador visasse prejudicá-los e, efectivamente, o fizesse. Doutra forma, faltaria seja a culpa, seja o nexo causal.

Pode pois concluir-se que, à semelhança do que sucede na experiência alemã, uma responsabilização do banqueiro por danos causados a terceiros, contra os bons costumes ou contra a ordem pública, é uma possibilidade teórica, sem substância prática.

IV. O processo tradicional de tutela dos credores reside na acção pauliana [71]. O relevo deste meio para o problema em estudo é, à partida, escasso: a acção pauliana visa a subsistência de certos negócios e não a indemnização de prejuízos. Ora a impugnação do negócio bancário que prejudicasse os credores do utente da banca teria, para eles, um escasso relevo.

Acresce ainda que os requisitos da acção pauliana são, na temática em estudo, de difícil verificação.

Os negócios bancários são, por definição, onerosos. A impugnação requereria, pois, *má fé* do banqueiro e do seu cliente — artigo 612.º/1 do Código Civil. A orientação tradicional exigiria, a tal propósito, o *consilium fraudis* entre o banco e o utente, isto é, a intenção comum de prejudicar o terceiro [72]; a orientação mais recente, aparentemente consagrada no Código Civil — artigo 612.º/2 — contentar-se-ia com o conhecimento desse prejuízo [73]. Não obstante esta abertura, apresenta-se clara a dificuldade prática da concretização da figura: recorde-se a natureza institucional que, na actualidade, é assumida pela banca.

Pode-se, porém, ir mais longe. O sucesso da pauliana requer o *eventus damni* — artigo 610.º, *b)* — isto é, exige que o acto a impug-

---

[70] Numa concessão de crédito, a nulidade implicaria a restituição das quantias mutuadas — o que, em regra, surgiria *ainda mais prejudicial* nos terceiros credores do mutuário do que a mera subsistência do crédito.

[71] Assim o relevo que lhe é concedido por LEITE DE CAMPOS, *A responsabilidade do banqueiro*, cit., 51 ss. Quanto à acção pauliana em geral, cf. MENEZES CORDEIRO, *Direito das obrigações,* 2.º vol. cit., 488 ss.

[72] Tal era a posição de CUNHA GONÇALVES e de J. G. PINTO COELHO, tomada nas obras citadas em MENEZES CORDEIRO, *Da boa fé* cit., 2.º vol., 493-494 229.

[73] Nesse sentido, já PAULO CUNHA, *Da garantia nas obrigações* (1938-39), 1, 352-353.

nar provoque, para o credor, a impossibilidade de obter a satisfação intergral do seu crédito ou o agravamento dessa impossibilidade. Ora um crédito bancário não pode, por si, ter tal efeito. O cliente do banco adstringe-se, de facto, a um cumprimento que, futuramente, poderá prejudicar os seus restantes credores. Mas recebe, em troca, um financiamento que integra o seu activo patrimonial. O prejuízo não advirá, pois, do crédito bancário mas antes do destino que, a esse crédito seja dado pelo cliente do banco. Em regra, isso já não respeita ao banqueiro.

V. Do exposto, conclui-se:

— no Direito português, poder-se-ia chegar a uma situação de responsabilidade do banqueiro por danos causados a outros credores do seu cliente apenas quando ele houvesse concedido crédito com o fito de os prejudicar, em termos atentatórios aos bons costumes ou à ordem pública;
— independentemente de situações de responsabilidade, os negócios bancários podem ser impugnados por verificação dos requisitos da acção pauliana; em princípio, no entanto, isso não será possível; por definição, faltará o *eventus damni*.

Chega-se, assim, a uma situação que conflui no que, afinal, se viu resultar do Direito comparado: a concessão de crédito não é, por si, uma actividade ilícita que possa dar lugar a um dever de indemnizar.

III — A «CULPA IN CONTRAHENDO» DO BANQUEIRO

7. Parâmetros gerais; os deveres pré-contratuais

I. Em 1861, Jhering publica um estudo hoje referenciado como tendo introduzido, na Ciência Jurídica, a doutrina da *culpa in contrahendo* [74]. A ideia geral — que não corresponde, aliás, de modo rigoroso, ao pensamento de Jhering [75] — é, sabidamente, o seguinte: na fase preparatória do contrato, existiriam certos deveres, a cargo das partes, no eventual futuro negócio; a violação desses deveres conduziria à responsabilidade do prevaricador e isso independentemente de se ter chegado a um contrato perfeito, a um contrato inválido ou, até, à mera interrupção das negociações.

A *culpa in contrahendo* conheceria uma relativa menção, na jurisprudência alemã, como forma de colmatar certas insuficiências legais, a que se fará referência; pelo contrário, ela nunca obteve, no espaço jurídico francês, nem um aprofundamento dogmático, nem um relevo prático [76]. Em Portugal, a *culpa in contrahendo* ganharia expressão doutrinária justamente com Guilherme Moreira [77], a quem se deve a viragem do juscivilismo nacional para o pandectismo.

No que toca à sua fundamentação científico-legal, houve toda uma evolução complexa a registar. A ideia de Jhering foi aproveitada

---

[74] Rufolf von Jhering, *Culpa in contrahendo oder Schadenersatz bei nichtigen oder nicht zur perfection gelangten Verträgen*, JhJb 4 (1861), 1-113.

[75] O texto de Jhering é susceptível de várias interpretações quanto ao seu alcance e fundamento; cf. Menezes Cordeiro, *Da boa fé* cit., 1.º vol., 528 ss.

[76] Assim, Murad Ferid, *Das französische Zivilrecht* (1971), 1.º vol., 483, Hans Stoll, *Tatbestände und Funktionen der Haftung für culpa in contrahendo*, FS von Caemmerer (1978), 435-474 (446) 447[48] e 449[75]) e Dieter Medicus, *Verschulden bei Vertragsverhandlungen*, em *Gutachten und Vorschläge zur Überarbeitung des Schuldrechts*, 1.º vol. (1981), 479-550 (497).

[77] Guilherme Moreira, *Instituições do Direito Civil Português 2 — Das Obrigações* (1911), n.º 202 (664-675).

para construções de tipo contratual: ao entrar em negociações, as partes celebrariam, automaticamente, um contrato tácito pelo qual se obrigariam a adoptar determinadas fórmulas de comportamento, evitando, designadamente, as ocorrências danosas[78]. A natureza ficciosa desta construção foi prontamente denunciada: na *culpa in contrahendo* assistir-se-ia, antes, à inobservância de deveres cominados pela lei para a fase pré-contratual[79].

Na actualidade, mais do que a clássica contraposição entre construções legais e construções contratuais, interessa relevar o papel da *culpa in contrahendo*. Referenciada como a necessidade de, no próprio período dos contactos pré-negociais, se manterem presentes os valores fundamentais da ordem jurídica, a *culpa in contrahendo* veio a ser aproximada da boa fé, numa posição que, em Portugal, tem consagração legal expressa, no artigo 227.º/1 do Código Civil[80].

II. Pode, pois, considerar-se que uma vez iniciados contactos preparatórios, e seja qual for o seu grau de adiantamento e a probabilidade de eles desembocarem num contrato definitivo, as partes devem observar os ditames da boa fé.

A boa fé surge como um conceito indeterminado, isto é, como um conceito carecido de preenchimento com valorações para, em concreto, poder ser aplicado, sem arbítrio nem insegurança. Procurando seguir essa via concretizadora, pode distinguir-se, na fase pré-contratual, uma série de deveres característicos, sedimentados quanto ao seu conteúdo e às suas condições de aplicação. Encontram-se, assim:

— deveres de protecção;
— deveres de informação;
— deveres de lealdade.

---

[78] Esta posição foi especialmente defendida por HEINRICH SIBER, *Die schuldrechtliche Vertragsfreiheit*, JhJb 70 (1921), 223-299 (258-299); cf., também, PLANCK/ /SIBER, BGB⁴ (1914), pren. §§ 275-292, 4 (II, 1, 190 ss., 194).

[79] P. ex., H. STOLL, *Tatbestände und Funktionen* cit., 435, e NIRK, *Culpa in contrahendo — eine geglückte richterliche Rechtsforbildung — Quo Vadis?* FS MÖHRING (1975), 71-100 (73).

[80] A evolução desta problemática pode ser confrontada em MENEZES CORDEIRO, *Da boa fé* cit., 1.º vol., 546 ss.; a remissão da boa fé para os valores fundamentais do ordenamento constitui, também, hoje, uma lição doutrinária com consagração legal; cf. o artigo 17.º do Decreto-Lei n.º 446/85, de 25 de Outubro, e a sua anotação em ALMEIDA COSTA/MENEZES CORDEIRO, *Cláusulas contratuais gerais* (1986), 39 ss..

Os *deveres de protecção* obrigam as partes a, na fase pré-contratual, tomar as medidas necessárias para prevenir danos na vida, na saúde e integridade física e no património uma da outra. A natureza destes deveres de protecção fica clara tendo em conta as decisões judiciais que a consagram. Assim:

— *RG 7- Dez.-1911:* uma senhora e a sua criança foram colhidas, num estabelecimento, por dois rolos de linóleo que caíram, ficando feridas; o dono do estabelecimento foi condenado por violação dos deveres pré-contratuais de segurança [81];
— *BGH 26-Set.-1961:* uma pessoa penetra num local de venda, escorrega numa casca de banana e fere-se; o dono do local é condenado pela falta de segurança pré-contratual, apesar de não se terem, ainda, iniciado negociações formais [82];
— *BGH 2-Dez.-1976:* uma pessoa deixa um iate a motor numa oficina, sem ter ainda decidido se o mandaria reparar ou se o venderia; o pessoal da oficina deslocou-o, vindo ele a tombar e a danificar-se; o dono é condenado por danos pré-contratuais, apesar da nubelosidade das negociações [83].

III. Os *deveres de informação* adstringem as partes a, nos contactos pré-negociais, não dar, uma à outra, indicações falsas ou deficientes sobre elementos relevantes para o contrato a celebrar. Assim:

— *BAG, 7-Fev.-1964:* uma trabalhadora num concurso para ocupar determinado lugar é responsabilizada porque, estando doente e carecendo de um longo período de convalescência, cala esse aspecto na entrevista de selecção e, depois, falta sucessivamente a várias convocatórias para iniciar funções, acabando por comunicar a sua impossibilidade para celebrar o contrato de trabalho encarado: inutilizou, com isso, todo um processo de selecção para preenchimento do lugar [84];

---

[81] RG 7-Dez.-1911, RGZ 78, (1912), 239-241 (240); este dever de protecção foi depois mantido por jurisprudência constante; cf. H. HILDENBRANDT, *Erklärungshaftung* (1931), 83 ss..

[82] BGH 26-Set.-1961, LM n.º 13 § 276 (Fa) BGB.

[83] BGH 2-Dez.-1976, LM n.º 46 § 276 (Fa) BGB= NJW 1977, 376-377= BB 1977, 121. Outras decisões podem ser confrontadas em MENEZES CORDEIRO, *Da boa fé* cit., 1.º vol., 548 ss..

[84] BAG 7-Fev.-1964, NJW 1964, 1197-1199 (1198).

— *BGH 20-Fev.-1967:* um instituto de crédito que financiara a aquisição de um automóvel que, apesar de pago, foi retido por falência do vendedor, é penalizado quando exige a devolução da importância mutuada por não ter esclarecido suficientemente o mutuário dos riscos por este ocorridos[85];

— *BGH 28-Fev.-1968:* o fiador, enganado quanto ao âmbito da sua responsabilidade aquando da celebração da fiança, pode recusar a efectivação da garantia[86].

IV. Os *deveres de lealdade* obrigam as partes em negociação a não adoptarem comportamentos que se desviem da procura séria e honesta de um contrato válido. Trata-se de uma situação próxima da dos deveres de informação, tanto mais que, havendo informação bastante, nunca há deslealdade; a distinção possível reside, no entanto em que, nos deveres de lealdade, a eventual violação é perpetrada não tanto por comunicações, mas pelo próprio comportamento das pessoas. Assim:

— *BGH 18-Out.-1974:* concluídas, com êxito aparente, as negociações para transacção de um imóvel, não se chegou a um contrato formal definitivo; o tribunal negou a hipótese de haver um contrato nulo, mas com impossibilidade de alegar o vício de forma; no entanto, o projectado devedor foi condenado em indemnização por *culpa in contrahendo* por, nos preliminares ter dado a impressão de querer, efectivamente, o contrato, tendo, com conhecimento, levado o possível comprador a fazer gastos consideráveis[87];

— *BGH 8-Jun.-1987:* condena-se a comuna que, nas negociações para venda, a um particular, de certo terreno, deu ele-

---

(85) BGH 20-Fev.-1967, BGHZ 47 (1967), 207-217 (208-209 e 210-213). A jurisprudência portuguesa parece, neste ponto, menos aberta: em STJ 23-Mai.-1975, BMJ 247 (1975), 153-163, recusou-se a responsabilidade por um negócio em que uma pessoa, pretendendo obter uma garantia bancária, acabou por aceitar um esquema em que as garantias recebidas, como financiamento a garantir, eram depositadas numa conta cativa. Tal pacto é obtuso: o financiamento recebido, não podendo ser utilizado pela beneficiária, era inútil. Portanto: ou o pacto não foi sério ou houve deficiência de informação.

(86) BGH 28-Fev.-1968, NJW 1968, 986-987 (987). Outras decisões podem ser confrontadas em MENEZES CORDEIRO, *Da boa fé*, cit., 1.º vol., 550 ss..

(87) BGH 18-Out.-1974, NJW 1975, 43-44 (43 e 44).

Concessão de crédito e responsabilidade bancária   37

mentos inexactos sobre um plano de construção que veio, depois, a modificar[88].

V. O quadro genérico assim obtido não deve ser transposto para o Direito português sem algumas adaptações importantes. À partida, a recepção de tais deveres não levanta dúvidas: a jurisprudência alemã fundamenta-os numa boa fé *in contrahendo,* a qual tem recepção expressa no artigo 227.º/1 do Código Civil português. Mas há outras realidades, e da maior importância, a ter em conta, como sejam as atinentes à responsabilidade civil.

A clivagem entre os Direitos alemão e português fica clara tomando como exemplo o caso liderante do linóleo, acima referido. Confrontado com o problema solucionado em 7 de Dezembro de 1911 pelo *Tribunal do Reich,* um tribunal português resolvê-lo-ia com recurso ao artigo 483.º/1 do Código Civil: demonstrada — como terá sido o caso — a negligência do empregado do dono da loja, este será condenado nos termos do artigo 500.º/1, como comitente, sendo certo que o comissário responderia por violação culposa do direito à integridade física das lesadas — o aludido artigo 483.º/1 do Código Civil.

Pelo contrário, no Direito alemão, tal via, tão simples e tão directa, seria impraticável. O BGB desconhece a nossa cláusula geral do artigo 483.º. Em sua substituição, compreende três cláusulas parcelares — §§ 823/1, 823/2 e 826 — pelas quais responde quem dolosa ou negligentemente viole um direito de personalidade ou real ou semelhante, uma norma destinada a proteger outrem ou quem, com dolo, provoque danos, atentando contra os bons costumes. Além disso, o BGB não consagra, no campo delitual, o esquema da responsabilidade do comitente, tal como resulta do artigo 500.º do Código Civil, antes admitindo o esquema da *culpa in eligendo*[89]: segundo o § 831/1 do BGB, o comitente pode exonerar-se demonstrando que pôs, na escolha do comissário, todo o cuidado requerido.

A responsabilidade geral pelo incumprimento das obrigações não oferece dúvidas — § 276; do mesmo modo, no campo obrigacio-

---

[88] BGH 8-Jun.-1978, LM nº 51 § 276 (Fa) BGB= NJW 1978, 1802-1805 (1803-1804)= BGHZ 71 (1978), 386-400 (395-397)= MDR 1978, 1002 (um tópico)= BB 1978, 1385-1386 (1385 e 1386). Outras decisões podem ser confrontadas em MENEZES CORDEIRO, *Da boa fé* cit., 1.º Vol, 552 ss..

[89] Quanto a esse sistema, cf. MENEZES CORDEIRO, *Direito das obrigações* cit., 2.º vol., 375 ss..

nal, o devedor é responsável pelos actos dos auxiliares, sem possibilidade de exonerações — § 278 [90].

A consagração dos deveres pré-contratuais de segurança, no Direito alemão, tem, pois, o sentido preciso de transmutar em obrigacionais situações que, em princípio, teriam teor delitual. E tal sucede como forma de contornar as insuficiências da responsabilidade delitual alemã e o esquema de exoneração pela *culpa in eligendo* que, na prática, tornaria não efectivável qualquer acção de indemnização.

Tal como se tem vindo a, repetidamente, defender noutros locais [91], pode, pois, proclamar-se: *os deveres de segurança, pré--negociais ou outros, são desnecessários no Direito português, devendo ser evitados como complicação inútil.*

VI. Como hipótese de deveres pré-contratuais ficam assim, no Direito português, os deveres de informação e de lealdade. Concretizando os valores subjacentes à boa fé, pode considerar-se que tais deveres prosseguem um de dois objectivos [92]:

— a prevenção ou a tutela da confiança legítima;
— o respeito pela materialidade jurídica.

A prevenção e a tutela da confiança requerem que as partes, na fase pré-contratual, não criem, uma na outra, propositadamente, expectativas infundadas que se revelem danosas. Assim, devem ser trocadas as informações necessárias para que cada um conheça os factores relevantes em jogo e, naturalmente, evitadas quaisquer falsas comunicações. Da mesma forma, o comportamento das partes deve vergar-se a esses vectores.

Por outro lado, as negociações devem procurar a possibilidade de encontrar um consenso contratual e não outros objectivos, como sejam a chicana ou o simples inflingir de danos ao parceiro nas nego-

---

[90] Vê-se, pois, que no Direito alemão, a clivagem entre as responsabilidades delitual e obrigacional é bem mais vincada do que no Direito português. Este aspecto deve ser tido em conta, para prevenir transposições apressadas.

[91] MENEZES CORDEIRO, *A pós-eficácia das obrigações* (1984), 50 ss., e *Da boa fé* cit., 1.º vol., 636 ss..

[92] Trata-se das duas realidades veiculadas pela boa fé, nas suas múltiplas manifestações — cf. MENEZES CORDEIRO, *Da boa fé* cit., 2.º vol., 1234 ss — e que têm hoje consagração legal expressa.

Concessão de crédito e responsabilidade bancária 39

ciações. Deveres de cuidado, de sigilo e de actuação consequente podem, em termos analíticos, ser pesquisados.

Tem especial acuidade a responsabilidade pela interrupção injustificada das negociações. O recurso à *culpa in contrahendo* para enquadrar tais casos pressupõe, naturalmente, a inexistência de um dever de contratar: deve ficar claro que, *da boa fé, não se retira, em si, um dever de concluir negócios.*

Um bom exemplo de situação-limite na qual a interrupção das negociações pode dar lugar a responsabilidade pré-negocial é dado pelo acórdão do Supremo Tribunal de Justiça, de 5 de Fevereiro de 1981. Decorriam, aí, negociações tendentes à aquisição de quotas sociais; os alienantes em perspectiva, convictos de que o negócio ia ter lugar, realizaram, com vista a possibilitá-lo, despesas consideráveis; os adquirentes, por seu turno, iniciaram a gestão directa do estabelecimento em causa — o que mais reforçou a confiança dos vendedores. Por fim, os compradores futuros recusaram-se a outorgar na competente escritura, sem que qualquer superveniência o justificasse ([93]).

Repare-se que o atentado à boa fé não reside na não-contratação: reside, sim, no ter-se convencido outrem de que se iria contratar, provocando danos e, depois, quebrar sem justificação as negociações. *A responsabilidade seria evitada com a actuação de um simples dever de informação:* bastaria prevenir a contraparte, por forma expressa ou por comportamento concludente, de que os preliminares a decorrer têm natureza precária, ou que, pelo menos, o surgimento final do contrato não deve ser tido por assegurado ([94]).

8. Os deveres pré-contratuais do banqueiro, em especial

I. Actuando no campo do Direito privado, as instituições bancárias sujeitam-se, em princípio, ao dispositivo do artigo 227.º/1 do Código Civil: devem, nas fases pré-contratuais, actuar de boa fé. A especificidade da situação implica, como é natural, alguns desvios.

([93]) STJ 5-Fev.-1981, RLJ 116 (1983), 81-84, com an. favorável de ALMEIDA COSTA; este acórdão confirmou o da RPt 26-Fev.-1980, CJ 5 (1980), 1, 58-61.
([94]) Assim, MENEZES CORDEIRO, *Da boa fé* cit., 1.º vol., 583.

Tais desvios repartem-se por duas ordens de factores:

— a existência de normas específicas dirigidas à actividade bancária;
— a própria natureza das entidades intervenientes na relação bancária.

A existência de normas específicas dirigidas à actividade bancária *delimita negativamente a aplicação da boa fé*. Num fenómeno pacífico, pode afirmar-se que a boa fé e os institutos dela dependentes — entre os quais a *culpa in contrahendo* — têm natureza supletiva [95]: aplicam-se quando a situação configurada não caia, de modo directo, na previsão de norma particular.

Assim, e como exemplos:

— os deveres de lealdade, na medida em que imponham obrigações de sigilo, resultam das regras sobre segredo bancário; não há, aí, que recorrer a institutos gerais; de igual modo, quando esteja em causa o saneamento financeiro de entidades em dificuldade, cabe aplicar o regime próprio dos contratos de viabilização;
— os deveres de informação podem, apenas, actuar na parte em que não contendam com a obrigação básica do segredo bancário.

II. A natureza das entidades intervenientes na relação bancária considerada chama a atenção para a necessidade de atinar nas características próprias do caso concreto. Assim, o *dever de informação* tem *intensidade muito diferente* consoante se trata de um simples particular sem experiência, ou de uma grande empresa que, habitualmente, estabeleça relações de crédito bancário: dispondo de pessoal habilitado e experiente, esta não poderá, de boa fé, apresentar-se como tendo aderido a qualquer informação inexacta que lhe hajam fornecido.

Cabe, a tal propósito, enfocar o fenómeno da chamada protecção da parte débil no contrato.

---

[95] Cf. MENEZES CORDEIRO, *Da boa fé* cit., 2.º vol., 759, 822 e 1248, p. ex.; CLAUS-WILHELM CANARIS, *Die Vertrauenshaftung im deutschen Privatrecht*[2] (1983), 372-373 e *passim*.

Concessão de crédito e responsabilidade bancária   41

Reclamada, há vários anos, pela doutriná, a protecção da parte débil joga a favor do contraente que se encontre, efectivamente, em posição de fraqueza ([96]); cabe, pois, evitar estereotipos, tão deslocados como uma absoluta igualdade entre as partes ([97]).

A essa luz, não se pode afirmar de modo sistemático que as instituições bancárias sejam fortes, por oposição aos seus clientes, partes fracas: isso iria, aliás, provocar uma generalização, de efeitos contrários aos procurados com a aplicação da boa fé, que se pretende selectiva. E nessa linha, tão-pouco é possível firmar um juízo de debilidade com base em comparações efectuadas entre o património do banqueiro e o do seu cliente: a concentração bancária, hoje consumada, de novo conduziria a generalizações encaradas pelos regimes legais em vigor e não pela boa fé, *in contrahendo* ou outra.

A fraqueza apura-se, aqui pela falta de conhecimento e de experiência do utente do banco ou pela ausência de liberdade. A afirmação deixa documentar-se pela jurisprudência que sanciona a *culpa in contrahendo* como modo de corrigir contratos ([98]) e pelo regime de cláusulas contratuais gerais:

— a jurisprudência que apresenta a *culpa in contrahendo* como forma de restabelecer a igualdade entre as partes reporta-se a pessoas singulares em situação particularmente inerme ([99]): estas, por definição, podem apresentar-se como carecidas de protecção jurídica;
— o regime das cláusulas contratuais gerais dispensa uma tutela mais pronunciada nas relações com consumidores finais do que nas relações entre empresários ou entidades equiparadas; nesse sentido depõem os artigos 15.º e seguintes e 20.º e seguintes do Decreto-Lei n.º 446/85, de 25 de Outubro ([100]).

([96]) Cf. Menezes Cordeiro, *Direito das Obrigações* cit., 1.º Vol., 85.

([97]) Cf. Menezes Cordeiro, *A situação jurídica laboral; perspectivas dogmáticas do Direito do trabalho, sep.* ROA (1982), 56.

([98]) Cf. Oskar Hartwieg, *Culpa in contrahendo als Korrektiv für «ungerechte» Verträge,* JuS 1973, 733-740.

([99]) Assim, as decisões examinadas em Menezes Cordeiro, *Da boa fé* cit., 1.º vol., 550-551 e, em particular, a do BGH 20-Fev.-1967, acima referida.

([100]) Apenas se pretende, daqui, retirar um sentido geral da protecção da parte fraca, que contribua para a noção desta; a determinação da aplicabilidade do diploma sobre cláusulas contratuais gerais ao comércio bancário fica fora do âmbito deste estudo.

A protecção da parte fraca efectiva-se através de *particulares deveres de informação e de esclarecimento,* a cargo da parte forte[101].

III. A doutrina da especialidade tem sublinhado uma relevância escassa da *culpa in contrahendo* no domínio bancário[102]. Na sua base, pode apontar-se a primazia reconhecida da autonomia privada que impera no sector[103]. No entanto, alguns pontos sensíveis podem ser ilustrados.

A jurisprudência documenta hipóteses de não cumprimento do dever de informação.

Particularmente visada é a hipótese de indicações inexactas[104]. A esse propósito, e perante um caso de falsas informações, decidiu o Tribunal Federal Suíço:

> «De facto, tal dever de verdade não está legislado. Mas ele deve ser observado, no interesse duma vida jurídica ordenada, como um comando geral da ordem jurídica...»[105].

A presença de informações falsas constitui, na verdade, uma situação condenável que as diversas ordens jurídicas penalizam. Duas situações são possíveis:

— ou o dever de informar fora contratualmente assumido;
— ou tal dever resulta, simplesmente, da lei geral.

A assunção do dever de informar — ou de outros deveres acessórios similares, como o dever de aconselhar ou de cuidado — por via

---

[101] Cf. MENEZES CORDEIRO, *Da boa fé* cit., 1.º vol., 551[91].

[102] KLAUS HOPT, *Rechtspflichten der Kreditinstitute* cit., 170.

[103] CLAUS-WILHELM CANARIS, *Kreditkündigung und Kreditverweigerung gegenüber sanierungsbedürftigen Bankkunden,* ZHR 143 (1979), 113-138 (122).

[104] Já em RG 9-Set.-1932, *Bank-Archiv* 32 (1933), 228-229, se entendeu que o banco era responsável pelo conselho conscientemente falso, chegando RG 23--Mar.-1933, *Bank-Archiv* 32 (1932), 443-444, a referenciar um dever do banqueiro de não facultar conselhos mal entendidos.

[105] SchwBG 17-Fev.-1931, BGE 57 (1931), II, 81-90 (86).
O dever de informar configura-se diferentemente consoante as circunstâncias. Aquando da falência do cliente do banqueiro, ele assume uma feição que lhe merece um estudo particular; cf. MANFRED OBERMÜLLER, *Die Bank im Konkurs ihres Kunden*[2] (1982), 151 ss..

Concessão de crédito e responsabilidade bancária 43

contratual é possível, ao abrigo da autonomia privada; a jurisprudência reconhece-a, ainda quando certa doutrina discuta sobre a sua natureza([106]).

A possibilidade de derivação legal do dever em causa tão-pouco oferece dúvidas, como acima se documentou([107]). Simplesmente, na

([106]) Assim, SchwBG 3-Jun.-1983, SchwJZ 1984, 349. GEORG MÜLLER, *Zur Rechtsnatur der Vereinbarung über die Sorgfaltspflicht der Banken bei der Entgegennahme von Geldern und über die Handhabung des Bankgeheimnisses*, SchwJZ 1984, 349-351 (351), defende, perante a teoria do interesse, a natureza pública destas convenções — cf. WERNER DE CAPITANI, *Zur Rechtsprechung der Schiedeskommission für die Vereinbarung über die Sorgfaltspflicht der Banken bei der Entgegennahme von Geldern*, SchwJZ 1984, 353-355, quanto às decisões arbitrais nesse domínio —; embora questionável, tal orientação ilustra bem o relevo desses deveres. No Direito alemão, cf. HANS-JOACHIM MUSIELAK, *Die Haftung der Banken für falsche Kreditauskünfte*, VersR 28 (1977), 973-979 (973 e 978, quando tal convénio não seja expresso). No Direito austríaco, *vide* RUDOLF WELSER, *Die Haftung für Rat, Auskunft und Gutachten/Zugleich ein Beitrag zur Bankauskunft* (1983), 80 ss. e *passim*.

([107]) A jurisprudência suíça citada no domínio bancário para documentar os deveres de informação e de cuidado reporta-se, na realidade, a temas de ordem geral. Assim: SchwBG 7-Fev.-1956, BGE 82 (1956) II, 25-36 (26-28) — responsabilidade por falta de cuidados, donde resultou um ferido na prática de esqui, SchwBG 16--Mai.-1964, BGE 90 (1964), II, 86-92 (86-89) — responsabilidade de vendedor de uma aparelho defeituoso que provocou um incêndio, também por falta de cuidado; SchwBG 16-Mai.-1967, BGE 93 (1967), II, 89-97 (89-90 e 93-94) — condenado o dono de uma obra que não assinalou, na superfície gelada, um local de gelo mais fino, vindo, aí duas crianças a perecer afogadas, quando o mesmo se rompeu; SchwBG 12-Mai.-1967, BGE 93 (1967), II, 230-238 (231 e 236) — num prédio onde ocorram quedas de pedras, deve o proprietário tomar precauções para prevenir terceiros de tal perigo; SchwBG 20-Mai.-1969, BGE 95 (1969), II, 93-109 (94-95 e 100-101) — por falta de medidas de cuidado, um trabalhador fere-se aquando da colocação de mobília numa casa; SchwBG 11-Jun.-1970, BGE 96 (1970), II, 108-144 (109-110 e 112-113) — perante a venda de um produto doméstico explosivo, o vendedor é responsável caso não tenha advertido, suficientemente, o comprador do perigo.

A jurisprudência alemã assume posições similares; a doutrina não as cita, no entanto, a propósito de questões bancárias. Em jogo está a construção dos deveres do tráfego que, em termos latos, determina que quem controle ou aproveite uma fonte de perigos deva tomar as precauções necessárias — designadamente através de deveres de informação — para prevenir danos. Cf., em especial CHRISTIAN VON BAR *Verkehrspflichten/Richterliche Gefahrsteuerungsgebote im deutschen Deliktsrecht* (1980), L. VOLLMER *Haftungsbefreiende Übertragung von Verkehrssicherungspflichten*, JZ 1977, 371-376 e C.-W. CANARIS, *Schutzgesetze-Verkehrspflichten--Schutzpflichten*, FS LARENZ 80 (1983), 27-110 (77 ss.). A jurisprudência básica pode ser confrontada em MENEZES CORDEIRO, *Da boa fé* cit., 2.º vol., 832 ss..

ausência de uma obrigação contratual de informar ou de esclarecer, compreende-se que os requisitos da responsabilização eventual por falsas indicações sejam mais severos.

De novo se chama a atenção para a necessidade de evitar transposições apressadas de elementos estrangeiros para o espaço português. Ao contrário do que sucede noutros ordenamentos, a lei portuguesa dispõe expressamente sobre a responsabilidade por conselhos, recomendações ou informações: segundo o artigo 485.º/1 do Código Civil, «os simples conselhos, recomendações ou informações não responsabilizam quem os dá, ainda que haja negligência da sua parte». O n.º 2 do mesmo preceito exceptua a essa regra a possibilidade de haver uma obrigação de garantia ou um dever jurídico de aconselhar, recomendar ou informar, altura em que se observará, segundo parece, o regime geral da responsabilidade por dolo ou negligência [108].

Assim sendo, pode proclamar-se a existência de um *dever de informar*, de base legal, por exigência do artigo 227.º/1, quando as circunstâncias do caso o justifiquem e, designadamente, quando as negociações preliminares tenham atingido um aprofundamento bastante [109] ou quando tenha sido assumido um dever prévio nesse sentido [110].

IV. A concluir esta rubrica sobre os deveres pré-contratuais do banqueiro, cabe perguntar por uma eventual obrigação de conceder crédito e pelas consequências de quaisquer prevaricações.

Como já foi referenciado, não é possível retirar do artigo 227.º —ou dos princípios que, noutros Direitos, o substituam— qualquer dever de contratar [111]; o império da autonomia privada

---

[108] Cf., quanto à interpretação desse preceito, MENEZES CORDEIRO, *Direito das Obrigações* cit., 2.º vol., 350-351.

[109] Recorrendo, na falta de elementos nacionais, de novo à experiente jurisprudência alemã, pode referir-se a decisão de OLG Düsseldorf 5-Abr.-1984, AG 1984, 188-192, segundo a qual não cabe falar em *culpa in contrahendo* se não houver relação pré-contratual bastante; por seu turno, o BGH 9-Set.-1984, ZIP 1984, 1070-1072, negou a responsabilidade de um consórcio de bancos por declarações erradas feitas por um elemento participante no estudo de um convénio sobre saneamento financeiro.

[110] Tal dever pode ser directamente contratado ou surgir como acessório de um negócio mais vasto como, por exemplo, um contrato de administração.

[111] Recorde-se, em geral, HOPT, *Rechtspflichten der Kreditinstitute*, cit., 168; MERTENS, *Zur Bankenhaftung* cit., 177.

Concessão de crédito e responsabilidade bancária

determina tal dever, apenas, perante normas legais específicas que o imponham. Tão-pouco é possível retirar esse dever de contratar — no caso, de conceder crédito — seja da prática bancária anterior, seja do tratamento dado a outras entidades: a prática comercial não é uma actividade administrativa cujos actos careçam de fundamentação ou que dê ensejos a indeferimentos tácitos.

A responsabilidade dos bancos consubstanciar-se-á, como foi dito, quando, dolosamente ou, no caso de suficiente proximidade negocial, com negligência, se tenha informado outrem, inexactamente, de que o crédito iria ser concedido.

O artigo 227.º/1 do Código Civil obriga a indemnizar pelos danos «culposamente» causados à outra parte. Apela, assim, para o esquema geral da responsabilidade civil. O Direito português não contemporiza, deste modo, com certos passos dados pela jurisprudência alemã — e que são, aliás, questionáveis no seu próprio espaço de origem — segundo os quais poderia haver uma responsabilidade pré-contratual pela confiança criada, independentemente da culpa[112]. Em termos mais gerais: todos os requisitos da responsabilidade civil devem estar reunidos, indemnizando-se os danos que o nexo de causalidade permita determinar[113].

---

[112] Assim, em BGH 18-Out.-1974, LM n.º 38, § 276 (Fa) BGB, entendeu-se haver responsabilidade pela interrupção das negociações quando a parte que o fez, embora sem culpa, soubesse que a contraparte, tendo em vista o contrato a celebrar, realizou despesas consideráveis. NIRK, *Culpa in contrahendo, quo vadis?* cit., pronuncia-se contra esta orientação, afirmando que ela defronta as doutrina e jurisprudência dominantes. De qualquer modo, face à lei portuguesa, ela não seria possível; cf. MENEZES CORDEIRO, *Da boa fé* cit., 1.º vol., 553[98].

Não se deve confundir com este tema a questão, muito actual, da responsabilidade pelos prospectos; a abordagem desta problemática — que se reflecte, também, na actividade bancária — cf. MICHAEL LEHMANN, *Die zivilrechtliche Haftung der Banken für informative Angaben im deutschen und europäischen Recht*, WM 1985, 181-187 (185) — prende-se com os danos causados ilicitamente e com a protecção dos consumidores perante a publicidade enganadora, e não com a interrupção das negociações em si.

[113] A precisa determinação do montante da indemnização eventualmente em jogo — ou das regras a que ele obedeça — transcende o âmbito deste estudo.

IV — A RELAÇÃO BANCÁRIA COMPLEXA

9. Natureza e princípio geral: a autonomia privada

I. O desenvolvimento conceptual da relação bancária complexa postula um aprofundar juscientífico do Direito bancário. O recurso a esse instrumento permitirá estudar aspectos da responsabilidade conexa com a concessão do crédito que, muitas vezes, permanecem numa indistinção nociva ao conhecimento dos regimes em jogo. A inexistência, no espaço doutrinário português, de investigações neste domínio — apesar de análises sectoriais de mérito inegável — tem retardado a elaboração de esquemas dogmáticos puramente bancários. Há que superar tal estado de coisas, embora sem deixar de atinar nas especificidades do Direito positivo nacional.

II. Entre o banqueiro e o seu cliente não surge, em regra, um negócio jurídico singular. Pelo contrário: essas duas entidades firmam, muitas vezes, *contratos em cadeia*, de natureza semelhante ou variável, aos quais acrescem em certos casos, determinados actos, unilaterais. *Ao fluxo de situações jurídicas múltiplas, consubstanciadas entre uma instituição de crédito e o seu utente pode, com comodidade, chamar-se relação bancária complexa*[114].

A natureza da relação bancária complexa é discutida na literatura da especialidade. A esse propósito, têm sido apresentadas doutrinas contratuais e doutrinas legais, que importa conhecer e apreciar em termos críticos.

As *doutrinas contratuais* vêem, na relação bancária complexa, um «contrato bancário geral»[115]. Dois aspectos relevariam, pois:

— a natureza unitária do conjunto;
— a sua base voluntária.

---

[114] Propõe-se a expressão *relação bancária complexa* para exprimir a «relação de negócios» utilizada, p. ex., por CLAUS-WILHELM CANARIS, *Bankvertragsrecht*[2], (1981) 1 (2).

[115] Assim, NEBELUNG, *Gutschriften auf dem Konto pro Diverse*, NJW 1959, 1068-1069 (1069); HEINZ PIKART, *Die Rechtsprechung des Bundesgerichtshofs zum Bankvertrag*, WM 1957, 1238-1248 (1238); HANS-JOACHIM SCHRAEPLER, *Kreditauskunft — Einschränkung des Bankgeheimnisses*, NJW 1972, 1836-1840 (1838).

A referência a um «contrato bancário geral» daria uma *consistência de conjunto* às diversas situações susceptíveis de surgir entre o banqueiro e o seu cliente. Por outro lado, ela postularia que, ao iniciar-se a sucessão de actos bancários, as partes *aceitariam a constituição de uma relação que os transcenderia.*

As doutrinas contratuais da relação bancária complexa não têm, hoje, seguidores ([116]). Um contrato bancário geral, a existir, teria de ser sempre o produto de uma vontade de ambas as partes, a tanto dirigida: de outro modo, o apelo ao fenómeno contratual relevaria de um mero formalismo ficcioso. Além disso, tal «contrato» deveria apresentar um conteúdo determinável, sob pena de nulidade — artigo 280.º/1 do Código Civil. Ora o pretenso «contrato bancário geral» apresentaria, por definição, um objecto indeterminável *ab initio*, de concretização imprevisível, ditado pela evolução subsequente dos negócios a celebrar.

III. Procurando suplantar o vácuo deixado pela falência das doutrinas contratuais, Canaris protagoniza as orientações de sinal contrário. A relação bancária complexa seria, assim, uma «relação obrigacional legal», «sem dever de prestação primário» ([117]). Trata-se do aproveitamento de uma figura geral desenvolvida pelo moderno Direito das obrigações, que pode sintetizar-se nos termos que seguem.

Pactuada uma obrigação comum, as partes assumem, uma perante a outra, determinadas prestações — as prestações primárias. Mas para além disso, a regra da boa fé implica que elas fiquem adstritas a certos deveres de cuidado e de protecção, de modo a que não sejam provocados danos nas respectivas esferas. Tais deveres são claros na pendência contratual; a jurisprudência e a doutrina permitem também apurá-los *in contrahendo* e *post pactum finitum* bem como em situações caracterizadas pela nulidade do contrato de base — e, portanto, pela inexistência de qualquer dever principal válido. Desenvolvidos sectorialmente, os deveres de cuidado e protecção vieram a apresentar regimes diferentes consoante ocorressem

---

([116]) Cf. CANARIS, *Bankvertragsrecht*² cit., 4 (4).

([117]) Cf. CANARIS, *Bankvertragsrecht*² cit., 12 (7-8). Esta orientação remontaria a LUDWIG RAISER, no seu conhecido estudo sobre as cláusulas contratuais gerais — *Der Recht der allgemeinen Geschäftsbedingungen* (1935). Entre os seus defensores conta-se, também, MÜLLER-GRAFF, *Die Geschäftsverbindung als Schutzpflichtverhältnis*, JZ 1976, 153-156 (154 ss.).

Concessão de crédito e responsabilidade bancária 49

na fase pré-contratual, na vigência do contrato, na sua nulidade, ou depois do seu cumprimento. A situação foi ultrapassada com a teorização geral do fenómeno, proposta há vinte anos por Canaris [118] e que, de então para cá, tem merecido um acolhimento global [119]: em situações de proximidade negocial — e, portanto, com contrato ou sem ele — as partes podem prejudicar-se mutuamente; surge, assim, um dever legal de não o fazer. Canaris fala em dever legal de protecção baseado na confiança, utilizando, também, a nomenclatura de Larenz: uma «relação obrigacional legal», «sem dever de prestação primário» [120].

Esta orientação, apesar do seu afinamento dogmático e dos nomes prestigiosos que a subscrevem, não deve ser transposta para o espaço português [121].

Tal como houve a oportunidade de esclarecer a propósito da *culpa in contrahendo*, a ideia dos deveres legais de cuidado e de protecção visa colmatar as brechas legislativas do sistema alemão da responsabilidade civil. A inexistência de um preceito geral responsabilizador, semelhante ao nosso artigo 483.º, bem como a consagração, no tocante a comitentes e auxiliares, do esquema da *culpa in eligendo*, levam a doutrina e a jurisprudência alemãs a convolar,

---

[118] Claus-Wilhelm Canaris, *Ansprüche wegen «positiver Vertragsverletzung» und «Schutzwirkung für Dritte» bei nichtigen Verträgen,* JZ 1965, 475-482. A problemática que levou ao trabalho de Canaris vem referenciada em Menezes Cordeiro, *Da pós-eficácia* cit., 50 ss (52), e *Da boa fé* cit., 1.º vol., 632 ss..

[119] Assim: Ulrich Müller, *Die Haftung des Stellvertreters bei culpa in contrahendo und positiver Forderungsverletzung,* NJW 1969, 2169-2175 (2172 ss.); Walter Gerhard, *Die Haftungsfreizeichung innerhalb der gesetzlichen Schutzverhältnisses,* JZ 1970, 535-539 (535-536), e *Der haftungsmassstab im gesetzlichen Schutzverhältnis (Positiver vertragsverletzung, culpa in contrahendo),* JuS 1970, 597--603 (598); Wolfgang Thiele, *Leistungsstörung und Schutzpflichtverletzung — Zur Einordnung der Schutzpflichtverletzungen,* JZ 1967, 649-657 (654); F.-S. Evans-von Krbek, *Nichterfüllungsregeln auch bei weiteren Verhaltens oder Sorgfaltspflichtverletzung?,* AcP 179 (1979), 85-152 (87-88); Marina Frost, *«Vorvertragliche» un «vertragliche» Schutzpflichten* (1981), 212 e 241 e *passim;* Kramer/Münch-Komm² (1985) Vor § 241, 75 ss. e Roth/Münch-Komm² cit., § 242, 129 ss..

[120] Canaris, *Bankvertragsrecht²* cit., 12 ss. (7 ss.), 15 ss. (9 ss). *Vide* Larenz, *Schuldrecht/Allgemeiner Teil¹³* (1982), § 2, 1 (6 ss., 7) e § 9 (100 ss.).

[121] Trata-se de uma posição defendida em Menezes Cordeiro, *Da pós-eficácia* cit., 50 ss., e *Da boa fé* cit., 636 ss. e acima referenciada — *supra,* n.º 7 V — a propósito da *culpa in contrahendo.* pode ainda esclarecer-se que o próprio Canaris, confrontado com o sistema jurídico positivo português, concorda, aí, com a desnecessidade da sua teoria.

tanto quanto possível, as diversas situações para o domínio do incumprimento obrigacional.

É esse o papel da «relação obrigacional legal», «sem dever de prestação primário»: as pessoas que, em situação de proximidade obrigacional, se inflijam danos ilícitos, ver-se-ão responsabilizadas por violação de obrigações legais de protecção ou de cuidado. Em Portugal, o mesmo efeito é conseguido com recurso ao dispositivo comum de responsabilidade civil.

E assim sendo, perante o Direito português, não cabe considerar a relação bancária complexa como o produto de obrigações legais.

IV. A relação bancária complexa deve, pois, ser reconduzida às dimensões que lhe competem. Trata-se de um expediente linguístico que visa exprimir sequências de actos e negócios jurídicos celebrados entre o banqueiro e o seu cliente, mas que não dispensa o estudo analítico, caso a caso, do seu conteúdo. Apenas em concreto se poderá dizer se determinada relação bancária compreende uma ou várias obrigações e qual o seu teor.

Não se pretende concluir que a existência seriada de múltiplos negócios bancários, celebrados entre os mesmos sujeitos, não implique efeitos de conjunto ou, por outras palavras: que seja indiferente, para o regime de certa questão bancária, o facto de ela ocorrer isolada, ou no seio de uma cadeia contínua de actos. Mas o relevo que essa integração possa ter filtra-se através da interpretação das declarações concretas ([122]), sem nunca pôr em causa a liberdade das partes: basta ver que a evolução duma relação bancária complexa pode ser uma ou outra conforme a movimentação que as partes lhe queiram imprimir.

V. Perante estes dados, importa fixar os princípios gerais que norteiem a relação bancária.

Nesse domínio, o ponto basilar é o da sua sujeição à autonomia privada ([123]): os clientes têm, naturalmente, a liberdade de se dirigirem aos bancos que entenderem; estes têm a liberdade de finan-

---

([122]) Isto é: perante situações duvidosas, o sentido a atribuir às declarações das partes poderá, dentro das regras que norteiam a interpretação dos negócios jurídicos, ser inflectido numa ou noutra direcção, consoante a prática que, normalmente, as partes em jogo hajam seguido.

([123]) C.-W. CANARIS, *Kreditkündigung* cit., 122 e 137, por todos.

ciar(^{124}) ou de promover o saneamento económico-financeiro(^{125}); ambas as partes podem, em conjunto, determinar o conteúdo dos negócios que queiram celebrar, dentro dos limites injuntivos da lei.

A autonomia privada, reinante, a nível microjurídico, nas relações bancárias tem um complemento cabal na sujeição dos bancos ao Direito privado(^{126}), dominado pela igualdade e pela liberdade dos sujeitos que nele actuem. Este estado de coisas não é perturbado pelas nacionalizações ocorridas em 1975, nem pela subsequente transformação da banca nacional num conjunto de empresas púlicas; como houve a oportunidade de verificar, tal configuração visa, precisamente e em nome de comprovadas técnicas de gestão, salvaguardar a aplicação, no domínio bancário, dos Direitos civil e comercial.

10. A não concessão de crédito

I A problemática da relação bancária complexa atinge um momento alto em torno do tema do corte ou da não concessão de crédito. Tomando a relação bancária como um todo orgânico, o corte ou a não concessão de crédito poderiam assumir a feição de um infligir unilateral de danos à contraparte. No que respeita, em especial, ao banqueiro, haveria, então, um dever de aceitar os negócios que lhe fossem propostos.

Posta nestes termos, tal tese nunca teve defensores. O perfeito esclarecimento deste ponto exige, no entanto, algumas distinções.

II. O consubstanciar de determinada relação de crédito bancário pode corresponder a um dever jurídico. Assim sucederá quando

---

(^{124}) HANS ULRICH, *Gesellschafterdarlehen der Banken in der Finanzkrise der GmbH*, GmbH-R 74 (1983), 133-146 (141-142), por todos.

(^{125}) HOPT, *Rechtspflichten der Kreditinstitute* cit., 167 e 168.

(^{126}) WOLFGANG FIKENTSCHER, *Wirtschaftsrecht*, 2.º vol (1983), 506.

Uma das consequências a retirar da inclusão da actividade bancária na autonomia privada é a possibilidade de introduzir nos limites gerais, cláusulas de exclusão de responsabilidade; boa parte das cláusulas contratuais bancárias tem esse sentido — REINHARD SCHLENKE, *Allgemeine Geschäftsbedingungen der Banken und AGB-Gesetz* (1984), 23 — cabendo então indagar da sua regularidade, face ao dispositivo legal específico que se lhes dirige. Cfr., também HANS-ULRICH WACKERHAGEN, *Haftung der Banken aus Kundenberatung im Wertpapiergeschäft* (1974), 97 e 132.

uma disposição legal expressa o determine — numa hipótese excepcional a que, abaixo, se fará referência — ou quando as partes a tanto se tenham vinculado, por via de contrato.

Na verdade, é possível que, no decurso de uma relação bancária complexa, as partes celebrem contratos preparatórios que as adstrinjam à futura concessão de crédito. Nos termos gerais, tais preparatórios, deveriam pré-determinar, em termos bastantes, o negócio definitivo a celebrar, sob pena de nulidade por indeterminação. Verificados esse e os demais requisitos, a promessa de crédito não ofereceria mais dúvidas e problemas do que o comum contrato-promessa.

Põe-se a questão de saber se a promessa de crédito pode ser tacitamente assumida. Cabe aqui, simplesmente, aplicar o regime geral dos artigos 217.º e 218.º do Código Civil, sendo certo, nos termos deste último preceito, que «o silêncio vale como declaração negocial, quando esse valor lhe seja atribuído por lei, uso ou convenção». Assim, a sistemática concessão de crédito, em determinadas condições, não implica, por si, uma obrigação de o manter no futuro e nos mesmos moldes; pelo contrário: o recurso a contratos limitados no tempo, com a exigência de novas declarações periódicas, antes inculca uma intenção das partes de manter uma liberdade de actuação, ciclicamente recuperada. A saída será diversa quando, da conclusão de um contrato se «deduza que, com toda a probabilidade» — artigo 217.º/1 do Código Civil — as partes se quiseram vincular, desde logo, à futura celebração de outro contrato: o negócio celebrado será, então, um misto de concessão de crédito e de promessa de crédito futuro ([127]).

Alguma jurisprudência francesa tem considerado que determinadas «facilidades de caixa» — designadamente levantamentos a descoberto, feitos para enfrentar dificuldades momentâneas de tesouraria — facultadas pelos banqueiros a certos clientes, obrigariam desde logo os bancos envolvidos à concessão futura de crédito, nesses mesmos moldes ([128]). Há, aqui, um curioso paralelo com os actos de mera tolerância, previstos no artigo 1253.º, b), do Código Civil, como dando lugar a mera detenção e não à posse: o entendimento de

---

([127]) Seria ainda necessário que estivessem reunidos os demais requisitos de fundo e de forma para a perfeição negocial da promessa em causa.

([128]) Trata-se de uma construção que não é, de modo algum, pacífica — cf. Hopt, *Rechtspflichte der Kreditinstitute* cit., 151[47] — e que redunda em ver, nas «facilidades», em causa, a celebração tácita de um contrato de concessão de crédito.

Concessão de crédito e responsabilidade bancária

que a concessão, a outrem, de uma facilidade não devida confere, logo por si, um direito, apenas teria o efeito de compelir os sujeitos à não atribuição futura de facilidades. O relacionamento entre as pessoas formalizar-se-ia, tornando-se mais complicado.

Julga-se, pois, que aproveitando os ensinamentos milenários dos direitos reais, não se deve ver, na admissão de facilidades de caixa ou similares, uma atribuição formal de crédito que obrigue, no futuro, a novas concessões. Quaisquer arestas deverão ser limadas pelos deveres de informação que a boa fé imponha, no caso concreto considerado.

III. Cabe depois indagar se é legítimo propor, no decurso de uma relação bancária complexa ou em comparação com outras relações efectivamente existentes, condições ou exigências extraordinárias. A questão pode ser alargada, perguntando-se se é legítimo às partes recusar negócios precisamente idênticos àqueles que, perante outras pessoas, tenham aceitado.

Neste domínio são convenientes novas distinções.

No que toca aos *clientes do banqueiro*, é indubitável a existência de uma liberdade total, no sentido de arbítrio: eles podem escolher qualquer instituição para propor ou recusar negócios, sem necessidade de justificações.

Quanto ao banqueiro, impor-se-á uma subdistinção:

— os *«negócios neutros»* ou operações bancárias correntes, tais como aberturas de contas ou actos cambiários vulgares poderiam, segundo algumas doutrinas, envolver uma disponibilidade permanente do banqueiro ([129]):

— os *negócios de crédito* postulariam, pelo contrário, uma liberdade total do banqueiro.

O Direito privado português permite responder de modo preciso a estas questões.

Como pano de fundo, domina a liberdade de celebração: as partes podem ou não concluir quaisquer negócios bancários, sem justifi-

---

([129]) CANARIS, *Bankvertragsrecht*[2] cit., 7 (5), nega, mesmo perante os «negócios neutros», a existência de um dever geral do banqueiro de celebração. Uma disponibilidade do banqueiro quanto a tais negócios é, pelo contrário, afirmada por PIKART, *Die Rechtsprechung zum Bankvertrag* cit., 1239 e, anteriormente, por RAISER, *Das Recht der allgemeinen Geschäftsbedigungen* cit., 145.

cação: de outro modo, estar-se-ia em face de poderes vinculados, que o Direito privado só admite perante lei ou convenção nesse sentido. O cliente do banqueiro e o próprio banqueiro disporiam, assim, de total livre-arbítrio.

No caso do banqueiro, essa situação de princípio deverá manter--se, salvo norma legal em contrário [130].

Os *negócios bancários «neutros»* — aberturas de contas, pequenos câmbios de moedas — estão na disponibilidade dos intervenientes. Não seria assim se fosse possível ver na simples presença de uma agência bancária aberta a quaisquer interessados, uma oferta ao público de determinados negócios [131]. A oferta ao público pode consubstanciar-se através da exposição de certos artigos nos escaparates de estabelecimentos comerciais ou de aparelhos automáticos, prontos a funcionar. Dois pontos são essenciais:

— a manifestação de uma intenção inequívoca de contratar;
— a presença de todos os elementos necessários para a perfeição negocial.

Na ausência do primeiro, haverá um mero convite genérico a ofertas; faltando o segundo, falar-se-á apenas em publicidade.

Ora, no domínio bancário, se o primeiro ponto é duvidoso, o segundo falta, com toda a certeza. O mais simples negócio bancário requer complementações e pontos acessórios que não constam das tabuletas. Não há, pois, oferta ao público, por falta de elementos essenciais integradores da declaração negocial.

Já se tem afirmado que certos negócios bancários aqui tidos por «neutros» — como a abertura de uma conta [132] — implicariam, ainda, uma particular confiança mútua, sendo *intuitu personae*. Na medida em que assim seja, haverá aí um argumento suplementar no sentido de permanente liberdade na sua celebração, por parte, também, do banqueiro.

---

[130] O Direito bancário francês actual conhece normas desse tipo, embora muito matizadas. Segundo o artigo 58.º da Lei Bancária de 24-Jan.-1984, a pessoa que se veja recusar, por vários estabelecimentos, a abertura duma conta, pode solicitar ao Banco de França que lhe indique um estabelecimento adequado onde o poderá fazer.

[131] O Código Civil não refere expressamente a oferta ao público, excepto para regular o regime da sua revogação — artigo 230.º/3.

[132] Assim, ALBERTO LUÍS, *Direito à conta*, em Direito bancário cit., 65-67 (66).

Concessão de crédito e responsabilidade bancária 55

IV. As conclusões já obtidas no domínio dos «negócios neutros» aplicam-se por maioria de razão, aos negócios de crédito [133]. Não havendo qualquer disposição específica — legal ou contratual — que obrigue à sua celebração, deve observar-se uma liberdade total dos intervenientes. Nesse sentido depõem a sujeição ao Direito privado e a livre concorrência que deve reinar entre as instituições de crédito, seja qual for a sua natureza [134].

A recusa de conceder crédito, mesmo quando em contraste com o ocorrido noutras situações similares, consubstanciadas entre os mesmos intervenientes ou com intervenientes diferentes, não carece de justificação, salvo disposição legal em contrário.

Na verdade, não faz sentido exigir a fundamentação de um acto se não houver possibilidade de a controlar; o controlo em causa requer, por parte de quem a ele proceda, poderes vinculados — ou o arbítrio transfere-se para esta última entidade, o que não faria sentido. Resulta daqui, como consequência lógica, que a necessidade de justificação implica a existência de deveres a cargo do autor do acto em jogo.

O corte ou a recusa do crédito careceriam de justificação apenas na medida em que houvesse um dever particular de o conceder, o que se viu não suceder.

Acresce ainda que a decisão de conceder ou não crédito pode assentar em elementos que o banqueiro não possa ou não deva divulgar: o utente apresentou um garante que o banco saiba não estar em boas condições económicas, mas sem o poder revelar por via do segredo bancário ou o banco tem uma estratégia de mercado que não pode divulgar por via da lógica da concorrência, por exemplo.

V. Pode, por fim, suceder que o problema do corte ou da recusa de crédito se ponha em face de operações já em curso ou contratualmente assumidas. Não havendo prazo, deve entender-se, perante os princípios gerais que informam as situações duradouras,

---

[133] Cf. HOPT, *Rechtspflichten der Kreditversorgung* cit., 146-147, com referência ao Direito francês. Em geral CANARIS, *Bankvertragsrecht²* cit., 5 (6).

[134] MERTENS, *Bankenhaftung* cit., 177, por todos. Pode pois considerar-se que a hipótese de se deparar com a inesperada recusa de crédito traduz um risco das diversas entidades; cf. HERBERT HIRTZ, *Die Vorstandenpflichten bei Verlust, Zahlungsunfähigkeit und Überschuldung einer Aktiengesellschaft* (1966), 52 ss..

que qualquer das partes pode, a todo o tempo, pôr cobro à relação; quando muito, as circunstâncias e a boa fé poderão exigir, em concreto, um pré-aviso mínimo, para não sujeitar a outra parte a danos inesperados e injustificados. Havendo prazo, este deve ser respeitado, salvo *justa causa*, isto é, descontada a ocorrência que implique resolução ou que, disso sendo o caso, faculte o imediato vencimento das obrigações; neste caso faz sentido exigir uma justificação ([135]).

Nas diversas hipóteses, os trâmites que tenham sido inseridos nos clausulados contratuais devem, nos termos gerais, ser acatados.

([135]) Torna-se elucidativo registar que estas soluções, resultantes dos princípios gerais, encontram consagração específica nas legislações que decidam regular expressamente o problema. Assim sucede em França, através do artigo 60 da Lei de 24 de Janeiro de 1984, já citada.

V — OS DEVERES ESPECÍFICOS DO BANQUEIRO

11. Generalidades; o segredo bancário

I. As instituições bancárias encontram-se num particular campo de tensão entre a política e a economia [136]. A sua actividade — e, designadamente, a política de crédito — surge como um aspecto ponderoso na prossecução dos objectivos de qualquer Estado ou de qualquer Governo.

Assim se compreende o aparecimento de vários mecanismos de intervenção do Estado na banca e que podem passar, por exemplo, pela especial autoridade dos bancos centrais ou pelo influxo de decisões governamentais nas decisões bancárias, através das tutelas e subsequentes cadeias de gestores, quando se trate de banqueiros-empresas públicas.

A lógica básica que preside à existência de instituições bancárias autónomas, diferentes do Estado e, por maioria, à consagração de bancos públicos e privados em livre concorrência, requer que tais intervenções não se multipliquem e mantenham intacta a margem de decisão dos diversos banqueiros [137].

Por isso a forma mais adequada de intervir na actividade bancária consiste na aprovação de deveres específicos a cargo do banqueiro, por via geral e abstracta, *através de lei.*

---

[136] Cf. SCHROEDER-HOHENWARTH, *Banken in Spannungsfeld von Wirtschaft und Politik*, Bank 1985, 600-604.

[137] Quanto à necessidade de libertar as empresas públicas do peso das tutelas, numa emancipação definitiva dos esquemas juspublicísticos que ainda, em certos casos, as informam, cf. MENEZES CORDEIRO, *Direito da economia,* 1.º vol. cit., 290 ss. (296), e SOUSA FRANCO/CASTELO BRANCO, *Advertência a Empresas públicas e participações do Estado* (Legislação, 1984).

58   *Banca*

II. Em termos de construção dogmática, a existência de deveres específicos legais a cargo do banqueiro tem consequências a dois níveis já referidos e que importa sistematizar:

— no seu campo de aplicação, os deveres específicos prevalecem sobre princípios gerais de sinal contrário, ainda que, nos termos comuns, possam ser corroborados por eles;
— a existência de um corpo de deveres específicos expressamente legislados deixa entender, nas áreas que eles não cubram, a manutenção da autonomia privada; trata-se, pois, de um raciocínio *a contrario* cuja validade, ainda que a comprovar caso a caso, não deve ser ignorada.

III. De entre os deveres consagrados na lei a cargo do banqueiro, figura o denominado segredo bancário.

A relação bancária complexa faculta ao banqueiro informações variadas — e, por vezes, extensas — sobre a situação patrimonial do cliente. A boa fé cominaria, então, um dever de sigilo, independente dos actos concretos que venham a ser celebrados([138]). Esse dever entende-se, nos termos gerais, aos representantes e auxiliares da instituição em causa. E a sua violação implicará, também nos termos gerais, o dever de indemnizar os danos causados com o ilícito perpetrado.

O Direito português consagra, de modo expresso, o segredo bancário([139]). Evita-se, assim, toda uma discussão quanto à natureza desse vínculo; não oferece dúvidas, no entanto, o reforçá-lo e delimitá-lo através dos princípios gerais.

O segredo bancário poderá encontrar limites([140]), perante outros valores que se lhe deparem e que, em concreto, apresentem uma

---

([138]) CF. CANARIS, *Bankvertragsrecht*^{2} cit., 15 (9) e 27 ss.; PIKART, *Die Rechtsprechung zum Bankvertrag* cit., 1242.

([139]) Decreto-Lei n.º 2/78, de 9 de Janeiro. O artigo 1.º desse diploma comina o dever de segredo aos titulares dos órgãos dos bancos e aos seus trabalhadores; julga-se possível transpor esse dever para o próprio banqueiro, enquanto entidade colectiva.

([140]) São conhecidos os vectores fiscais e similares que podem contraditar do segredo bancário — cf. ROLFJOSEF HAMACHER, *Internacional Informationshilfe contra Bankgeheimnis*, Bank 1985, 476-480 — tendo, entre nós, ocorrido já um debate considerável sobre o tema. Cf. o Parecer da Procuradoria-Geral da República de 30-Nov.-1978, publ. em ALBERTO LUÍS, *Direito bancário*, cit., 289 ss., bem como, deste mesmo Autor, *Segredo bancário*, em ob. cit., 83 ss..

Concessão de crédito e responsabilidade bancária 59

intensidade superior. Dentro deles, no entanto, ele deve ser observado, obrigando à indemnização dos danos provocados, quando se verifique a sua inobservância.

12. O dever de saneamento financeiro; outros deveres

I. Despoletado pela crise económica subsequente a 1973, o problema do saneamento financeiro das empresas está na ordem do dia ([141]): por razões de tipo social e político prefere-se a «profilaxia» das falências à sua verificação ([142]). Multiplicam-se, nesse domínio, as experiências, com relevo directo nos Direitos bancário, da economia e das falências ([143]), numa complexidade que se explica pela presença de múltiplas entidades com interesses conflituantes ([144]).

Como ponto de partida, a doutrina deixa clara a inexistência de um dever de sanear, a cargo da banca ([145]). De facto, qualquer dever desse tipo postularia uma obrigação de contratar; ora tal obrigação, por definição, só poderia existir quando imposta por lei ou convenção.

Por isso, o domínio do saneamento financeiro — tomado em termos de dever — é, por excelência, o da intervenção legislativa denominada «Direito da economia» ([146]).

([141]) Cf., em geral, AXEL FLESSNER, *Grundfragen des Künftigen Sanierungsrechts*, ZIP 1981, 113-119 (113).

([142]) PETER HANAU, *Möglichkeiten der Sanierung von Unternehmen*, Gutachten für den 54. DJT (1982), e 13 ss.

([143]) Cf. GERHARD HOHLOCH, *Sanierung durch «Sanierungsverfahren»?/Ein rechtsvergleichender Beitrag zur Insolvenzrechtsreform*, ZGR 1982, 145-198, com elementos relativos aos Estados Unidos, ao Japão, à França, a Itália e a outros países.

([144]) ERNST GUILINO/ROLF OPHOFF, *Unternehmenssanierung durch Kooperation von Unternehmer, Bank und Unternehmensaberater*, Bank 1983, 257-259; THOMAS KRUPPA, *Die Bankenhaftung bei der Sanierung einer Kapitalgesellschaft im Insolvenzfall* (1982), 16.

([145]) HOPT, *Rechtspflichten der Kreditinstitute* cit., 167 e 168; MARCUS LUTTER/WOLFRAMTIMM, *Betriebsrentenkürzung in Konzern/Zur Verantwortung der Konzernspitze bei der Sanierung von Tochtergesellschaften*, ZGR 12 (1983), 169-299 (285) — quanto a idêntico dever no tocante a sociedades-mães, face às entidades por elas controladas.

([146]) Para além da portuguesa, abaixo sumariada, é ilustrativa a experiência italiana, tal como vem relatada em GIOVANNI E. COLOMBO, *Sanierung und ausser-*

II. O saneamento das empresas, tomado como conjunto de medidas destinado a viabilizar as unidades produtivas, prevenindo e corrigindo os factores que possam pôr em causa a sua subsistência[147], disfruta, em Portugal, de um regime expresso e específico. Trata-se dos denominados contratos de viabilização, cujo regime foi aprovado pelo Decreto-Lei n.º 124/77, de 1 de Abril, com alterações subsequentes, designadamente as introduzidas pelo Decreto-Lei n.º 112/83, de 22 de Fevereiro.

O esquema geral dos contratos de viabilização assenta nos seguintes pontos, em termos muito simplificados:

— o contrato de viabilização é celebrado entre instituições de crédito credoras e a empresa privada a viabilizar, que reúna certo condicionalismo;
— pelo seu conteúdo, as empresas privadas obrigam-se a atingir determinadas metas pré-fixadas de equilíbrio financeiro, de produtividade e de rendibilidade, em contrapartida de certos benefícios; as instituições de crédito obrigam-se a participar nas operações financeiras necessárias à prossecução de metas fixadas para as empresas;
— na sua celebração há que seguir um processo regulado na lei e que prevê:

— a apresentação, pela empresa interessada, à instituição principal credora, de uma proposta, com especificações justificativas;
— a formação de um consenso de bancos credores em torno da possibilidade de viabilizar a empresa e das medidas concretas a adoptar para o efeito;
— a homologação de um projecto por um organismo de tipo estadual;
— a celebração do contrato, em certo prazo.

Não será exacto afirmar-se que, nos termos do regime dos contratos de viabilização, haja um dever de conceder crédito; apenas se

---

ordentliche Verwaltungm der Krisenbetroffenen Unternehme in zwei neuen italienischen Gesetzen, ZGR 1982, 63-86. Em geral e quanto à necessidade de dispositivos legais para facultar esquemas de saneamento das empresas, cf. WILHERM UHLEN-BRUCK, *Gesetzliche Konkursantragspflichten und Sanierungsbemühungen,* ZIP 1980, 73-82 (73).

[147] T. KRUPPA, *Die Bankenhaftung bei der Sanierung* cit., 2.

verifica, *ope legis*, um dever específico do banqueiro de estudar determinado projecto que lhe seja submetido. No entanto, e depois de ter dado a sua aquiescência expressa a determinado esquema viabilizador, as instituições envolvidas ficam, efectivamente, obrigadas a outorgar no contrato de viabilização, concedendo os créditos nele previstos.

Poderia acontecer que uma instituição bancária, tendo dado o seu livre acordo a determinada viabilização, na forma prevista na lei, viesse, depois, a recusar outorgar no contrato definitivo, numa hipótese quase académica, mas que a prática já registou. Em tal caso, haveria uma violação ilícita, que — para além das sanções públicas expressamente previstas —, levaria à responsabilidade solidária das instituições envolvidas, de modo a ressarcir todos os danos infligidos com o ilícito. Além disso, semelhante situação envolveria um exemplo claro de *venire contra factum proprium*, registado *in contrahendo*, de efeitos similares.

III. Outros diplomas específicos permitem apontar novos deveres extraordinários a cargo dos banqueiros — ou de certos banqueiros. Assim sucede no campo das indemnizações devidas por nacionalizações. O competente regime legal — *maxime* o da Lei n.º 809/77, de 26 de Outubro — prevê, em certas condições, uma obrigatoriedade de aceitação de títulos representativos do direito à indemnização, seja em «dação em pagamento», seja como fórmula destinada a libertar meios para o investimento. Não se trata de um dever de conceder crédito em sentido próprio, ainda quando envolva a atribuição de determinadas vantagens aos beneficiários. Há, no entanto, uma adstrição particular, nitidamente excepcional, mas que deve ser acatada, sob pena de responsabilidade pelos danos causados.

II — SANEAMENTO FINANCEIRO: OS DEVERES DE VIABILIZAÇÃO DAS EMPRESAS E A AUTONOMIA PRIVADA *

1. Introdução; saneamento financeiro e constituição económica

I. Por saneamento financeiro entende-se, em termos latos, o conjunto de medidas destinadas a promover a viabilidade duradoura das empresas, de acordo com os critérios comuns económicos e financeiros([1]).

A estabilidade e a expansão relativas que acompanharam o segundo pós-guerra não suscitaram particulares questões nesse domínio: a presença de uma certa margem de falências era considerada como uma válvula de segurança da economia de mercado que via, na afirmação satisfatória dos grandes números, o espelho do seu sucesso.

As crises energéticas da década de setenta e o relativo bloqueio demonstrado por uma organização sócio-económica algo estratificada vieram repôr em causa a excelência do sistema falimentar: havia que deter as falências ou, pelo menos, certas falências.

II — O tema da profilaxia das falências foi despoletado, desde logo, por questões de tipo laboral e social; suscitou, nessa linha, medidas de Direito do trabalho e aparentadas([2]). Posteriormente, ele

---

* Publicado em *Novas perspectivas do Direito Comercial* (1988).

([1]) O artigo 1.º do Decreto-Lei n.º 124/77, de 1 de Abril, que aprovou o regime dos contratos de viabilização, poderia facultar um sentido mais restrito.

([2]) PETER HANAU, *Möglichkeiten der Sanierung von Unternehmen durch Massnahmen in Unternehmens-, Arbeits-, Sozial-und Insolvenzrecht*, nos Gutachten für den 54. Deutschen Juristentag (1982), E 9 ss., E 13 ss. e E 24.

64   *Banca*

assumiu uma feição geral de legitimação política, dado o alargamento dos quadros da crise e a necessidade de os enfrentar com
medidas de tipo mais directamente económico([3]), acabando por se
reportar aos diversos ramos jurídicos, ocupando um lugar na Ciência
Jurídica quotidiana([4]).

O desenvolvimento de um corpo de regras relativo ao saneamento financeiro tem tardado. Os diversos estudos efectuados nesse
domínio, permitem concluir que tudo quanto diga respeito a particulares deveres de sanear fica na dependência do legislador, constitu-
cionalmente habilitado([5]).

Num certo conformismo de recurso, impor-se-ia a ideia de que
os esquemas do mercado seriam incapazes de reagir em depressão:
desde o momento em que o sanear uma empresa implique, para o
autor das competentes medidas, um esforço sem contrapartida, ninguém pretenderá fazê-lo.

A questão não se deve pôr nesses precisos termos. Na realidade,
apenas se verifica que o *saneamento financeiro só tem autonomia
jurídica quando obrigue o seu autor a certas desvantagens.* Caso isso
não suceda, o problema passa despercebido: as diversas empresas que
careçam de meios financeiros recorrem aos comuns mecanismos do
crédito, a contento de todos os intervenientes.

([3]) Cf. KARSTEN SCHMIDT, *Möglichkeiten der Sanierung von Unternehmen,*
nos Gutachten cit., (1982), D 11 ss. e D 23 ss. Elementos de Direito comparado
podem ser confrontados em: GERHARD HOHLOCH, *Sanierung durch «Sanierungsverfahren»?/Ein rechtsvergleichender Beitrag zur Insolvenzrechtsreform,* ZGR 1982,
145-198, com elementos relativos, entre outros, aos Estados Unidos, ao Japão, à
França e a Itália; GIOVANNI E. COLOMBO, *Sanierung und ausserordentliche Verwal-
tung der krisenbetreffenen Unternehmen in zwei neuen italienischen Gesetzen,* ZGR
1982, 63-86; KLAUS J. HOPT, *Rechtspflichten der Kreditinstitute zur Kreditversorgung, Kreditbelassung und Sanierung von Unternehmen/Wirtschafts- und bankrecht-
liche Überlegungen zum deutschen und französischen Recht,* ZHR 143 (1979), 139-
173: HERBERT SCHÖNLE, *Rechtsvergleichende Aspekte (Frankreich, Belgien,
Schweiz) der Bankenhaftung aus Sanierungsaktion,* ZHR 143 (1979), 208-226.

([4]) AXEL FLESSNER, *Grundfragen des künftigen Sanierungsrechts,* ZIP 1981,
113-119 (113 ss).

([5]) P. ex., MARCOS LUTTER/WOLFRAM TIMM, *Betriebsrentenkürzung im
Konzern/Zur Verantwortung der Konzernspitze bei der Sanierung von Tochtergesellschaften,* ZGR 12 (1983), 269-299 (285); CLAUS-WILHELM CANARIS, *Kreditkün-
dingung und Kreditverweigerung gegenüber sanierungsdürftigen Bankkunden,* ZHR
143 (1979), 113-138 (122); HOPT, *Rechtspflichten der Kreditinstitute* cit., 147 e 168:
foi essa uma das conclusões de MENEZES CORDEIRO, *Concessão de crédito e responsabilidade bancária,* sep. BMJ (1987).

O saneamento financeiro acaba, assim, por pressupor a intervenção do Estado, inserindo-se nos quadros jurídicos do Direito da economia.

III. O Direito da economia apresenta a dupla face da «organização do processo económico que decorre de acordo com as leis de mercado» e de «esquematização dos meios legítimos de intervenção do Estado na economia» [6] ou, mais latamente, da organização e da direcção económicas [7].

O sentido geral destas duas vertentes tem bases constitucionais, seja qual for a orientação que se lhes imprima [8]. O consenso hoje existente sobre a submissão dos denominados fins públicos ao legalmente vinculado [9], sob uma primazia de base do interesse comum [10], permite, ainda que com tensões inevitáveis, estabelecer modelos híbridos de *«economia mista»* [11].

Num primeiro tempo, a natureza mista do modelo económico afirmava-se na competência económica do Estado para, através de medidas directas, intervir na economia ou, já numa fase de elaboração, na legitimidade subsidiária, depois paritária e, quiçá, condutora de uma sector público [12].

Num segundo tempo vai-se mais longe: o público e o privado integram-se nos *mesmos institutos, em moldes que habilitam a falar num* «modelo social de Direito da economia» [13]; por um lado, redobram-se as cautelas de modo a conter, perante os particulares, os

---

[6] NORBERT REICH, *Market und Recht/Theorie und Praxis des Wirtschaftsrechts in der Bundesrepublik Deutschland* (1977), 65.

[7] MENEZES CORDEIRO, *Direito da economia*, 1.º vol. (1986), 7, ss.

[8] Cf. ROBERT WEIMAR/PETER SCHIMIKOWSKI, *Grundzüge des Wirtschaftsrechts* (1983), 11 ss. e, quanto às teorias retiradas da Constituição sobre a ordem económica, para além dos autores incluídos na obra citada na nota anterior, WOLFGANF BOHLING, *Wirtschaftsordnung und Grundsetz* (1981), 2 ss.

[9] Cf. DIRK SCHMIDT, *Die Vorständige öffentlich-rechtlicher Kreditinstitute als Amtsträger*, ZIP 1983, 1038-1041 (1039).

[10] Cf. KLAUS GRUPP, *Wirtschaftliche Betätigung der öffentlichen Hand unter dem Grundgesetz*, ZHR 140 (1976), 367-393 (392).

[11] Cf. HEIN-DIETER ASSMANN, *Wirtschaftsrecht in der Mixed Economy/Auf der nach einem Sozialmodell für das Wirtschaftsrecht* (1980), 229 ss.

[12] WEIMAR/PETER, *Grundzüge* cit., 234 ss.; N. REICH, *Markt und Recht*, cit., 139 ss.; GRUPP, *Wirtschaftliche Betätigung der öffentliche Hand* cit., 378 ss.

[13] ASSMANN, *Wirtschaftsrecht in der Mixed Economy* cit., 150 ss.

ímpetos do Direito público, submetido à Constituição [14] e detido perante os direitos fundamentais [15]; por outro, reconhece-se ao Estado a possibilidade de utilizar os esquemas próprios do Direito privado [16].

IV — A Constituição económica não mais pode ser limitada ao articulado patrimonial que os acasos constituintes tenham incluído nos textos fundamentais. Ela deve operar como o conjunto concatenado de *princípios básicos do Direito da economia* [17] que, conferindo embora à Constituição o lugar que, à evidência, lhe compete, se assumam como elaborações operadas sobre toda uma realidade juseconómica.

A vocação que tais princípios, amparados em inúmeras realidades periféricas, tem para, em cada caso, se concretizarem em novas e mais ricas soluções, justificará, segundo se pensa, a aplicação ao Direito da economia, de toda uma metodologia integrada ensaiada com êxito noutras latitudes.

V — Colocar, em face da constituição económica, um tema de saneamento financeiro é suscitar um problema de concorrência.

Também neste ponto a evolução é rica [18], sendo por vezes melindroso fixar, perante ela, o preciso estádio em que se encontrem as experiências juspositivas concretas.

A liberdade de concorrência foi, primeiro, a proibição do Estado de intervir na economia privada e, depois, a de os próprios particulares interferirem nas leis do mercado. Num segundo tempo, pode o Estado, pelo menos em certas áreas, intervir no mercado desde que se vergue à concorrência, como qualquer particular [19]. E

---

[14] Cf. BOHLING, *Wirtschaftsordnung und Grundsgesetz* cit., 7 ss.

[15] VOLKER EMMERICH, *Der unlautere Wettbewerb der öffentlichen Hand* (1969), 43 ss.

[16] N. REICH, *Markt und Wirtschaft* cit., 140.

[17] MENEZES CORDEIRO, *Direito da economia*, cit., 1.º 157.

[18] Cf. ROLF STOBER, *Rein gewerblich Betätigung der öffentlichen Hand und Verfassung*, ZHR 145 (1981), 565-589 (571 ss.).

[19] Cf. K. A. BETTERMANN, *Gewerbefreiheit der öffentlichen Hand*, FS E. E. Hirsch (1968), 1-24 (1 ss.); D. SCHMIDT, *Die Vorstände öffentlichen-rechtlicher Kreditinstitute als Amtsträger*, cit., 1041: R. SCHOLZ, *Wettbewerbsrecht und öffentliche Hand*, ZHR 132 (1969), 97-148 (101 ss.). A concorrência ordena-se, assim numa linha de tensão, entre as intervenções económicas estaduais e a progressiva concen-

por fim o próprio Estado se autolimita às regras constitucionais, fazendo agir as suas empresas, mesmo nas relações entre elas, de acordo com as leis do mercado [20]. A concorrência como que se formaliza: a Constituição garante a economia privada — ou seja, circuitos pautados pela concorrência, ainda que só lá haja empresas públicas — e não o comércio privado — ou seja, dos particulares.

Ou noutros termos: a concorrência transcende a propriedade privada.

A substancialidade destas considerações não pode ser esquecida: a concorrência dentro do sector público — a não confundir com uma ausência de planifição — ultrapassa o relevo de uma simples operacionalidade administrativa. Conduzindo a uma limitação interna eficaz dos poderes do Estado, ela espelha a natureza aberta que a constituição tenha atribuído à sociedade, no seu todo.

VI — O saneamento financeiro há-de processar-se, no Direito português, em consonância com os vectores acima explicitados.

Igualdade, livre iniciativa, concorrência, princípio da legalidade e garantia dos direitos patrimoniais privados vão articular-se para tentar, sob o influxo de iniciativas legislativas de aplicação tendencialmente geral, viabilizar as empresas em dificuldades, salvaguardando os valores que elas representem.

Mais importante do que tecer considerações teóricas em torno dos competentes artigos da Constituição será estudar um instituto que materialize, na periferia, quanto acima foi indiciado: o contrato de viabilização e os deveres com ele conexos.

---

tração das empresas, combatendo, em certa medida, uma e outra; cf. DIETRICH SCHÖNWITZ/JÜRGEN WEBER, *Wirtschaftsordnung/Eine Einführung in theorie und Politik* (1983), 218.

[20] Este último aspecto, muito aliciante, pode ser documentado em termos pioneiros, pela experiência recente portuguesa.

I — DOS CONTRATOS DE VIABILIZAÇÃO: NATUREZA E REGIME

2. O tipo contratual da viabilização

I — Em consonância com a evolução das Constituições económicas, a actual intervenção do Estado na economia tem vindo a traduzir-se, nos diversos países, por uma utilização crescente de esquemas classicamente privados. Muitas das soluções assim prosseguidas eram, em fases anteriores, alcançadas com recurso a normas de Direito público [21].

A opção, em domínios económicos, por enquadramentos jurídicos de tipo privado justifica-se pela maleabilidade que faculta: ela contribui para uma autonomia efectiva de instâncias de decisão que, de outra forma, pela estrita inserção na Administração pública, ficariam incapacitadas de actuar com celeridade, no domínio das atribuições que lhes foram confiadas; além disso, como se viu, ela corresponde a opções fundamentais quanto ao modo de organização colectiva e quanto ao seu funcionamento, em áreas que transcendem as meras situações económicas.

Este fenómeno documenta-se, de forma clara, na Ordem Jurídica portuguesa. Um aspecto significativo das empresas públicas — entre as quais se incluem as empresas nacionalizadas — reside na sua sujeição ao Direito privado, salvo a existência de normas especiais [22]. E isso sem prejudicar as finalidades públicas que, por definição, elas visam prosseguir.

---

[21] Assim, MENEZES CORDEIRO, *Direito da Economia*, 1.º vol. cit., § 1 e *passim*. Em Portugal a matéria sofreu, no início, uma publicização falando-se, na década de 70, em «Direito administrativo da economia». Este estádio encontra-se hoje superado pela evolução geral da Ciência do Direito e pela progressão legislativa entretanto verificada.

[22] *Vide* o artigo 2.º/1, das *Bases Gerais das Empresas Públicas* aprovadas pelo Decreto-Lei n.º 260/76, de 8 de Abril, com alterações posteriores. Cf. MENEZES CORDEIRO, *Direito da Economia*, cit. 1.º vol. 277 ss.

Banca

Outro campo onde a intervenção estadual decorre em moldes manifestamente inspirados no jusprivatismo é o dos denominados *contratos económicos.*

Em termos latos, contrato económico é um *acordo de vontades, formado e modelado em obediência a regras predispostas para a prossecução de objectivos económicos cometidos ao Estado, elaboradas e sistematizadas segundo pontos de vista de direcção e ordenação económicas* [23].

Entre os contratos económicos conta-se o contrato de viabilização.

II — O contrato de viabilização foi introduzido e regulado na Ordem Jurídica portuguesa pelo Decreto-Lei n.º 124/77, de 1 de Abril. Este diploma sofreu a incidência de várias normas que lhe alteraram a extensão e o conteúdo, com relevo para a revisão levada a cabo pelo Decreto-Lei n.º 112/83, de 22 de Fevereiro [24]. Antes deste diploma, cabe referenciar o Decreto-Lei n.º 23/81, de 29 de Janeiro, que veio fixar determinados prazos para as diversas fases que constituem o processamento destinado à celebração de um eventual contrato de viabilização [25].

O Decreto-Lei n.º 124/77 considera, como se retira do seu artigo 1.º/1 e 3, *contratos de viabilização* aqueles através dos quais:

— as empresas privadas se obriguem a atingir determinadas metas pré-fixadas de equilíbrio financeiro, de produtividade e de rendibilidade, em contrapartida de benefícios concedidos, de entre os que ele próprio prevê;

— as instituições de crédito se obriguem a participar nas operações financeiras indispensáveis à prossecução das metas fixadas para as empresas; essas operações devem ser especificadas.

Deprende-se do preâmbulo do Decreto-Lei n.º 124/77 que o contrato de viabilização, nele instituído, visava a recuperação de

---

[23] Em geral, cf. CARLOS FERREIRA DE ALMEIDA, *Direito Económico* II (1979), 605 ss., SIMÕES PATRÍCIO, *Curso de Direito Económico* (1981/82), 368 ss., MANUEL AFONSO VAZ, *Direito Económico/A ordem económica portuguesa,* (1984), 157 ss., e LUÍS CABRAL DE MONCADA, *Direito económico* (1986), 275 ss.

[24] Este diploma determinou, aliás, a publicação, em anexo, do Decreto-Lei n.º 124/77, de 22 de Fevereiro, com as alterações introduzidas o que veio, de facto, a suceder — *Diário da República,* I série, n.º 43, de 22 de Fevereiro de 1983.

[25] *Diário da República,* I série, n.º 24, 271-272.

Saneamento financeiro 71

empresas atingidas pelos acontecimentos de 1974-75; o Decreto-Lei n.º 112/83 visou, por seu turno, tornar mais perene um instrumento que se apresentara para enquadrar uma questão conjuntural, depondo, nesse sentido, o seu preâmbulo.

III — São *partes* no contrato de viabilização as *instituições de crédito credoras* e a *empresa privada* a viabilizar[26]. Tal empresa deve, no entanto, reunir o condicionalismo seguinte — artigo 2.º/1:

— apresentar uma estrutura financeira desequilibrada manifesta, a partir dos exercícios de 1974, 1975 ou 1976;
— demonstrar que, corrigida essa estrutura através dos benefícios de viabilização, pode atingir o equilíbrio;
— dispor ou poder vir a dispor da contabilidade adequada à apreciação da situação económica respectiva e da sua evolução.

O artigo 2.º/4 e 6, estabelece condições de prioridade na celebração de contratos de viabilização.

IV — O *conteúdo* dos contratos de viabilização radica em:

— metas e objectivos finais, a atingir pela empresa, claramente definidos — artigo 3.º;
— benefícios financeiros, a conceder pelas instituições de crédito, bem como outras vantagens, referidas no artigo 4.º, directamente ou por remissão — artigo 4.º[27] alguns aspec-

---

[26] O Decreto-Lei n.º 124/77, de 1 de Abril, previa, no seu artigo 1.º/5, versão inicial, que o Estado pudesse, também, outorgar no contrato de viabilização, tendo designadamente em vista os casos de empresas do «Grupo E» consideradas inviáveis. Esse preceito foi revogado pelo artigo 1.º do Decreto-Lei n.º 112/83, de 22 de Fevereiro. As referidas empresas do «Grupo E» regem-se pelo Decreto-Lei n.º 353-E/77, de 29 de Agosto; tendo sido expressamente incluídas no âmbito do contrato de viabilização, nos termos do artigo 1.º/2, *b*), do Decreto-Lei n.º 124/77, na redacção dada pelo artigo 1.º/1, do Decreto-Lei n.º 112/83, elas têm, contudo, regimes diferentes.

[27] Entre as vantagens referidas no preceito em questão contam-se subsídios a conceder por trabalhador e benefícios fiscais — artigo 4.º/1, *b*) e *i*); tais vantagens são conferidas por despachos ministeriais conjuntos, sob proposta do Fundo de Compensação, nos termos do próprio artigo 4.º/2. Ora o Estado não é parte no contrato. Resta concluir que tais vantagens, embora derivando de fonte autónoma — os actos administrativos competentes — têm, como formalidade necessária prévia, a sua inserção no clausulado contratual.

72   *Banca*

tos desses benefícios são, depois, regulamentados; assim, no que toca ao passivo a consolidar — artigo 6.º.

V — O *processo de formação* [28] dos contratos de viabilização e a sua *forma* vêm tratados, com pormenor, nos artigos 7.º a 11.º do Decreto-Lei n.º 124/77, versão em vigor. Ele sintetiza-se como segue:

— a empresa interessada que reúna as condições legais, deve solicitar junto da instituição de crédito maior credora a celebração do contrato, juntando um processo com uma série de elementos necessários — artigo 7.º/1;
— cópia do processo deve ser remetida à PAREMPRESA — artigo 7.º/2;
— a instituição de crédito maior credora deve remeter o seu parecer técnico sobre o assunto à PAREMPRESA e às restantes instituições de crédito no prazo máximo de 45 dias — artigo 7.º/3;
— as restantes instituições credoras, devem enviar o seu consenso no prazo máximo de 15 dias, à PAREMPRESA — art. 7.º/4;
— obtido o consenso, a PAREMPRESA elaborará a proposta final no prazo máximo de 15 dias — artigo 7.º/4, *in fine*;
— a proposta final é submetida ao Fundo de Compensação — cuja comissão directiva tem uma composição fixada no artigo 8.º/3 — a quem compete a sua homologação, no prazo de 15 dias — artigo 8.º/1; compete, ainda, ao Fundo decidir sobre a viabilidade da empresa, de acordo com cinco graus estabelecidos no artigo 9.º, dos quais o quinto — o Grau E — corresponde às entidades inviáveis, excluídas dos contratos de viabilização; nota-se que antes da entrada em vigor do Decreto-lei n.º 112/83, de 22 de Fevereiro, a homologação competia aos Ministros cujos representantes integrassem uma comissão de apreciação prevista no artigo 8.º/1 do Decreto-Lei n.º 124/77, de 1 de Abril, versão inicial; isso por força do artigo 9.º/2, da mesma versão;

---

[28] Quanto ao processo de formação dos contratos em geral, cf. MENEZES CORDEIRO, *Direito das obrigações*, 1.º vol. (1986, reimpr.) 435 ss., com bibliografia. Trata-se do aproveitamento, pelo Direito privado, de um esquema inicialmente público.

Saneamento financeiro 73

— a decisão do Fundo de Compensação deve ser comunicada imediatamente à instituição de crédito onde o processo deu entrada e às demais instituições bancárias credoras — artigo 10.º/1;

— a instituição de crédito maior credora deve dar pronto conhecimento da decisão do Fundo à empresa proponente — artigo 11.º/1;

— sendo a decisão favorável, o contrato deve ser concluído no prazo de quinze dias — artigo 11.º/2;

— para o contrato de viabilização «...será bastante a forma de documento particular, com reconhecimento notarial autêntico» — artigo 11.º/4;

— celebrado o contrato, devem ser remetidas cópias a determinadas entidades — artigo 11.º/5.

VI — A *revisão* dos contratos de viabilização segue-se pela tramitação processual que rege a sua celebração — artigo 13.º.

VII — A *rescisão* dos contratos de viabilização pode ser levada a cabo pelas instituições de crédito, quando ocorram determinados incumprimentos, por parte da empresa viabilizada — artigo 14.º; prevê-se, também, uma resolução por facto não imputável à empresa, «...antes resultante de caso fortuito ou de força maior...» — artigo 14.º/4.

VIII — O *prazo* dos contratos de viabilização «...será o estritamente indispensável à consecução dos objectivos globais estabelecidos no contrato, não devendo, em regra exceder 7 anos» — artigo 5.º/1.

IX — *Iniciado*, pela empresa interessada, o processo de formação de um contrato de viabilização, várias superveniências podem conduzir à sua *não celebração*; algumas encontram-se mesmo previstas no Decreto-Lei n.º 124/77, de 1 de Abril.

Pela sua importância no presente estudo, este tema será examinado mais adiante.

X — O *regime do contrato de viabilização*, tal como consta do Decreto-Lei n.º 124/77, de 1 de Abril, com alterações subsequentes, é bastante extenso. Mas ele não esgota, de modo algum, *todos os problemas* carecidos de solução jurídica que se podem pôr aquando da sua celebração e durante a sua vigência.

O próprio diploma em causa dispõe, a tal propósito:

— a aplicação «supletiva» do disposto no Decreto-Lei n.º 718/74, de 17 de Dezembro — artigo 16.º
— a competência do Fundo de Compensação para esclarecer ou integrar «quaisquer dúvidas ou lacunas que surjam na execução de um contrato de viabilização, quando este não estabeleça forma de as resolver» — artigo 18.º.

Adianta-se que a *análise do Decreto-Lei n.º 718/74, de 17 de Dezembro, não permite progressos significativos*, no que toca ao regime dos contratos de viabilização. Pelo contrário; trata-se de um diploma que, ao estabelecer o regime geral dos contratos de desenvolvimento, dispõe, em termos muito genéricos, para relações pactuadas entre as empresas e o Estado: fica muito além, em precisão e no número de situações reguladas, do próprio diploma relativo aos contratos de viabilização. Não resolve, pois, aspectos não tratados, de modo expresso, pelo Decreto-Lei n.º 124/77.

A competência esclarecedora e integrativa do Fundo de Compensação — para além de *limitada à vigência dos contratos* — deve ser entendida em termos jurídicos, como mandam as regras da interpretação da lei e sob pena de se incorrer em inconstitucionalidade [29].

Um contrato de viabilização vai contundir com inúmeras situações privadas; os litígios aí surgidos têm composição judicial. Além disso, verifica-se que estão em causa — ou podem está-lo — conflitos de interesses entre particulares e as instituições de crédito; de novo a solução tem saída jurisdicional. Por fim, mesmo naquele âmbito restrito — e tenderá a ser o dos poderes das instituições bancárias, na

---

[29] Isto é: em nome de um dos sentidos da *interpretação conforme a Constituição*, devem evitar-se vias interpretativas que conduzam a hipóteses de inconstitucionalidade. Cf., em especial, WOLF-DIETER ECKARDT, *Die verfassungskonforme Gesetzesauslegung/Ihre dogmatische Berechtigung und ihre Grenzen im deutschen Recht* (1964), 37 ss., HARALD BOGS, *Die verfassungskonforme Auslegung von Gesetzen//unter besonderer Berücksichtigung der Rechtsprechung des Bundesverfassungsgerichts* (1966), 21 ss., 86 ss.,127 ss. e *passim*, DETLEF CHRISTOPH GÖLDNER, *Verfassungsprinzip und Privatrechtsnorm in der verfassungskonformen Auslegung und Rechtsfortbildung/Verfassungskonkretisierung als Methoden- und Kompetenzproblem* (1969), 43 ss. e passim, FRIEDRICH MÜLLER, *Juristische Methodik*, 2.ª ed., 168 ss. e HANS PAUL PRÜMM, *Verfassung und Methodik/Beiträge zur verfassungskonformen Auslegung, Lückenergänzung und Gesetzeskorrektur* (1977), 100 ss. Entre nós, vide CANOTILHO, *Direito Constitucional*, 4.ª ed. (1986), 164 ss., com indicações.

Saneamento financeiro 75

parte em que se subordinem ao Banco de Portugal — onde o Fundo de Compensação, pode actuar, a saída por este preconizada não pode ser arbirária; ela terá em conta todos os princípios e regras aplicáveis.

Nestes condicionalismos, cabe perguntar pela natureza dos contratos de viabilização, determinando as regras gerais que, para além do especialmente legislado, lhe sejam aplicáveis.

3. Contratos económicos e contratos administrativos

I — O *contrato de viabilização é um contrato económico*. Essa qualificação, pacífica na doutrina, permite apenas afirmar que ele implica um acordo de vontades, pautado por regras particulares, destinadas a prosseguir *objectivos económicos cometidos ao Estado;* permite ainda concluir que tais regras não surgem dispersas, antes se encontrando ordenadas em função de pontos de vista de *direcção e de ordenação económicas*.

A questão crucial que se põe é a de saber se os contratos económicos em geral — e o de viabilização, em especial — *obedecem às normas privadas comuns de Direito contratual*, ainda que com adaptações, *ou se, pelo contrário, se está perante os denominados contratos administrativos*, o que teria — ou poderia ter — outras implicações.

Cabe, assim, indagar o sentido actual dos contratos administrativos.

II — Marcello Caetano definia contrato administrativo como «...o contrato celebrado entre a Administração e outra pessoa com o objecto de associar esta por certo período ao desempenho regular de alguma atribuição administrativa, mediante prestações de coisas ou de serviços, a retribuir pela forma que for estipulada, e ficando reservado aos tribunais administrativos o conhecimento das contestações, entre as partes, relativas à validade, interpretação e execução das suas cláusulas» ([30]).

Mais preciso, mas mais formal, o artigo 9.º/1 do Estatuto dos Tribunais Administrativos e Fiscais, aprovado pelo Decreto-Lei n.º 129/84, de 27 de Abril, vem dizer que

«Para efeitos de competência contenciosa, considera-se como contrato administrativo o acordo de vontades pelo qual é

([30]) MARCELLO CAETANO, *Manual de Direito Administrativo*[10] (1973), 588.

constituída, modificada ou extinta uma relação jurídica de direito administrativo»

Na busca de referências materiais claras que autonomizem a figura do contrato administrativo é possível duas grandes tendências[31]: *uma primeira* considera administrativo o contrato que visa seja confiar a um particular a execução de um serviço público, seja colocar à disposição da Administração os meios necessários para o desempenho das suas atribuições; *a segunda* vê no contrato administrativo um contrato que compreende cláusulas inadmissíveis, exorbitantes ou, siplesmente, inabituais nos contratos privados.

A doutrina Administrativa tem vindo a deslocar-se da primeira orientação para a segunda, em obediência, aliás, à evolução geral registada no instituto dos contratos administrativos. Os reflexos deste estado de coisas no Direito legislado já são claros.

III — A doutrina publicista dos primórdios do século punha em dúvida a própria possibilidade da existência de contratos administrativos[32]. Sendo soberano, o Estado não poderia vincular-se por contrato o qual, por definição, postularia sempre duas partes iguais. Esta orientação, que perduraria no espaço doutrinário alemão, cederia, em Portugal, mormente sob a pressão do pensamento jurídico francês, e face à constatação efectiva de que, seja qual for o seu significado, o Estado pode, controlado pelo Direito, pactuar, enquanto tal, com os particulares.

Admitida a figura, o debate centrou-se em torno da sua extensão. O artigo 815.º, § 2.º, do Código Administrativo comportava uma enumeração conhecida de contratos administrativos[33]. Perante esse preceito, uma orientação, encabeçada por Marcello Caetano,

---

[31] Por todos, cf. ESTEVES DE OLIVEIRA, *Contrato administrativo*, Enc. Pólis 1 (1983), 1246-1256 (1247).

[32] Sobre a evolução abaixo sumariada cf., por ex., MARCELLO CAETANO, *Conceito de contrato administrativo*, O Direito 70 (1938) e, de novo, em *Estudos de Direito Administrativo* (1974), 39-53 (39 ss.), ESTEVES DE OLIVEIRA, *Direito Administrativo*, 1 (1980), 633 e ss. e FREITAS DO AMARAL, *Direito Administrativo*, 3.º volume (1985), 401 ss.

[33] Nos termos seguintes:

«consideram-se contratos administrativos unicamente os contratos de empreitada e de concessão de obras públicas, os de concessão de serviços públicos e os de fornecimento contínuo e de prestação de serviços celebrados entre a administração e os particulares para fins de imediata utilidade pública».

Saneamento financeiro

entendia que os contratos administrativos estavam sujeitos a uma tipicidade estrita: apenas seriam possíveis as modalidades enumeradas no referido preceito do Código Administrativo. Iniciar-se-ia, depois, uma caminhada longa no sentido da generalização do contrato administrativo. Uma primeira tentativa deveu-se a João de Melo Machado [34], tendo na altura, tido pouca repercussão. Freitas do Amaral apostaria numa noção mais ampla [35], enquanto Sérvulo Correia escrevia «...não vislumbramos motivos de natureza teórica que imponham a enunciação taxativa por via legal dos contratos administrativos» [36]. Sob o impacto de alterações legislativas de vulto, o alargamento foi-se sedimentando na doutrina [37], acabando por, em definitivo, ficar consagrado no já citado artigo 9.º do Estatuto dos Tribunais Administrativos e Fiscais. Esse preceito define, em geral, no seu n.º 1, o contrato administrativo e, à enumeração feita no n.º 2, atribui, de modo expresso, *natureza exemplificativa*.

Ao que se sabe, esta inovação mereceu, da doutrina, um aplauso generalizado [38].

IV — A generalização da figura do contrato administrativo, agora consagrada na própria lei, acentua, em definitivo, a necessidade de buscar as referências materiais que permitam reconhecer os seus contornos.

Sérvulo Correia aponta, no contrato administrativo, as características seguintes:

— a prossecução de fins públicos;
— a celebração por uma pessoa colectiva integrada na Administração;

---

[34] JOÃO DE MELO MACHADO, *Teoria jurídica do contrato administrativo* (1937), 279, p. ex.

[35] DIOGO FREITAS DO AMARAL, *A utilização do domínio público pelos particulares* (1965), 187 ss.

[36] SÉRVULO CORREIA, *Contrato administrativo*, em *Dicionário Jurídico da Administração Portuguesa*, fascículo 34, p. 68.

[37] Assim, LUÍS CABRAL DE MONCADA, *O problema do critério do contrato administrativo e os novos contratos-programa* (1979) e ESTEVES DE OLIVEIRA, *Direito administrativo*, 1 (1980) , 652 ss.

[38] É curioso registar o paralelo ocorrido, neste domínio, com os contratos civis: de uma fase inicial, patente no Direito romano, em que se assista a uma *tipicidade dos contratos,* passou-se, paulatinamente, à figura da *liberdade contratual.*

— a submissão do particular à disciplina do interesse público;
— o equilíbrio comunitário[39].

Marcello Caetano alinha, quanto ao mesmo tema:

— uma das partes é uma pessoa colectiva de Direito público;
— o contrato tem por objecto prestações relativas ao cumprimento de atribuições dessa pessoa colectiva;
— o contrato associa duradoura e especialmente, mediante retribuição, outra pessoa ao cumprimento dessas atribuições de Direito público[40].

Estas enumerações, de certo modo tradicionais, tendem a ser questionadas num aspecto formal: o da necessidade, no contrato administrativo, da intervenção do Estado ou de outra pessoa colectiva pública. Está, hoje, na ordem do dia a possibilidade de celebração de contratos administrativos, apenas, entre particulares[41], numa tendência para a qual não é arriscado vaticinar êxito.

A verdadeira caracterização do contrato administrativo terá, assim em definitivo, de ser procurada em aspectos atinentes ao seu regime.

V — Como foi referido, uma doutrina mais recente sublinha, no contrato administrativo, a presença de cláusulas inabituais, exorbitantes ou inadmissíveis, face ao Direito privado. Tais cláusulas, pela positiva, deverão aproximar-se do que se obteria com uma regulação tipicamente administrativa.

Por isso, é administrativo o contrato que, entre as partes, estabeleça uma regulamentação de interesses pautada pela *autoridade de uma das partes e por um princípio de competência*, por oposição à igualdade e à liberdade que informam as relações privadas[42]. Isto é:

---

[39] Sérvulo Correia, *Contrato administrativo* cit., 75-84.

[40] Marcello Caetano, *Manual* [10] cit., 587.

[41] P. ex., Esteves de Oliveira, *Contrato administrativo* cit., 1251.

[42] Quando se referencia a *autoridade* e a *competência* está-se, evidentemente, a simplificar, i. é, a proceder a uma *redução dogmática*, base imprescindível da Ciência do Direito. Mas se se atentar nesta aparente simplicidade, verifica-se que ela é rica em consequências: a concessão de poderes de autoridade à Administração pública e a imposição de restrições à Administração pública ligam-se-lhe por certo. Em compensação, é irrelevante a presença do interesse público — hoje ninguém

autoridade: o regime do contrato administrativo postula, numa das partes, a existência de prerrogativas semelhantes às conferidas pelo *ius imperii;*

competência: desde o modo de conclusão do contrato à escolha da contraparte e passando pelas várias cláusulas que podem integrar o contrato, o esquema jurídico aplicável segue a via, contrária à essência do Direito privado, de *indicar, pela positiva, o que deve ser feito;* ao inverso, no campo civil, dominado pela liberdade e não pela competência, a técnica é outra: o legislador consagra, à partida, uma autonomia total e depois, por excepção, iria indicando as limitações à liberdade contratual.

Tais particularidades retratam a autonomia conceptual do contrato administrativo. Elas são profundas e estruturais: natural, pois, que se venham repercutir nos aspectos mais variados do regime a aplicar. A sujeição ao foro administrativo é um corolário lógico de todo este desenvolvimento.

Este quadro, claro e pacífico, realiza-se em boa verdade, na íntegra, apenas nos denominados *contratos administrativos de colaboração subordinada*[43]; nos de colaboração paritária assiste-se, antes, a uma maior proximidade com a técnica jurídica privada. Por isso, nos contratos deste último tipo, colocam-se melindrosos problemas de fronteira, patentes na instrumentação jurídico-económica própria dos Estados actuais, onde tais contratos surgem com mais frequência.

VI — À face das concepções tradicionais, patentes nas noções de contrato administrativo apresentadas por Marcello Caetano e, em parte, Sérvulo Correia, e de que acima se deu nota, os contratos económicos nunca poderiam ser, todos eles, considerados administrativos: basta ver que, na sua definição, *não entra, de modo necessário, o Estado, como parte, outro tanto sucedendo em relação a entes públicos similares.* Acresce ainda que, embora visando incentivar os objectivos económicos do Estado — que são, afinal, a criação de maior riqueza, comum aos agentes económicos normais — não se

duvida que ele pode ser prosseguido pelo Direito privado — ou a existência de direitos ou de deveres entre a Administração e os particulares, possíveis, também, por via privada.

[43] Cf. ESTEVES DE OLIVEIRA, *Contrato administrativo* cit., 1253.

pode afirmar terem os contratos económicos, como prestações, o cumprimento de atribuições de pessoas colectivas de Direito público.

Ficam, de pé, apenas as tendências mais recentes — e cujo futuro, volta a repetir-se, *não cabe aqui vaticinar* — de dispensar, nos contratos administrativos, a presença do Estado ou de entes públicos similares. A natureza administrativa do contrato aferir-se-ia, então, pela presença, no seu seio, de *cláusulas exorbitantes*, isto é, contrárias ao regime contratual comum. Não basta, no entanto, qualquer desvio ainda que acentuado, para permitir uma qualificação, como administrativo, de um contrato. Pense-se, por exemplo, no contrato de arrendamento, muito desviado dos comuns contratos civis, em aspectos de relevo e, não obstante, privado.

Para além de exorbitantes, as cláusulas que conduzam a tal qualificação devem ser de molde a introduzir, entre as partes, *uma relação de tipo Administração-administrado,* clara na presença de *ius imperii* e de competência, por oposição à igualdade e à liberdade que dominam os contratos comuns. E tais cláusulas terão de ser, ainda, de significado marcante, dentro do tipo contratual em jogo.

A ideia de contrato económico é obtida com recurso a critérios sistemáticos, que não dogmáticos: na sua noção não interferem os factores que permitem contrapor o Direito público ao privado [44], nem os contratos administrativos aos comuns. *Bem pode, pois, suceder, que entre os denominados contratos económicos, alguns sejam administrativos e outros não* [45].

O contrato de viabilização deve, assim, ser examinado como problema autónomo.

---

[44] A distinção entre o Direito público e o Direito privado está, aliás, embaçada no domínio do Direito da Economia que comporta elementos classicamente reportados a ambos os termos dessa repartição. Cf. WOLFGANG FIKENTSCHER, *Wirtschaftsrecht* 1 (1983), 32.

[45] A não ponderação destes aspectos tem provocado grandes divisões entre a doutrina, preocupada em qualificar, em globo, os contratos económicos; assim, CARLOS FERREIRA DE ALMEIDA, *Direito Económico* cit., 2.º vol. 634 ss. (642 ss.), opina pela sua natureza privada, enquanto SIMÕES PATRÍCIO, *Direito Económico*, cit., 371, vê, neles, contratos administrativos. Entende-se, de facto, que o problema não pode ser colocado de modo global: os contratos devem ser vistos e classificados tipo a tipo.

4. Regime e natureza

I — Os contratos de viabilização, quando ponderados tendo em conta as suas especificidades de regime, apresentam desvios em relação à simples contratação privada comum.

Esses desvios devem, à partida, ser reconduzidos a determinadas dimensões. Na verdade, nada impede que *as instituições de crédito, ao abrigo da sua autonomia privada e de gestão, celebrem, com os devedores, contratos que permitam, a estes, pagamentos em condições avantajadas*, condicionados, embora, à obtenção de determinadas metas. Nem caberia, então, falar em qualquer *favor debitoris*: poderá, tão-só, haver um *bom exercício de gestão* pelas instituições de crédito que assim procedam: mercê de acordos favoráveis aos devedores, elas poderão, por hipótese, cobrar, ainda que com menor lucro, débitos que, de outra forma, seriam irrecuperáveis, transformando-se em puro dano.

Com esta prevenção, cabe examinar as cláusulas mais significativas do contrato de viabilização.

II — As partes num contrato de viabilização não são encontradas em termos de inteira liberdade. As empresas que o podem fazer vêm caracterizadas no artigo 2.º/1 do Decreto-Lei n.º 124/77, de 22 de Fevereiro, versão em vigor. Os Bancos que o podem fazer resultam, por seu turno, do artigo 1.º do mesmo diploma: são os Bancos credores das empresas em questão.

Pode, pois, considerar-se que *o contrato de viabilização postula regras particulares quanto à legitimidade das partes*. Não há, aqui, nada que o Direito comum não conheça.

III — No contrato de viabilização *existe liberdade de estipulação*, embora com limites, mais processuais, aliás, do que substantivos.

A proposta inicial compete à empresa interessada, nos termos do artigo 7.º/1 do Decreto-Lei n.º 124/77. E esse mesmo preceito confere à empresa em questão todas as escolhas que, com a viabilização, têm a ver: ela propõe um plano pormenorizado do saneamento financeiro, com planos de consolidação do passivo e de novos empréstimos, com indicação de prazos de amortização bem como propostas de aumento de capital, se quiser — artigo 7.º/1, *g*); ela propõe os planos ou projectos de investimento — *idem, h*); ela propõe, por fim, os benefícios fiscais que pretenda, bem como quaisquer outros benefícios — artigo 7.º/1, *j*).

Perante essa proposta deve o banco maior credor, que a recebe, emitir parecer técnico e elaborar proposta de contrato eventualmente a celebrar —artigo 7.º/3. Pressupõe-se, naturalmente, que tal «proposta» possa divergir da apresentada pela empresa interessada.

Os outros bancos envolvidos devem, sobre tal proposta, emitir o seu consenso — artigo 7.º/4 — o qual pode derivar de simples maioria — artigo 7.º/7. Na falta de consenso, pode o banco rejeitante maior credor elaborar proposta alternativa — artigo 7.º/10.

Até aqui, tudo se processa em termos de normal contratação, salvo o papel particular atribuído ao banco *leader* e a possibilidade de haver «acordo» por maioria; nessa hipótese, os bancos rejeitantes ficam, no entanto, numa posição particular — artigo 7.º/8 —surgindo vinculados, em menor grau.

IV — A *proposta final* é, no entanto, elaborada pela *Parempresa* — artigo 7.º/4, *in fine*, e é homologada pelo Fundo de Compensação — artigo 8.º/1; sobre tal *proposta final*, assim homologada, manifestam, por fim, as partes o seu acordo. Perante este aspecto, caberá ainda falar em liberdade de estipulação?

A resposta é positiva. O contrato de viabilização tem uma eficácia particular, que transcende a esfera das partes. Uma vez celebrado, ele implica determinadas prestações por parte do próprio *Fundo de Compensação* — pessoa colectiva de Direito público — referidas no artigo 15.º/1 do Decreto-Lei n.º 124/77 e, ainda, do Estado, através de benefícios fiscais. Compreende-se, por isso, que ele tenha de ser submetido a um terceiro interveniente. Este, porém, nem se encontra na posição de parte — ou futura parte — nem surge como autoridade que, às partes, possa impor um qualquer clausulado. Do contexto, conclui-se que o *Fundo de Compensação* — amparado na opinião da *Parempresa* — apenas intervém como forma de vincular-se a si próprio e ao Estado, podendo, nesse âmbito, propor alterações ao contrato. Embora fugindo aos tipos lineares, a intervenção, no projecto do contrato, da *Parempresa* e do *Fundo de Compensação* visa apenas justificar, em termos jurídicos, os efeitos que a viabilização tem na esfera de terceiros. Tal intervenção não é tão intensa que descaracterize o contrato de viabilização como acordo estipulado entre pessoas que, nele, são partes; ela contribui, antes para, ao tipo contratual de viabilização, dar uma identidade. De outra forma, per-

Saneamento financeiro 83

deria sentido todo o largo articulado legal que visa proporcionar o acordo dos bancos envolvidos: este terá, no essencial, de ser respeitado.

V — Um dos aspectos mais marcantes dos contratos administrativos reside na criação, entre as partes, de uma relação de tipo público, isto é, nas palavras do *Estatuto dos Tribunais Administrativos e Fiscais*, artigo 9.º/1, de uma «relação jurídica de direito administrativo».

Tomando como exemplo claro de contrato administrativo a empreitada de obras públicas, cujo regime foi aprovado pelo Decreto-Lei n.º 48 871, de 19 de Fevereiro de 1969, a *relação pública*, criada entre as partes, é de fácil identificação: o dono da obra tem *latos poderes de fiscalização* — artigos 154.º ss. do referido Decreto-Lei n.º 48 871 — e pode, *unilateralmente, alterar as adstrições contratuais* do empreiteiro — p. ex., artigos 135.º, 145.º e 159.º([46]).

Nada disto se observa no contrato de viabilização.

Por força do artigo 12.º/2, «cabe às empresas contratantes o ónus de provar, nos termos estabelecidos no contrato de viabilização, a efectiva consecução das metas e objectivos fixados e, bem assim, se for caso disso, que lhes não é imputável a sua eventual falta de cumprimento». Este regime é, ponto por ponto, o do Código Civil: a execução das obrigações, que tem conhecida eficácia extintiva, deve ser provada por quem a alegue — artigo 342.º/2 do Código Civil — desde que a parte contrária prove a fonte — neste caso, o contrato de viabilização, cuja existência não é difícil de demonstrar; a não imputabilidade do incumprimento deve ser provada, sempre, pelo devedor, dada a presunção de culpa que sobre ele impende — artigo 799.º/1.

A *fiscalização* que, nos termos do artigo 12.º/3, compete ao Fundo de Compensação e às instituições de crédito contratantes não se assemelha a uma verdadeira fiscalização do tipo da prevista na empreitada de obras públicas, onde estão envolvidas numerosas obrigações de *facere* e onde a entidade fiscalizadora tem poderes para aplicar sanções: ela resume-se a um dever de informação por parte das empresas. Uma fiscalização desse tipo é conhecida no Código Civil — artigos 1038.º, *b)* e *h)*, quanto à locação e 1209.º, quanto à

([46]) Tais alterações, quando provoquem maiores despesas, devem ser compensadas, dentro dos princípios do equilíbrio financeiro.

empreitada, que vai mesmo mais longe — sem que se ponha em causa a natureza civil dos contratos envolvidos.

Os deveres das empresas não podem, por fim, ser alterados de modo unilateral. Nos termos do artigo 13.º/1 do Decreto-Lei n.º 124/77, a revisão dos contratos de viabilização sujeita-se à tramitação prevista para a sua celebração; é, pois necessário um novo acordo entre as partes.

A *extinção* dos contratos de viabilização, levada a cabo pelas instituições de crédito, assenta, no fundo, em incumprimento por parte das empresas ou em impossibilidade superveniente — artigo 14.º; quer o incumprimento — englobando o incumprimento imperfeito, na modalidade da inobservância de deveres acessórios — quer a impossibilidade superveniente são causas de resolução, à face do Direito comum.

VI — As relações reguladas, em primeira linha, pelos contratos de viabilização, *não são administrativas.* Em sentido formal, a Administração não é parte directa ou indirecta no contrato; em sentido material, tais relações redundam em temática comercial, que tem a ver com a banca e o funcionamento das empresas é estranha à função administrativa.

As cláusulas *exorbitantes que surjam nos contratos de viabilização não prejudicam a liberdade nem a igualdade*: as partes têm uma margem muito lata para clausular e, na vigência contratual, não se assiste à presença de *ius imperii* de uma delas sobre a outra.

A intervenção, nos contratos de viabilização, da *Parempresa* e do *Fundo de Compensação* justifica-se pelas vantagens do tipo público — bonificações e benefícios fiscais — que podem ser concedidas; há, aqui, actos administrativos e não contratos, uma vez que as duas entidades referidas não actuam como partes.

VII — Conclui-se, pois, que o contrato de viabilização, *sendo um contrato económico, não é um contrato administrativo.* O seu regime pauta-se pelas regras específicas que lhe são próprias e, na sua falta, *pelas regras privadas, comerciais e civis, que tenham aplicação.*

O foro competente para dirimir litígios surgidos em torno de contratos de viabilização, no que toca às suas partes — é o comum e não o administrativo.

II — OS DEVERES DE SANEAMENTO FINANCEIRO, NO QUADRO DA VIABILIZAÇÃO

5. Processo de viabilização e deveres conexos

I. O desenvolvimento anterior deixou em aberto, propositadamente, a questão da liberdade de celebração: haverá algum dever de celebrar contratos de viabilização?

Trata-se de um problema fulcral, em termos teóricos e práticos. A simples presença de um contrato levaria, à partida, a responder pela negativa: a contratação é, por natureza, livre. A questão torna-se, no entanto, mais complexa, sendo admitido, na actualidade, a existência de deveres de contratar ([47]).

II — O dever de contratar, a existir, não é, por certo, regra geral: ele resultará de normas específicas a tanto dirigidas. Cabe, assim, examinar, a essa luz, o complexo normativo específico que regula os contratos de viabilização.

Por parte das empresas interessadas não há, no início, um dever de contratar. *A iniciativa de celebrar contratos de viabilização assiste-lhes*: nos termos do artigo 7.º/1, do Decreto-Lei n.º 124/77, elas farão a competente proposta junto da instituição de crédito nacional sua maior credora, caso o pretendam.

Uma vez iniciado o processo, a situação é diferente. Quando o *Fundo de Compensação* tenha homologado a proposta final aprontada pela *Parempresa*, nos termos do artigo 8.º/1 do Decreto-Lei n.º 124/77, «...deverá o contrato de viabilização ser concluído no prazo de 15 dias, sob pena de caducidade dos benefícios concedidos». Os benefícios em causa consistem nas vantagens derivadas do acto

---

([47]) Em tal eventualidade, o «contrato obrigatório», sendo celebrado, tem a natureza do cumprimento dos deveres que impliquem a sua celebração.

administrativo praticado pelo *Fundo*; nem poderiam ser outros uma vez que, não havendo, ainda, contrato, eles não poderiam provir senão dessa fonte.

A aprovação pelo *Fundo de Compensação*, da proposta definitiva elaborada pela *Parempresa*, faz nascer, na esfera da entidade a viabilizar, o dever de celebrar o contrato definitivo [48]. Di-lo o artigo 8.º/1 do Decreto-Lei n.º 124/77: *afirmar que um contrato deve ser celebrado equivale a determinar que as partes o celebrem*. A determinação é mesmo reforçada com uma sanção específica: a caducidade de certos benefícios. Para além disso, caberá aplicar as regras gerais desencadeadas pela violação das regras jurídicas, com tónica na responsabilidade civil: a empresa que se proponha celebrar um contrato de viabilização, provoque, nos termos legais, o desenrolar de todo o complexo procedimento legal e, com inobservância do artigo 8.º/1, *se recuse, sem justificação, a fazê-lo, deve indemnizar, nos termos gerais, todos os danos que, assim, tenha provocado.*

Pela sua clareza, este aspecto dispensa maiores desenvolvimentos.

Assinale-se, ainda, que a existência, na fase terminal do processo, de um dever, a cargo da empresa interessada, de contratar não prejudica a natureza contratual da viabilização. A *autodeterminação por ela pressuposta, nas duas vertentes da liberdade de celebração e da liberdade de estipulação foi, de facto, exercida com o próprio desencadear do processo.*

III — A situação é paralela, apesar de certas diferenças, no que toca às instituições bancárias. Enquanto as empresas só são envolvidas num processo de viabilização quando o queiram, *os Bancos podem, por força da lei, sê-lo, independentemente da sua vontade.*

Na verdade:

— recebido um pedido de viabilização, o banco *leader* deve, no prazo máximo de 45 dias, enviar à *Parempresa* e às restantes instituições de crédito implicadas o seu parecer técnico e uma eventual proposta de contrato; se não o fizer incorre nas sanções do artigo 7.º/5 do Decreto-Lei n.º 124/77;

— as restantes instituições de crédito, recebidos os elementos em causa, têm quinze dias para enviar o seu consenso à *Parem-*

---

[48] Ou, se se quiser, de formalizar a decisão final de celebrar um contrato de viabilização.

presa; incorrem, se não cumprirem esse dever, nas sanções do referido artigo 7.º/5;

— a *Parempresa* elabora uma proposta final, a homologar pelo *Fundo de Compensação*; sendo a decisão favorável, o contrato deve ser concluído em quinze dias; se o não for, por razões imputáveis a alguma ou algumas das instituições de crédito envolvidas, incorrem estas nas sanções do artigo 7.º/5, por remissão expressa do artigo 11.º/3, ambos do Decreto-Lei n.º 124/77.

Esta sucessão de normas é suficientemente clara para concluir:

— que os bancos *devem* ponderar os pedidos de viabilização que lhe sejam dirigidos;
— que os bancos *devem*, a esse propósito, pronunciar-se em certos prazos;
— que, *tendo dado o seu consenso*, os bancos *devem* contratar.

IV — Desenham-se, assim, os perfis dos deveres ligados à viabilização das empresas, a cargo da banca nacional. Mas esses deveres não são de constituição fatal.

O artigo 9.º do Decreto-Lei n.º 124/77 prevê uma classificação, em cinco graus, das empresas, de acordo com a viabilidade. Desses graus, o último — o Grau E — fica excluído do âmbito dos contratos de viabilização [49].

Resulta daqui que o banco *leader*, ao elaborar o parecer técnico previsto no artigo 7.º/3 do Decreto-Lei n.º124/77, *só fica dispensado de apresentar proposta de minuta de contrato de viabilização a celebrar quando entenda classificar a empresa em causa como do Grau E.*

E quando apresente a proposta em causa, o banco «leader» deve contratar, nos termos do artigo 10.º/2, acima examinado.

Por seu turno, as restantes instituições de crédito envolvidas devem manifestar o seu acordo à proposta; quando não haja acordo,

---

[49] Para as empresas de *Grau E* existe instrumentação jurídica específica. Dispõe, a esse propósito, o Decreto-Lei n.º 353-E/77, de 29 de Agosto; este diploma concede, em certas circunstâncias, benefícios às aludidas empresas — as quais, saindo do Grau E, podem celebrar um contrato de viabilização — ou se põe termo aos benefícios que lhes eram concedidos, o que conduzirá à sua falência. Cf. o artigo 7.º do Decreto-Lei n.º 353-E/77, de 29 de Agosto.

segue-se uma reunião de credores bancários convocada pela *Parempresa,* que delibera por maioria qualificada, desde que o banco *leader* «não tenha dúvidas» quanto à «classificação da empresa proponente fora do grau E» — 7.º/6(^{50}) não sendo possível tal consenso por maioria, o banco rejeitante maior credor deve apresentar uma proposta alternativa; sendo esta rejeitada, o banco *leader* deve requerer a falência da empresa proponente no prazo de trinta dias — artigo 7.º/11.

Este regime permite, pois, precisar que o banco *leader* fica obrigado a contratar, *apenas, quando se verifique o consenso requerido, pela lei, com os outros bancos, em torno da proposta por ele próprio elaborada.*

Os outros bancos, por seu turno, ficam obrigados a contratar *quando tenham dado o seu acordo* ao banco *leader;* na falta desse acordo, mas quando tenham sido vencidos pela maioria qualificada do artigo 7.º/7, eles sujeitam-se, com algumas especificidades, ao que resulte do contrato; dispõe, nesse sentido, o artigo 7.º/7 e 8 do Decreto-Lei n.º 124/77, redacção em vigor.

A obrigação de celebrar contratos de viabilização, a cargo dos bancos, depende, ainda, do acordo dado pela *Parempresa* e pelo *Fundo de Compensação,* em termos já analisados.

V — Deve ficar claro que os poderes conferidos à *Parempresa* e ao *Fundo de Compensação* — e deixando de lado a hipótese de «consenso» por maioria qualificada — não permitem superar um desacordo manifestado pelos bancos envolvidos.

A evolução legislativa, registada nos últimos anos, mostra uma caminhada efectiva no sentido de precisar a obtenção do consenso dos bancos em causa.

De facto:

— a versão inicial do Decreto-Lei n.º 124/77 previa, apenas, uma comissão de apreciação com poderes para propor sobre os contratos de viabilização, cabendo a decisão ao Governo através dos ministros competentes — artigos 8.º e 10.º; resul-

---

(^{50}) *A contrario,* parece resultar da lei que as «dúvidas» do banco *leader* quanto a uma eventual classificação da empresa proponente no *Grupo E* equivalem, na falta de consenso dos outros bancos, à efectiva inclusão da empresa duvidosa nesse grupo.

tava do artigo 7.º/3, versão inicial, uma necessidade de acordo prévio dos bancos envolvidos;

— o Decreto-Lei n.º 46/80, de 20 de Março, veio conferir poderes ao Ministro das Finanças para, por despacho, superar o desentendimento entre as instituições de crédito implicadas;

— as alterações ao Decreto-Lei n.º 124/77, operadas pelo Decreto-Lei n.º 112/83, de 22 de Fevereiro, introduziram, nos termos referidos, a possibilidade de «consenso por maioria qualificada», e indicaram as consequências da não obtenção desse acordo: o pedido de falência da empresa a viabilizar.

Acontece, no entanto, que *o acordo ou desacordo a exteriorizar pelos bancos perante as propostas de viabilização das empresas não é função do arbítrio.* As posições dos bancos derivam dos estudos que, sobre as empresas e a sua situação, eles elaborem. De especial importância é o parecer técnico do banco *leader*, previsto no artigo 7.º/3 do Decreto-Lei n.º 124/77.

Os bancos não têm qualquer obrigação de elaborar estudos técnicos que favoreçam a viabilização das empresas. Pelo contrário: *existe um dever, filiado na diligência e nas regras de boa gestão, de elaborar estudos fidedignos, que correspondam às realidades.* O sentido desses estudos dará o conteúdo da vontade a exteriorizar pelos bancos.

VI — Os deveres ligados à viabilização das empresas, a cargo da banca nacionalizada, cifram-se, pois, nos aspectos seguintes:

— o banco *leader* tem o *dever de estudar as propostas de viabilização, desenvolvendo, depois, acções variadas, em certos prazos; os restantes bancos têm, também, o dever de estudar as propostas em causa,* debruçando-se sobre o estudo do banco *leader*; jogam, nesse sentido, normas expressas contidas no artigo 7.º do Decreto-Lei n.º 124/77;

— os estudos devem ser correctamente elaborados e as manifestações de vontade subsequentes devem assentar neles; tal resulta das obrigações gerais de diligência e de boa gestão;

— o banco *leader* e os restantes bancos, *quando, no decurso do processo legalmente previsto, hajam manifestado o seu acordo devem, no final, outorgar no contrato de viabilização;* dispõe-no, com clareza, o artigo 11.º/2 do Decreto-Lei n.º 124/77, de 22 de Fevereiro.

A banca nacionalizada *não tem, pois, uma pura obrigação de celebrar contratos de viabilização*, no sentido de, para ela, as competentes declarações de vontade mais não serem do que o cumprimento de prévios deveres legais.

Mas ela tem *deveres no domínio da viabilização das empresas que, nos termos legais, o solicitem*, com este sentido preciso: *ela deve estudar as propostas de viabilização que as empresas lhe submetam; ela deve respeitar certos prazos; ela deve emitir declarações de vontade em função dos estudos realizados; ela deve, por fim, quando haja dado o seu acordo, e seguindo-se determinada homologação, celebrar os contratos de viabilização propriamente ditos.*

Há, de facto, *um fenómeno contratual*, mas dirigido em função de utilidades comuns, que transcendem as simples partes em presença; compreende-se, também, porque incumbem tais contratos, apenas à banca nacional.

6. Liberdade contratual, viabilização e responsabilidade

I — O sistema bancário, seja ele público, seja privado ou seja misto é, no Ocidente europeu, dominado pelo *Direito privado*, no que toca à sua actuação[51]. Uma experiência comprovada mostra que, mesmo na banca pública, esse tipo de actuação se revela mais dinâmico e mais eficaz, do ponto de vista dos diversos interesses que lhe possam ser confiados.

Domina, pois, *o princípio contratual*.

A crise económica posterior a 1973 veio, no entanto, colocar entraves a uma pura lógica de mercado por parte da banca. O tema do saneamento financeiro de certas empresas ganhou uma amplitude já referida. Várias experiências têm sido, a esse propósito, lançadas, com relevo directo nos Direitos bancário, da economia e das falências[52]. O tema é complexo, dada a presença no seu seio de várias

---

[51] Cf. W. FIKENTSCHER, *Wirtschaftsrecht* cit., 1.º vol., 506, que proclama a sua sujeição ao Direito civil e ao Direito comercial; *vide* CANARIS, *Kreditkündigung* cit., 122.

[52] Cf. *supra*, nota 3.

Saneamento financeiro

entidades com interesses conflituantes[53]; não surge, porém, desesperado.

II — Como ponto de partida, a doutrina deixa bem clara, a inexistência, a cargo da banca, de um dever geral de sanear[54].

Efectivamente, qualquer dever desse tipo postularia uma *obrigação de contratar*; ora tal obrigação — que põe desde logo em crise a existência de um verdadeiro contrato — só é imaginável quando imposta por lei ou convenção.

O domínio do saneamento financeiro, na medida em que implique deveres[55] é, por excelência, o da intervenção legislativa que preside ao moderno e denominado «Direito da economia»[56].

A experiência portuguesa é, neste particular, bem ilustrativa: a ordem jurídica nacional, através do específico contrato económico dito de «viabilização», institui deveres da banca relacionados com o saneamento financeiro das empresas, em termos já examinados.

III — Feitas estas considerações gerais, cabe regressar à experiência portuguesa que, como foi visto, comporta efectivas normas específicas dirigidas ao saneamento de certas empresas.

Tais normas obrigam os bancos a examinar certas propostas, a responder em certos prazos e, tendo dado o seu acordo prévio a certo esquema de viabilização, a formalizar o contrato definitivo. Essas mesmas normas — nos termos gerais da lógica deôntica — conferem benefícios a outras entidades: as empresas têm o direito de apresentar, ao banco *leader*, uma proposta de viabilização; têm o direito de exigir que essa proposta seja estudada e de mercê desse estudo, obter uma resposta, em certos prazos, numa posição extensiva aos

---

[53] THOMAS KPUPP, *Die Bankenhaftung bei der Sanierung einer Kapitalgesellschaft im Insolvenzfall* (1982), 16 e E. GUILINO/R. OPHOFF, *Unternehmenssanierung durch Kooperation von Unternehmer, Bank und Unternehmensaberater*, Bank 1983, 257-259.

[54] Por todos, KLAUS J. HOPT, *Rechtspflichten der Kreditinstitute zur Kreditversogung, Kreditbelassung und Sanierung von Unternehmen* cit., 167 e 168.

[55] Podia, na verdade, falar-se em «saneamento» financeiro das empresas apenas para designar o conjunto das operações a tanto dirigidas, independentemente de implicarem deveres prévios a cargo dos intervenientes; viu-se como tal situação, quando ocorra (o que é frequente) não faculta a autonomização do saneamento financeiro, diluído nas comuns operações de crédito.

[56] Em geral, W. UHLENBRUCK, *Gesetzlichen Konkursantragspflichten und Sanierungsbemühungen*, ZIP 1980, 73-82 (73).

outros bancos credores; têm por fim, o direito a que, verificadas determinadas ocorrências processuais os bancos que tenham dado o seu assentimento formalizem um contrato. Ou dando corpo à tendência estrutural para tratar o direito subjectivo como figura englobante ([57]): *as empresas que reúnam as condições legais têm, face aos bancos credores nacionais, direitos relativos à viabilização.* Tais direitos têm o sentido e os limites que, acima, foram referenciados.

IV — Os direitos relacionados com a viabilização das empresas são direitos estruturalmente relativos: eles postulam deveres, a cargo da banca, que lhe são simétricos. Noutras palavras: trata-se de direitos obrigacionais, em cujos termos a empresa beneficiária pode exigir, da banca, uma série de condutas, *maxime*, e reunidos vários requisitos, *a prestação de facto jurídico consistente na outorga do contrato definitivo de viabilização.*

O desrespeito por esses direitos — que envolve, *ipso facto*, a violação das normas constitutivas, contidas no Decreto-Lei n.º 124/77 — tem consequências jurídicas.

O próprio Decreto-Lei n.º 124/79 *prevê,* nos seus artigos 7.º/5 e 11.º/3, *a hipótese de haver incumprimentos de certos deveres; assim:*

— o não envio, pela instituição de crédito maior credora, à *Parempresa* e às restantes instituições de crédito, no prazo máximo de 45 dias, do seu parecer técnico, incluindo propostas de minuta de contrato eventualmente a celebrar;

— o não envio, pelas restantes instituições de crédito envolvidas no processo do contrato de viabilização, do seu consenso ([58]) à *Parempresa,* no prazo de 15 dias contados do envio similar feito pelo banco *leader*;

— a não-celebração do contrato definitivo de viabilização, no prazo de 15 dias contados da decisão favorável do Fundo de Compensação.

([57]) Quanto ao direito subjectivo, cf. MENEZES CORDEIRO, *Direitos Reais,* 1.º vol. (1979), 296-309, *Direito das Obrigações,* 1.º vol. (1980), 57, *Da boa fé no Direito civil,* 2.º vol. (1984), 662 ss., *Direitos Reais/Sumários* (1984/85), 89 ss. e *Teoria Geral do Direito Civil/Sumários desenvolvidos* (1986/87), 175 ss., para cujas indicações se remete.

([58]) A lei fala, efectivamente, em «consenso»; é, no entanto, de uma resposta que se trata, *ainda que discordante.* Como foi visto, nenhuma instituição de crédito é obrigada a dar o seu acordo a qualquer proposta de viabilização.

V — Resultam, daqui:

— a *existência efectiva de deveres*, a cargo da banca, de respeitar os prazos em causa — e, por maioria de razão, de praticar os actos que neles se jogam;
— a *natureza perfeita* das normas que cominem os deveres em causa.

As sanções específicas em que incorre a instituição de crédito que não cumpra os prazos legais *acima referenciados têm natureza punitiva*: elas deverão pagar uma taxa de 30% sobre o montante dos créditos a consolidar; tal taxa constitui receita do *Fundo de Compensação* — artigo 7.º/5, do Decreto-Lei n.º 124/77.

Com elas *não ficam, no entanto, esgotadas as consequências derivadas das violações em causa*.

As normas que instituem prazos para pautar o processamento da celebração de contratos de viabilização *tutelam o interesse público:* a vantagem da recuperação das empresas viáveis é geral e manifesta, em termos que dispensam desenvolvimento. Mas tutelam, por certo, também o interesse das empresas a viabilizar: donde a consistência dos direitos que lhes assiste, nos termos acima precisados.

VI — A inobservância das normas que firmam os prazos em causa equivale à constituição, por parte da entidade bancária a quem o facto seja imputável, de uma *situação de mora*, enquanto o cumprimento for possível, e de *puro e simples inadimplemento*, depois disso. Regem os artigos 804.º/2 e 808.º/1 do Código Civil: *foi inobservada a obrigação legal de praticar determinados actos que podem, eventualmente, redundar na celebração de um contrato de viabilização.*

A mora, no cumprimento das obrigações referidas, obriga a indemnizar as empresas atingidas pelos danos que lhes sejam infligidos, outro tanto sucedendo com o incumprimento puro e simples: artigos 804.º/1 e 798.º do Código Civil [59].

Presume-se, aliás, a culpa, nos termos gerais que informam a responsabilidade obrigacional, segundo o artigo 799.º/1.

---

[59] A solução preconizada no texto deveria singrar ainda quando se quisesse retirar às empresas interessadas o direito obrigacional, derivado da lei, de exigir, atingindo certo estádio, a celebração do contrato de viabilização: elas teriam sempre

7. A boa fé e suas concretizações

I — O recurso à boa fé e às suas concretizações como fórmula para integrar o terreno pouco denso dos deveres de viabilização é antigo, na doutrina [60]. E terá, por certo, utilidade ainda que, pela sua natureza indeterminada, ela obrigue a certas precauções, sob pena de facultar meras saídas de sentimento, alheias à Ciência do Direito [61]. Compreende-se, assim, que surja mais frutuoso considerar o problema depois de analisado o «*ius strictum*» do que seguir a via inversa.

Das múltiplas vias concretizadoras da boa fé importa considerar, em primeiro lugar, a *culpa in contrahendo*.

A *culpa in contrahendo*, embora englobando manifestações parcelares presentes no Direito romano, deve-se, como instituto jurídico, a Jhering [62]. Este Autor entendia-a como uma manifestação da responsabilidade civil pela qual, havendo nulidade no contrato, uma das partes, que tenha ou devesse ter conhecimento do óbice, deve indemnizar a outra pelo interesse contratual negativo. A figura foi alargada, depois, progressivamente, sofrendo, através das jurisprudência e doutrina comercialistas alemãs do século XIX, uma aproximação ao princípio da boa fé, que se manteria até hoje.

Multiplicam-se as tentativas teóricas para a explicação do fenómeno da *culpa in contrahendo*, em construções mais tarde recebidas nos espaços italiano e português, entre outros, ainda que com graduações diversas [63].

---

um direito subjectivo dotado de tutela aquiliana, nos termos do artigo 483.º/1, ou, pelo menos, haveria que ver, nas normas inobservadas pela não celebração tempestiva do contrato em jogo, a «disposição legal destinada a proteger interesses alheios», de que fala esse mesmo preceito.

[60] Cf., por todos, CANARIS, *Kreditkündigung* cit., 137.

[61] Cf. MENEZES CORDEIRO, *Concessão de crédito* cit., § 3.º e *passim*.

[62] Foi objecto de um artigo por ele publicado em 1861 na revista mais tarde conhecida como *Jherings Jahrbücher für die Dogmatik des bürgerlichen Rechts: Culpa in contrahendo oder Schadenersatz bei nichtigen oder nicht zur Perfection gelangten Verträgen,* com várias reimpressões posteriores. Para uma análise de texto de JHERING, cf. MENEZES CORDEIRO, *Da boa fé no Direito civil,* 1.º vol. (1984), 528 ss..

[63] Remete-se, em geral, para MENEZES CORDEIRO, *Da boa fé* cit., 1.º vol., 532 ss. e 564 ss..

II — Como figura assente num conceito indeterminado — o de boa fé — *a culpa in contrahendo* carece de um processo concretizador, a operar perante cada problema real. O conhecimento e a ponderação das decisões jurisprudenciais que a consubstanciem têm, assim, o maior interesse teórico e prático.

Uma sistematização operada com base na jurisprudência mais rica no domínio da *culpa in contrahendo* — a alemã — permite afirmar que ela ocorre, *quando, na fase preparatória dum contrato, as partes — ou alguma delas — não acatem certos deveres de actuação que sobre elas impedem*. E tais deveres analisam-se em três grupos:

— *deveres de protecção*: nos preliminares contratuais, as parte devem abster-se de atitudes que provoquem danos nos hemisférios pessoais ou patrimoniais uma das outras; quando não, há responsabilidade;

— *deveres de esclarecimento:* num processo destinado à procura do consenso contratual, as partes devem, mutuamente, prestar-se todos os esclarecimentos e informações necessários à celebração de um contrato idóneo; ficam, em especial, abarcados todos os elementos com relevo directo e indirecto para o conhecimento da temática relevante para o contrato, sendo vedada quer a omissão de esclarecimentos, quer a prestação de esclarecimentos falsos ou inexactos; as doutrina e jurisprudência da actualidade conferem uma intensidade particular aos deveres de esclarecimento a cargo de uma parte forte e a favor da fraca;

— *deveres de lealdade*: a necessidade de respeitar, na sua teologia, o sentido das negociações preparatórias não se esgota num nível informativo; podem surgir deveres de comportamento material, com o mesmo sentido de evitar, nos preliminares, actuações que se desviem da busca honesta dum eventual consenso negocial; tais deveres englobam-se na ideia de lealdade; subcaso típico e clássico de deslealdade *in contrahendo* reside na ruptura injustificada das negociações [64].

---

[64] A documentação jurisprudencial destes deveres, bem como outras tentativas de sistematização, que não contundem com o afirmado no texto, podem ser confrontadas em MENEZES CORDEIRO, *Da boa fé* cit., 1.º vol., 546 ss..

Em termos gerais, o instituto da *culpa in contrahendo*, ancorado no princípio da boa fé, recorda que *a autonomia privada é conferida às pessoas dentro de certos limites e sob as valorações próprias do Direito*; em consequência, *são ilegítimos os comportamentos que, desviando-se duma procura honesta e correcta dum eventual consenso contratual, venham a causar danos a outrem.*

III — Em Portugal, aparecem referências à *culpa in contrahendo* já na primeira edição das *Instituições de Direito Civil*, de Guilherme Moreira[65]. A ideia seria desenvolvida por Galvão Telles, Vaz Serra, Mota Pinto e Ruy de Albuquerque, numa aproximação à boa fé, na linha germânico-românica acima apontada, acabando por ter um acolhimento formal no Código Civil de 1966[66]. Este dispõe, no seu artigo 227.º/1:

Quem negoceia com outrem para conclusão de um contrato deve, tanto nos preliminares como na formação dele, proceder segundo as regras de boa fé, sob pena de responder pelos danos que culposamente causar à outra parte.

O dispositivo legal em questão, sendo expresso, confere à velha *culpa in contrahendo*, a maior extensão; merece um aplauso generalizado por parte da literatura da especialidade.

VI — A jurisprudência portuguesa, atenta a sua dimensão, tem, efectivamente, concretizado a *culpa in contrahendo*. E fê-lo, com especial acuidade, no domínio dos *deveres de lealdade* pré-negociais, acima referenciados, com tónica na ruptura injustificada das negociações.

Referem-se, de seguida, como exemplo, três acórdãos do *Supremo Tribunal de Justiça.*

---

[65] GUILHERME ALVES MOREIRA, *Instituições do Direito Civil Português* 2 — *Das obrigações* (1911), n.º 202 (664-675). Quanto ao desenvolvimento da *culpa in contrahendo* em Portugal, cf. MENEZES CORDEIRO, *Da boa fé* cit., 1.º vol., 571 e ALMEIDA COSTA, *Responsabilidade civil pela ruptura das negociações preparatórias de um contrato* (1984), 42 ss..

[66] INOCÊNCIO GALVÃO TELLES, *Manual dos contratos em geral*[3] (1965), 187-188, VAZ SERRA, *Culpa do devedor ou do agente*, BMJ 68 (1957, com separata), n.º 6, 110-132, MOTA PINTO, *A responsabilidade pré-negocial pela não conclusão dos contratos,* separata do BFD n.º 14 (1963) e RUY DE ALBUQUERQUE, *Da culpa in contrahendo no Direito luso-brasileiro* (1961).

Acórdão de 19-Jan.-1978: desenrola-se uma negociação tendente à doação de quotas de uma sociedade; por via dela, os donatários em perspectivas realizaram uma série de despesas, confiados em que a doação teria, de facto, lugar; esta não se verifica, com danos para os benefíciários em vista; nas instâncias, o pedido indemnizatório dos possíveis donatários foi recusado, no saneador, por se entender que, sendo o negócio projectado formal, não haveria lugar à *culpa*; tal entendimento foi — e bem — afastado pelo Supremo, que recambiou o processo para as instâncias para, aí, se apurar da ocorrência efectiva dos pressupostos da culpa na formação dos contratos [67].

Acórdão de 6-Dez.-1978: fora celebrada uma promessa de compra e venda, no pressuposto de que o local seria transmitido livre dos inquilinos que lá residiam; os transmitentes em perspectiva não conseguiram a desocupação vindo a ser condenados na restituição simples do sinal e nas despesas provocadas pela negociação, ao abrigo do artigo 227.º; disse o Supremo: «É que realmente seria contra as regras da boa fé se os réus, tendo nos preliminares do contrato-promessa aceitado a obrigação de promover a ocorrência do facto condicionante, não respondessem pelos danos que, segundo as instâncias, culposamente causaram à outra parte, com a não verificação da condição» [68].

Acórdão de 5-Fev.-1981: os réus iniciaram negociações com vista à aquisição de quotas sociais; os autores ficaram convencidos de que a transacção se iria concretizar e iniciaram, em consequência, várias actividades dispendiosas nesse sentido; os réus recusaram-se, depois, a outorgar na escritura de cessão, vindo a ser condenados em indemnização, no que foi sancionado pelo Supremo; este vem afirmar a existência de um dever de negociação honesta, considerando que os réus «...procederam de uma forma que aqueles (os autores) não podiam deixar

---

[67] STJ 19-Jan-1978, BMJ 273 (1978), 206-209=RLJ 111 (1978), 211-214, com anotação favorável de Vaz Serra.
[68] STJ 6-Dez-1978, BMJ 282 (1979), 156-158.

de ficar convencidos de que estes queiram ficar com o estabelecimento...»[69].

V — O sentido da jurisprudência acima sumariada é bastante claro; deve, no entanto, ser precisado[70]. Em princípio — e salva a presença de normas legais aplicáveis que a tal conduzam — não há, nas negociações preliminares, um dever de celebrar o contrato visualizado. Mas há, por certo, um dever de negociar honestamente.

A parte que não tenha a intenção de levar negociações por diante ou que tenha dúvidas sobre a sua própria vontade de concluir o contrato, deve comunicá-lo à contraparte, de modo a não provocar, nela, esperanças vãs, que induzam danos. Não é ilícito romper negociações: *ilicitude existe sim quando deliberadamente se crie, na contraparte, a convicção de que irá haver contratação e, sem justificação, se promova a ruptura.*

Aflora, entre outros aspectos que não relevam directamente para o âmbito da consulta, na *culpa in contrahendo*, um dos vectores importantes ligados ao princípio da boa fé, amplamente no Direito português em vigor: *o da protecção da confiança*[71]. A pessoa que, no decurso de negociações preliminares, coloque outrem numa situação de confiar no advento dum contrato deve levar o processo até ao fim; quando não, responde pelos danos.

A protecção da confiança *in contrahendo* lida com *deveres de informação e de lealdade*: os primeiros visam evitar a constituição de situações de confiança das quais não haja, sem danos, retorno; os segundos requerem o respeito pela confiança, quando criada.

---

[69] STJ 5-Fev-1981, RLJ 116 (1983), 81-84, com anotação favorável de ALMEIDA COSTA, *Ruptura de negociações* cit., de que há separata, já referida. Este acórdão do Supremo veio confirmar o bem elaborado acórdão da relação do Porto de 25-Fev-1980, CJ 5 (1980) 158-61.

[70] Deixa-se, em parte, de lado o acórdão de 6-Dez.-1978, que focando embora um tema de lealdade, não se prende com a ruptura das negociações. Há outras decisões que se reportam à *culpa in contrahendo* como forma de apoiar decisões assentes em dispositivos diversos; assim, todos do Supremo, os acórdãos de 10-Dez.-1974, BMJ 242 (1975), 229-233, 14-Jan.-1975, BMJ 243 (2975), 245-247 e 19-Dez.-1979, BMJ 282 (1980), 368-373. Finalmente, uma terceira linha de decisões nega a aplicação do artigo 227.º por não ter encontrado, nos problemas a decidir, os pressupostos da sua aplicação.

[71] Cf. a síntese ensaiada em MENEZES CORDEIRO, *Da boa fé* cit., 2.º vol., 1234 ss..

Saneamento financeiro 99

Em compensação, os deveres de protecção, documentados na jurisprudência alemã, não são necessários, no Direito português. Eles justificam-se, perante o Código Civil alemão, pela insuficiência com que este consagra a responsabilidade aquiliana; à face, porém, do artigo 483.º/1 do Código Civil, quaisquer danos causados no património ou na pessoa de outrem devem ser sempre indemnizados, ocorram ou não *in contrahendo* ([70]).

VI — O quadro, assim obtido, da *culpa in contrahendo* no Direito português, deve ser complementado com as suas consequências. O artigo 227.º/1 do Código Civil é, a esse propósito, lapidar: quem, nos preliminares como na função do contrato, não proceda segundo as regras da boa fé, *responde pelos danos que culposamente causar à outra parte.*

Um tanto por tradição, este preceito coloca duas ordens de problemas: o de saber se a responsabilidade aqui em causa é obrigacional ou aquiliana e o indagar se a responsabilidade funciona pelo interesse positivo ou pelo interesse negativo.

A primeira questão fica prejudicada quando se supere a contraposição entre as responsabilidades obrigacional e aquiliana; tratar-se-á, então, de apurar, das diversas normas antes conectadas com um ou com o outro dos dois tipos de responsabilidade em presença, qual a aplicável à *culpa in contrahendo* ([73]). De qualquer modo, registe-se que a doutrina que confere alguma relevância à distinção, opta pela natureza aquiliana da *culpa in contrahendo* ([74])

A segunda questão deve ter-se, também, por ultrapassada. A ideia de que, por *culpa in contrahendo*, haveria que responder, apenas, pelos danos negativos, i. é, pelos danos que não haveria se não tivessem ocorrido as negociações falhadas, filia-se num entendimento da responsabilidade pré-negocial como fruto de um «contrato tácito» não cumprido entre as partes. A limitação perdeu hoje a sua base de

---

([72]) Cf. MENEZES CORDEIRO, *A pós-eficácia das obrigações* (1984), n.º 9, *Da boa fé* cit., 1.º vol., 636 ss. e *Concessão de crédito e responsabilidade bancária* cit., n.º 7, V.

([73]) Assim MENEZES CORDEIRO, *Da boa fé* cit., 1.º vol., 585[193].

([74]) Assim, ALMEIDA COSTA, *A responsabilidade civil pela ruptura das negociações,* separata cit., 95. Na doutrina alemã, propende-se para a solução obrigacional: de novo isso deve-se aos limites postos pelo BGB à responsabilidade aquiliana, limites esses que o Código Civil português não conhece; a experiência não pode, pois, ser transposta.

Banca

apoio, dado o consenso existente em que a *culpa in contrahendo* deriva da violação do princípio legal da boa fé([222]). O artigo 227.º/1 do Código Civil não faz qualquer limitação; por isso deve entender-se que, violada a boa fé *in contrahendo,* devem ser ressarcidos *todos* os danos causados([76]).

VII — A *culpa in contrahendo* não esgota as vias concretizadoras da boa fé com possível relevo no saneamento financeiro. Há, efectivamente, que lidar ainda com o *venire contra factum proprium.*

No Direito moderno, o *venire contra factum proprium,* desenvolveu-se na sequência da monografia de Riezler, publicada no princípio do século([77]). O seu enunciado é de grande simplicidade: não se deve, na actuação social, assumir um primeiro comportamento e, depois, desenvolver nova actuação, com ele contraditória, sob pena de responder pelas consequências.

A natureza da proibição de *venire contra factum proprium* tem sido discutida([78]). Na actualidade, gera-se contudo consenso no sentido de se tratar de mais um afloramento do princípio da boa fé, na vertente da *tutela da confiança*([79]): não se deve, na sociedade, constituir noutrem, *situações infundidas de confiança, que se revelem prejudiciais.* Tais situações devem ser prevenidas através de deveres de lealdade e de informação, similares aos referenciados *in contrahendo.*

Ou seja: *venire contra factum proprium* corresponde, em certas circunstâncias, a um atentado à regra da boa fé, de alcance geral, e prevista, neste particular, no artigo 334.º do Código Civil.

([75]) Cf. MENEZES CORDEIRO, *Da boa fé* cit., 1.º vol., 585, com bibliografia, entre a qual a de RUY DE ALBUQUERQUE.

([76]) Em apoio de uma pretensa limitação da indemnização ao denominado interesse negativo citam-se, por vezes, os artigos 898.º e 908.º do Código Civil. Tais artigos não conduzem, no entanto, a uma interpretação limitativa. De facto, ao mandarem indemnizar determinados lesados dos danos que eles não teriam sofrido se o contrato nulo ou anulado não tivesse sido celebrado, esses preceitos deixam em aberto a possibilidade de se mostrar que, na falta do contrato inválido, teria havido outro válido. *Todos os danos concretos devem, nos termos gerais, ser indemnizados.* Acresce, ainda, que os artigos 898.º e 908.º do Código Civil não podem ser transpostos para a *culpa in contrahendo*: eles contemplam, apenas, a invalidade da compra e venda, enquanto a responsabilidade pré-negocial vai bem mais além.

([77]) ERWIN RIEZLER, *Venire contra factum proprium/Studien in römichen, englischen und deutschen Zivilrecht* (1912).

([78]) Cf. MENEZES CORDEIRO, *Da boa fé* cit., 2.º vol., 752 ss..

([79]) CLAUS-WILHELM CANARIS, *Die Vertauenshaftung im deutschen Privatrecht*[2] (1983), 287 ss. e *passim.*

VIII — Os institutos da *culpa in contrahendo* e do *venire contra factum proprium*, assentes na boa fé, têm uma aplicação de princípio ao contrato de viabilização e a deveres de saneamento com ele conexos [80]. Depõem nesse sentido a sua natureza contratual e privada.

Trata-se, no entanto, de *instrumentação supletiva* [81]): eles aplicam-se quando a situação a decidir não caia no âmbito de normas expressas. No caso em apreço há um normativo legal que, explicitamente, regulamenta os deveres pré-contratuais — e, de modo mais genérico, de conduta — a observar aquando da preparação e do estudo de um contrato de viabilização.

Tal normativo tem, pois, aplicação directa, sendo desnecessário, para atingir os resultados finais, recorrer a institutos conectados com a boa fé.

Mas eles actuam como tópicos coadjuvantes: reforçam as saídas propiciadas pelas normas explícitas que determinam o procedimento a adoptar, aquando da viabilização, *colmatam* eventuais brechas que, nesse domínio, se pudessem descobrir e *conferem,* às conclusões finais, uma solidez particular.

A boa fé exprime os valores fundamentais da Ordem Jurídica. No saneamento financeiro ela coloca, no seio dos cenários de decisão, os vectores que, historicamente, justificam e legitimam a necessidade de, em certas condições, viabilizar as empresas.

---

[80]) A eficácia desta instrumentação estende-se, aliás, aos diversos domínios do Direito público, num fenómeno reconhecido, mas em que não cabe insistir.

[81]) Cf. MENEZES CORDEIRO, *Da boa fé* cit., 2.º vol., 759, 822 e 1248, p. ex.; CLAUS-WILHELM CANARIS, *Die Vertrauenshaftung im deutschen Privatrecht* ², cit., 372-373 e *passim.*

III — DAS PUBLICAÇÕES OBRIGATÓRIAS NOS BOLETINS DE COTAÇÕES DAS BOLSAS DE VALORES: ASPECTOS DO REGIME DO AUMENTO DE CAPITAL DAS SOCIEDADES ANÓNIMAS POR SUBSCRIÇÃO DE NOVAS ACÇÕES *

I — NOÇÕES BÁSICAS

1. A subscrição de acções

I. *Subscrição de acções* é, em linguagem corrente, o acto ou o efeito de as subscrever, sendo ainda utilizada para designar o facto de, para esse objectivo, serem colocadas à disposição dos interessados. Em termos mais técnicos, a *subscrição* corresponde ao acto jurídico pelo qual uma pessoa *manifesta a intenção* de aceitar a titularidade das acções em jogo, com todos os deveres daí derivados e, designadamente, o de realizar o seu valor.

A subscrição de acções não acarreta, em si, a qualidade de sócio; esta ocorre apenas com a outorga do contrato de sociedade ou da escritura de aumento de capital — artigo 274.º do Código das Sociedades Comerciais. Na primeira hipótese, tal outorga pode ainda ser precedida por outras formalidades, designadamente pela deliberação de uma assembleia constitutiva, nos termos do artigo 281.º do mesmos diploma ([1]).

---

* Publicado em *O Direito* 120 (1988).

([1]) O esquema de formação das sociedades anónimas e o da subscrição de acções podem ser seguidos nas diversas ordens jurídicas da actualidade; por exemplo: na Alemanha, KLAUS J. HOPT/GÜNTHER HEHL, *Gesellschaftsrecht*, 2.ª ed.

A subscrição de acções é susceptível de várias classificações. Assim:

— subscrição pública;
— subscrição particular,

consoante esteja aberta ao público em geral ou, pelo contrário, quando a competente actividade só possa ser levada a cabo por certas pessoas predeterminadas ou predetermináveis [2].

A *subscrição particular* pode ainda ser:

— simples;
— reservada a sócios;
— reservada a certos sócios;

conforme seja dirigida a determinadas pessoas, independentemente da sua posição perante a sociedade ou, pelo contrário, fique reservada aos já sócios [3] — a todos ou a titulares de certas posições — ou aos obrigacionistas.

II. *A subscrição de acções não se confunde com a sua aquisição.* Na subscrição há como que o início de um processo tendente à aquisição originária de acções; na aquisição, verifica-se seja o reflexo, nos subscritores, da constituição de uma sociedade ou do aumento do seu capital — aquisição originária — seja a transmissão de acções de uma esfera jurídica para outra — aquisição derivada.

(1981), 194 ss., e EUGEN KLUNZINGER, *Grundzüge des Gesellschaftsrechts* (1979), 132 (135); na Áustria: WALTHER KASTNER/PETER DORALT, *Grundriss des österreichischen Gesellschaftsrechts*, 4.ª ed. (1983), 154 ss.; em Espanha: RODRIGO URÍA, *Derecho Mercantil*, 13.ª ed. (reimpr., 1986), 194 ss., e FRANCISCO VICENTE CHULIÁ, *Compendio crítico de derecho mercantil*, 1 vol. (1986), 413 ss.; em Itália: ORESTE CAGNASSO, «Società per azione» *Appendice ao Novissimo Digesto Italiano*, vol. 7 (1987), 293-306 (296 ss.), FRANCESCO GALGANO, *La società per azione*, 3.ª ed. (1981), 41 ss., GASTONE COTTINO, «Società per azione», *Novissimo Digesto Italiano*, vol. 17 (1970), 670-670 (577 ss.). e LORENZO MOSSA, *Trattato del nuovo diritto commerciale*, vol. IV — *Società per azioni* (1957), 218 ss.; na Suíça: ARTHUR MEIER--HAYOZ/PETER FORSTMOSER, *Grundriss des schweizerischen Gesellschaftsrechts*, 3.ª ed. (1978), 245 ss.

[2] A classificação aflora, com clareza, no artigo 279.º/4 do Código das Sociedades Comerciais. Outras subdistinções, de alcance fundamentalmente descritivo, seriam ainda possíveis.

[3] Desta feita lida-se com sociedades já fundadas; a subscrição de acções em jogo postula, pois, um aumento de capital.

A subscrição de acções não se confunde com a sua liberação: ao subscrever acções, os subscritores colocam-se numa situação: na de se tornarem seus titulares [4]; nessa altura, eles são responsáveis pelo capital que tenham subscrito — artigo 271.º do Código das Sociedades Comerciais. Antes disso, pode haver a obrigação de entrar, em dinheiro, até certo mínimo — cf. o artigo 277.º do mesmo diploma —, sofrendo, depois disso, o resto, um diferimento até ao máximo de cinco anos — *idem*, artigo 281.º/1. A acção cujo capital tendo sido realizado, através de competente entrada na esfera social, diz-se liberada.

A subscrição de acções não se confunde com a sua oferta pública de venda. A oferta pública de venda diz respeito a acções já subscritas — normalmente por bancos — e destina-se à sua colocação no mercado de títulos.

III. As considerações anteriores permitem compreender a razão pela qual a *subscrição* assume um relevo que *transcende largamente as relações entre o subscritor e a sociedade.*

Numa sociedade anónima de responsabilidade limitada, os sócios respondem apenas pelo valor das acções que hajam subscrito — artigo 271.º do Código das Sociedades Comerciais.

Por isso, para qualquer credor que entre em contacto com a sociedade, é fundamental saber:

— qual o capital subscrito;
— qual o capital realizado;
— quais o termo e as condições das entradas, relativas ao capital ainda não realizado.

As afirmações são válidas, como bem se compreende, independentemente do facto de a sociedade considerada ser uma «sociedade com subscrição pública», ou seja, segundo o artigo 284.º do Código das Sociedades Comerciais, independentemente de se tratar de uma sociedade constituída com apelo a subscrição pública ou de uma sociedade cujas acções sejam cotadas na Bolsa.

---

[4] Ou seja: os subscritores manifestam a sua vontade aquando da subscrição; a partir daí, eles acabarão, inevitavelmente, por se tornar accionistas, caso se verifiquem os demais pressupostos que culminarão com a escritura pública.

Numa terminologia consagrada: as subscrições de acções, a sua realização e os termos em que isso suceda são oponíveis *erga omnes* [5] entram, pois, naquela categoria de factores a que o Direito dispensa particular publicidade.

2. O aumento de capital

I. No momento da sua constituição, a sociedade comercial é dotada de bens que irão servir de apoio à sua actividade, e que respondem, perante os credores, pelas suas dívidas. Esses bens têm uma expressão numérica, em escudos; tal expressão corresponde ao capital social [6].

O capital social constitui um elemento de relevo, na lógica societária; por isso:

— ele constitui um elemento necessário do contrato de sociedade — artigo 9.º/1, *f*), do Código das Sociedades Comerciais, em geral, com excepção das sociedades em nome colectivo em que haja apenas sócios de indústria;
— ele tem uma particular publicidade, assegurada mediante a sua inscrição no registo comercial [7].

II. No caso das sociedades anónimas, o legislador teve uma particular cautela com o factor *capital social*. Por isso considerou como conteúdo obrigatório do contrato de sociedade — artigo 272.º, *e*), do Código das Sociedades Comerciais:

— o montante do capital realizado;
— os prazos de realização do capital apenas subscrito.

---

[5] Tudo isso se prende, aliás, à própria existência de uma pessoa colectiva autónoma, dotada do património próprio e que responde pelas sua dívidas; a esta realidade ligam-se outros institutos, além da publicidade, com relevo para a tipicidade; cf. OLIVEIRA ASCENSÃO, *Lições de Direito Comercial*, vol. I, *Parte Geral* (1986/87), 401 ss. (407 ss.) e *passim*.

[6] Cf. o artigo 14.º do Código das Sociedades Comerciais; v., por exemplo, PINTO FURTADO, *Curso de Direito das Sociedades*, 2.ª ed. (1986), 222 ss..

[7] O capital social é um dos elementos essenciais do contrato de sociedade — artigo 9.º/1, *f*), do Código das Sociedades Comerciais —, sendo certo que o próprio contrato se sujeita ao registo comercial — artigo 3.º, *a*), do Código do Registo Comercial, aprovado pelo Decreto-Lei n.º 403/86, de 3 de Dezembro.

Não basta, pois, a indicação do capital social: a sua exacta situação, em obediência, designadamente, ao *factor realização*, deve ser explicitada no pacto social.

Também estes elementos estão sujeitos ao registo[8]; parece claro que eles não interessam, apenas, ao estrito círculo social.

III. As regras apontadas mantêm-se, com adaptações, nas hipóteses de *aumento de capital*. Procedem, aliás, as mesmas razões de ser.

Quando, porém, ocorra um aumento de capital, verifica-se desde logo, uma actuação através de uma sociedade preexistente. Por isso é possível tipificar o aumento de capital de uma sociedade anónima nos seguintes passos:

— deliberação de aumento de capital;
— aumento propriamente dito.

A *deliberação de aumento de capital* é um negócio jurídico unilateral conjunto[9], praticado no órgão estatutariamente competente — v. o artigo 456.º/1 do Código das Sociedades Comerciais — e que manifesta a intenção societária de elevar o capital. A deliberação ficará completa — e, nesse ponto, válida — com a determinação da modalidade de aumento e com os demais elementos explicitados no artigo 87.º/1 do mesmo diploma.

O *aumento propriamente dito* ocorre com a celebração da escritura públlica. Dispõe-no, de modo expresso, o artigo 88.º do Código das Sociedades Comerciais[10], com referência aos *efeitos internos*. Na realidade, para os *externos*, há ainda, além da escritura, que contar com particulares requisitos de publicidade.

IV. Quando o aumento de capital social de uma *sociedade anónima* se processe através de emissão de novas acções, estas devem ser subscritas: de outro modo, ou a deliberação fica sem efeito ou o aumento é limitado às subscrições — artigo 457.º/1.

---

[8] V. a nota anterior.

[9] V. MENEZES CORDEIRO *Teoria Geral do Direito Civil*, 2.ª ed., 1 vol. (1988) § 18.

[10] A referência aos «efeitos internos» constante desse preceito visa salvaguardar os «efeitos externos», os quais ficam dependentes do registo e de publicação obrigatória, quándo requerida; cf. os artigos 168.º/2 do Código das Sociedades Comerciais e 14.º/2 do Código de Registo Comercial. Quanto ao aumento de capital social refira-se G. FERRI, *Manuale di Diritto Commerciale*, 5.ª ed. (1983), 445 ss., e VICENT CHULIÁ, *Compendio critico de derecho mercantil*, 1 vol., cit., 447.

Nessa altura, o conjunto de operações tendentes ao aumento em causa ficará assim escalonado:

— deliberação do aumento de capital;
— subscrição das novas acções;
— aumento propriamente dito.

Este último concretiza-se, como foi visto, através de escritura pública.

Resta ainda esclarecer que tudo isso deve ser articulado com as novas entradas, isto é, com a realização das acções emitidas. Tais entradas pautam-se, em princípio, pelas regras aplicáveis à constituição da sociedade, nos termos do artigo 98.º/1 do Código das Sociedades Comerciais.

Assim, logo a deliberação de aumento deverá explicitar o modo e os prazos de realização do capital; do mesmo modo, a escritura de aumento compreenderá *o montante do capital realizado e os prazos de realização do capital apenas subscrito* — artigo 272.º, *e*), aplicável *ex vi* artigo 89.º/1, ambos do Código das Sociedades Comerciais.

Para além disso, há que ter presente a eficácia dos aumentos de capital *erga omnes* e, designadamente:

— contra todos os sócios que não hajam participado na deliberação;
— contra os credores da sociedade;
— contra quaisquer outros terceiros.

O aumento do capital, a subscrição de novas acções e a sua realização não constituem, deste modo, meras questões internas da sociedade. Elas têm a ver com toda a comunidade jurídica. Compreende-se, a essa luz, que o Direito haja previsto todo o esquema de publicidade.

II — A PUBLICAÇÃO NOS BOLETINS DE COTAÇÕES DAS BOLSAS

3. A evolução geral dos boletins de cotações.

I. As operações de subscrição de acções e de aumento de capital vêm, assim, bulir com interesses de pessoas estranhas aos próprios actos que lhes estão na origem. Comprende-se, a essa luz, que o Direito se preocupe em encontrar, para elas, um adequado esquema de publicidade.

Deixe-se de parte, por agora, tudo quanto respeita ao registo comercial: o presente estudo visa, tão-só, analisar uma problemática que tem apenas a ver com as denominadas publicações obrigatórias e, em especial, com as publicações a efectuar nos *Boletins Oficiais das Cotações das Bolsas de Lisboa e do Porto.*

Trata-se de um domínio que conheceu uma marcada evolução legislativa, que cabe enfocar.

II. O Decreto-Lei n.º 8/74, de 14 de Janeiro, veio definir a organização e o funcionamento das bolsas de valores; ele pôs termos ao velho Decreto de 10 de Outubro de 1901, que aprovara o Regimento do Ofício de Corretor.

Desse diploma importa retirar o artigo 43.º, epigrafado «Publicações obrigatórias», assim redigido, no essencial:

1 — As sociedades nacionais ou estrangeiras que tenham valores cotados na bolsa darão obrigatoriamente publicidade, no respectivo boletim de cotações, aos seguintes factos e documentos:

a) Aumentos ou reduções do capital social;
b) Emissões de obrigações;
c) Composição dos corpos gerentes e suas modificações;
d) Resultados dos rateios e datas de pagamento das prestações de subscrição de títulos da mesma natureza dos que se encontrarem cotados;

110 *Bolsa*

e) Trocas de cautelas por títulos definitivos;
f) Renovação de folhas de cupões;
g) Número e data do *Diário do Governo* e do jornal de grande circulação em que tiverem sido feitas as publicações previstas no n.º 5 deste artigo;
h) Quaisquer outros factos cuja publicidade venha a ser exigida, mediante portaria do Ministério das Finanças.

(...)

3 — Os documentos destinados às publicações previstas nas alíneas *c)* e *g)* do n.º 1 serão remetidos à comissão directiva nos 30 dias subsequentes à data de aprovação das respectivas deliberações pelos corpos sociais competentes; os respeitantes aos factos mencionados na alínea a) do mesmo número, nos 30 dias posteriores ao das correspondentes escrituras; os referentes à alínea *b)* e os relativos aos factos indicados nas alíneas *c)*, *d)*, *e)* e *f)* do n.º 1 (...) com a antecedência necessária para que a publicação possa ser feita em tempo útil, atento o fim a que se destina.

4 — As sociedades que, por virtude de disposição legal ou estatutária, publiquem em jornal de grande circulação na metrópole quaisquer dos factos mencionados nos n.ºs 1 e 2 serão apenas obrigadas a fazer inserir no boletim da bolsa, dentro dos prazos estabelecidos no número anterior, notícia sobre essas publicações, bem como sobre a que estejam obrigadas a efectuar no *Diário do Governo*.

5 — Todas as sociedades, nacionais ou estrangeiras, com títulos cotados em bolsa da metrópole são obrigadas a publicar no Diário do Governo e num jornal metropolitano de grande circulação o relatório, balanço e contas do conselho de administração e o parecer do conselho fiscal respeitantes a cada exercício, bem como o teor das alterações introduzidas nos seus estatutos.

Este preceito destinava-se a dar publicidade *a factos relevantes para a bolsa de valores e para todos quantos aí operassem*. Por isso ele surgia sistematicamente incluído num diploma relativo a bolsas de valores, aplicando-se de modo expresso, a «(...) *sociedades* (...) *que tenham valores cotados na bolsa (...)* ».

III. O Direito posterior conheceu, no entanto, *uma evolução do maior interesse.*

Assim, a *Portaria n.º 557/77, de 8 de Setembro*, veio dispor, entre outros aspectos:

> 1.º Os sorteios dos fundos públicos nacionais, a que se refere o n.º 2 do artigo 34.º Decreto-Lei n.º 8/74, de 14 de Janeiro([11]), dos títulos àqueles equiparados e das obrigações que hajam de ser amortizadas ou premiadas deverão ser anunciados por aviso publicado no boletim de cotações da bolsa de valores em que os referidos valores estejam cotados e num jornal de grande circulação no País, com uma antecedência superior a quinze dias.
>
> (...)
>
> 5.º Quando os valores não estejam admitidos à cotação em qualquer bolsa, as publicações serão feitas no *Boletim de Cotações da Bolsa de Valores de Lisboa.*

Trata-se de um diploma pioneiro: os elementos relativos aos sorteios dos fundos em causa deveriam ser publicados num *boletim de cotações, independentemente de terem ou não, cotação na bolsa.*

Ou seja: *o legislador resolveu aproveitar uma publicação oficial já existente, com objectivo específico, para nela mandar publicar elementos diversos dos da índole inicial prevista.*

A partir de 8 de Setembro de 1977, o *Boletim de Cotações da Bolsa de Valores de Lisboa* transcendeu a própria Bolsa: passou a dar guarida a elementos a ela estranhos.

IV. A via iniciada pela Portaria n.º 557/77, de 8 de Setembro, não parou, de então para cá, de ser intensificada.

O *Decreto-Lei n.º 124/78, de 3 de Junho*, ocupava-se do problema dos impostos que incidiam sobre os rendimentos das acções das sociedades; tais impostos deveriam ser cobrados pelas instituições de crédito onde as acções estivessem depositadas. Ora, conforme se lê no preâmbulo desse diploma:

([11]) A saber: *a)* Títulos da dívida pública nacional; *b)* Títulos emitidos pelos governos das províncias ultramarinas; *c)* Títulos emitidos por institutos públicos; *d)* Títulos emitidos pelos corpos administrativos; *e)* Quaisquer outros títulos nacionais que por disposição de lei venham a ser classificados como fundos públicos; *f)* Os títulos estrangeiros de natureza semelhante à dos anteriores.

(...) às instituições de crédito é, na generalidade dos casos, difícil, se não impossível, saber em tempo qual a data em que cada sociedade põe os redimentos à disposição dos seus accionistas.

Continua o preâmbulo em causa:

Importa, assim, estabelecer um meio de publicidade eficiente que evite às sociedades a necessidade de fazer comunicações a todas as instituções de Crédito e permita a estas ter elementos seguros para dar cumprimento às obrigações que as normas legais lhes impõem nesta matéria.

Utilizar-se-á, para o efeito, o *Boletim de Cotações da Bolsa de Valores de Lisboa,* publicação oficial onde já são actualmente publicados os elementos respeitantes aos sorteios e pagamentos de juros das obrigações, com ou sem cotação (Portaria n.º 557/77, de 8 de Setembro).

Nesta linha, o artigo 1.º/1 do referido Decreto-Lei n.º 124/78, de 3 de Junho, veio determinar:

As sociedades anónimas ou em comandita por acções com sede em Portugal deverão proceder à publicação, no *Boletim de Cotações da Bolsa de Valores de Lisboa,* da data a partir da qual são colocados à disposição dos respectivos accionistas os rendimentos a que tiverem direito.

Nada disto tinha a ver, assumidamente, com a bolsa de valores.

VI. Esta evolução foi coroada pelo Decreto-Lei n.º 42/80, de 15 de Março. No preâmbulo que antecede esse diploma, sumaria-se a evolução anterior, de que acima foi dada conta e conclui-se ser «(...) conveniente alargar a publicação no *Boletim Oficial de Cotações* a outros factos ou documentos relativos às sociedades anónimas ou em comandita por acções com sede em Portugal, (...)».

Posto o que se veio dispor:

Artigo 1.º As sociedades anónimas ou em comandita por acções com sede em Portugal darão obrigatoriamente publicidade no *Boletim Oficial de Cotações da Bolsa de Valores de Lisboa* aos seguintes factos e documentos:

a) Aumentos ou reduções do capital social;
b) Emissões de obrigações;

Publicações obrigatórias 113

c) Resultados dos rateios e datas de pagamento das prestações de subscrição de títulos;
d) Trocas de cautelas por títulos definitivos;
e) Renovação de folhas de cupões.

Art. 2.º A publicação a que se refere o artigo anterior deverá ser feita com a antecedência mínima de 20 dias em relação à data em que se tiver lugar a referida operação.

(...)

Todas as sociedades anónimas ou em comandita por acções, independentemente de estarem cotadas na bolsa, teriam de proceder às publicações legais.

O *Boletim Oficial de Cotações da Bolsa de Valores de Lisboa* deixou, de facto, de ser um «boletim de cotações da bolsa» para passar a ser um «boletim de sociedades anónimas ou em comandita por acções».

Apenas em homenagem a respeitável tradição manteve a sua designação anterior.

O *Decreto-Lei n.º 122/81, de 23 de Maio, veio alterar os Decretos-Leis n.ºˢ* 124/78, de 3 de Junho e 42/80, de 15 de Março, de modo a reportar ao *Boletim Oficial de Cotações da Bolsa do Porto* e ao *de Lisboa,* conforme os casos, as referências que, na versão inicial, eram feitas apenas ao segundo.

VII. As operações relativas a sociedades anónimas e que acima foram elencadas, passaram assim, por tudo isto, a estar sujeitas a publicação obrigatória nos *Boletins de Cotações*, ao abrigo de *dois regimes legais diferenciados:*

— o regime do Decreto-Lei n.º 8/74, de 14 de Janeiro, no tocante às sociedades com valores cotados na bolsa;
— o regime do Decreto-Lei n.º 42/80, de 15 de Março, no que diz respeito às restantes.

Na verdade, as operações sujeitas a publicação são *mais numerosas* no primeiro caso do que no segundo, conforme resulta do confronto entre o artigo 43.º/1 do Decreto-Lei n.º 8/74 e o artigo 1.º do Decreto-Lei n.º 42/80, ambos acima transcritos. O que não admira, uma vez que, dada a *diferença de situações*, os objectivos das publicações serão presumivelmente *diversos*.

Além disso, o regime era, nalguns pontos, *diferente*. Por exemplo, os documentos referentes a aumentos ou reduções de capital deviam ser remetidos, para publicação, à comissão directiva da bolsa, nos 30 dias posteriores ao da respectiva escritura, segundo o artigo 43.º/3 do Decreto-Lei n.º 8/74, enquanto, segundo o artigo 2.º do Decreto-Lei n.º 42/80, tal publicação deveria ter lugar «(...) com a antecedência mínima de 20 dias em relação à data em que tiver lugar a respectiva operação».

O legislador veio a reconhecer esta diversidade: fê-lo no preâmbulo do Decreto-lei n.º 162/85, de 13 de Maio, enquanto, no articulado desse diploma, veio alterar o artigo 2.º do Decreto-Lei n.º 42/80, de 15 de Março, justamente para, no tocante às publicações relativas a aumentos de reduções de capital, fazer coincidir os dois regimes.

4. O regime vigente perante o novo Código das Sociedades Comerciais

I. A recente aprovação de um novo Código das Sociedades Comerciais, seguida pela sua publicação e entrada em vigor, não terá passado sem reflexos no regime acima apontado das publicações nos boletins das cotações das bolsas. Colocam-se, nesse ponto, vários problemas.

Seja qual for a solução que para eles se preconize, julga-se que deve ser enfocado um ponto prévio: o da dificuldade da matéria. Na verdade, o legislador de 1986 não curou, de modo expresso, da temática das publicações obrigatórias nos boletins das cotações: não a revogou, não a confirmou nem a recebeu no seio do novo Código, que, supostamente, deveria compendiar todas as normas jurídicas relativas a sociedades comerciais. Por isso haverá que fazer apelo cuidado às regras que norteiam a *sucessão de leis no tempo* e às que determinam uma *aplicação concatenada* de todos os elementos da ordem jurídica.

II. Na solução do problema agora aberto cabe, segundo se julga desde logo, afastar duas soluções extremistas, de sinal contrário:

— a de que a anterior legislação sobre publicações nos boletins de cotações foi *totalmente revogada* pelo Código das Sociedades;

— a de que tal legislação ficou *perfeitamente incólume* após o aparecimento do diploma em questão.

Ela não pode ter ficado totalmente revogada. O Decreto-Lei n.º 262/86, de 2 de Setembro, diploma preambular que aprovou o novo Código das Sociedades Comerciais, contém uma fórmula revogatória bastante clara:

> Art. 3.º (Revogação do direito anterior). — 1 — É revogada toda a legislação relativa às matérias reguladas no Código das Sociedades Comerciais, designadamente:
> (...)
> 2 — As disposições do Código das Sociedades Comerciais não revogam os preceitos de lei que consagrem regimes especiais para certas sociedades.

Ora, o Código das Sociedades Comerciais não regulou, desde logo, a matéria das publicações nos boletins de cotações das bolsas; tão-pouco regulou a questão dos rendimentos para efeitos fiscais ou a da publicação de certos eventos societários para melhoria da eficácia das instituições bancárias. Assim, o Decreto-Lei n.º 8/74, de 14 de Janeiro, não foi, por certo, atingido; tão-pouco o foi a Portaria n.º 557/77, de 8 de Setembro, o Decreto-Lei n.º 124/78, de 3 de Junho, ou a Portaria n.º 365/79, de 25 de Junho: dispõem, respectivamente, sobre bolsas de valores, sobre fundos públicos, sobre rendimentos para tributação e sobre subscrições e vendas públicas de acções. Põe-se o problema, agora, do Decreto-Lei n.º 42/80, de 15 de Março. Este diploma, reportado embora às sociedades comerciais em geral, constitui, com os que o antecederam, uma unidade sistemática, com relevo valorativo. Diz, por exemplo, o seu preâmbulo:

> «Sendo conveniente alargar a publicação no *Boletim Oficial de Cotações* a outros factos ou documentos relativos às sociedades anónimas ou em comandita por acções com sede em Portugal, nomeadamente porque a sua inclusão numa publicação oficial conjuntamente com diversos elementos respeitantes às sociedades com valores cotados, que aí já são inseridos, permite uma divulgação adequada e em tempo, de modo a contribuir para a melhoria do mercado de valores mobiliários».

Digamos que, embora com âmbitos próprios, o Decreto-Lei n.º 42/80, de 15 de Março, recaiu sobre matéria já tratada pelos seus antecessores: Decreto-Lei n.º 8/74, Portaria n.º 557/77, Decreto-Lei n.º 124/78 e Portaria n.º 365/79. Tal matéria não foi regulada no Código das Sociedades Comerciais: logo, mantém-se em vigor.

Finalmente, o próprio legislador de 1986, prevenindo dúvidas, resolveu, pela positiva, determinar *o que não fora revogado*. Tal o papel do n.º 2, acima citado, do artigo 3.º do Decreto-Lei n.º 262/86, de 2 de Setembro. O Decreto-Lei n.º 42/80 consagra um *regime especial para certas sociedades*: as anónimas e as em comandita por acções não cotadas na bolsa. Está, desta forma, expressamente ressalvado pelo diploma preambular que aprovou o novo Código das Sociedades Comerciais.

III. Por outro lado, julga-se que a legislação sobre publicações obrigatórias nos boletins de cotações das bolsas não ficou indiferente à publicação do novo Código das Sociedades Comerciais.

Longamente preparado e estudado na fase pré-legislativa, o Código das Sociedades Comerciais compreende, em si, o essencial do regime aplicável às sociedades comerciais. Uniformizando soluções e adequando saídas, o novo diploma dá corpo a uma lógica global das Sociedades Comerciais compreende *regras nitidamente gerais,* que se aplicam directamente mesmo quando estejam em causa situações que, à partida, accionem normas previstas noutros diplomas.

Além disso, o Código das Sociedades Comerciais surge como um repositório de *princípios genéricos*, aplicáveis, a *título subsidiário*, na falta de outras normas expressas e antes de apelar ao Código Civil ([12]).

Finalmente, o Código das Sociedades Comerciais exprime uma *certa Ciência do Direito*, que, nas lacunas ou fora delas, constitui sempre o guia do intérprete-aplicador: em nome da *unidade da ordem jurídica*, é de esperar que na presença de um Código das Sociedades Comerciais toda a legislação extravagante venha a sofrer uma inflexão interpretativa.

([12]) Na verdade, o artigo 2.º do Código das Sociedades Comerciais manda recorrer, a título subsidiário, ao Código Comercial, «(...) no que não seja contrário (...) aos princípios gerais da presente lei (...)»; tanto basta para, em primeira linha, se dever atender a tais princípios.

Publicações obrigatórias

IV. Por tudo isto julga-se que o regime relativo às publicações obrigatórias nos boletins das cotações das bolsas de valores não foi revogado pelo novo Código das Sociedades Comerciais. No entanto, ele deve ser interpretado e aplicado à sua luz.

5. As consequências da não-publicação.

I. Determinado o quadro geral do Direito vigente, cabe ponderar quais as eventuais consequências emergentes da não-publicação de actos sujeitos a inserção obrigatória nos *boletins de cotações de bolsas de valores*.

Desde logo, parece menos curial vir defender-se que perante a não-publicação nos *boletins* de factos que lhe estejam sujeitos, as únicas sanções seriam as previstas nos diplomas que obrigam a tal publicação. Segundo o artigo 3.º do Decreto-Lei n.º 42/80, de 14 de Março:

> Os processos por infracção ao artigo 1.º obedecerão ao disposto nos artigos 96.º e 97.º do Decreto-Lei n.º 42 641, de 12 de Novembro de 1959, e legislação complementar, fixando-se a multa entre 1 000$ e 50 000$.

O artigo 3.º do Decreto-Lei n.º 124/78, de 3 de Junho, tinha um teor idêntico; por seu turno, o artigo 133.º/1 do Decreto-Lei n.º 8/74, de 14 de Janeiro, punia com multa de 1 000$ a 200 000$ a inobservância do artigo 43.º — a não publicação —, determinando o artigo 136.º/1 do mesmo diploma, entre outros aspectos, a aplicação, na instrução e julgamento das infracções puníveis, dos artigos 96.º e 97.º do Decreto-Lei n.º 42 641, de 12 Novembro de 1959.

Mas estas sanções não esgotam o alcance das violações à lei [13].

Está-se no domínio do Direito privado que *não tem um teor retributivo e punitivo*. Perante uma violação, a solução natural é o *dever de indemnizar* — quando haja um dano — ou a *invalidade* — quando tenha sido perpetrado um negócio contrário à lei. Não é necessário que nenhuma disposição o diga: *basta que da norma vio-*

---

[13] O próprio Decreto-Lei n.º 41 403, de 27 de Novembro de 1957, que o Decreto-Lei n.º 42 641 veio regulamentar, previa a hipótese de o Governo estabelecer sanções, *sem prejuízo de outras previstas na lei geral* — artigo 69.º. Embora desnecessária, esta disposição é significativa.

lada derivassem posições de interesse público ou situações jurídicas privadas legalmente tuteladas. Pense-se nas inúmeras normas que animam todo o Direito privado: *poucas têm sanções específicas porque todas envolvem, nos termos gerais, a dupla responsabilidade civil/ /invalidade, no caso de violação.*

II. Também se afigura menos recomendável a via de vir afirmar que, na inobservância das regras referentes a publicações obrigatórias nos *boletins das cotações,* se deveriam seguir sempre as *mesmas* sanções.

Como foi visto, a obrigação de efectuar certas publicações nos *boletins* em causa foi surgindo, em obediência às motivações mais diversas.

Assim:

— o núcleo inicial do artigo 43.º do Decreto-Lei n.º 8/74 visava o bom funcionamento da bolsa;
— a Portaria n.º 557/77 procurava dar a conhecer o resultado dos sorteios nela versados;
— o Decreto-Lei n.º 124/78 pretendia habilitar os bancos a cumprir certos deveres fiscais;
— a Portaria n.º 365/79 destinava-se a aperfeiçoar as subscrições e as ofertas públicas de venda;
— o Decreto-lei n.º 42/80 tendia a melhorar o mercado de valores mobiliários, tutelando quem nele se movimente;
— o Decreto-Lei n.º 23/87 assegurava a situação de quem pretendesse concorrer a subscrição pública ou a ofertas públicas de valores mobiliários ou a subscrições particulares de obrigações, títulos de participação ou outros títulos negociáveis da dívida.

Ora, parece normal e razoável, por exemplo:

— Que a não-publicação dos resultados dos sorteios previstos na Portaria n.º 124/78 permita a quantos tenham sido prejudicados pedir uma indemnização ao responsável — nada inquina o sorteio em si;
— Que a não-habilitação dos bancos com os rendimentos referidos no Decreto-lei n.º 124/78 dê azo a uma transgressão fiscal — nada atinge os rendimentos em si e ninguém é prejudicado, salvo o fisco, que tem leis próprias;

Publicações obrigatórias

119

— Que a não-publicitação dos rateios mencionados no Decreto-
-Lei n.º 42/80 invalide os actos subjacentes — foi perturbado o próprio mercado de capitais.

Haverá, pois, que, caso a caso, verificar quais as sanções correspondente às violações perpetradas: embora o meio seja idêntico — a
publicação nos *boletins* —, as normas em jogo são diferentes. Ora a
normas diferentes, sanções diferentes, consoante a medida da
diferença.

III. Finalmente, parece menos indicado tentar resolver a temática das publicações obrigatórias com recurso às regras da publicidade registal. O registo tem, na verdade, um conjunto de princípios
conhecidos e relativamente analisados, mesmo entre nós[14].
Compreende-se, por isso, a grande facilidade que representaria a possibilidade de transitar deles para a temática da não-publicação. Mas
os pontos de contacto existentes entre as duas situações não revelam
sempre uma grande analogia de situações: o registo traduz um tipo
de publicidade predial e estadual, que dá corpo a exteriorizações relativas a situações estáticas, que têm a ver com direitos reais; as publicações obrigatórias ligam-se a uma publicidade mobiliária e particular, que substancializa situações dinâmicas, de tipo obrigacional.

Sem que com isso se pretenda antecipar um regime que será
ponderado, pode adiantar-se que, na falta de registo, há uma situação preexistente por publicitar; na falta de publicação, há uma
comunicação por fazer. Sempre que se jogue uma situação relativa a
duas pessoas, a comunicação é constitutiva: tudo fica gorado na sua
ausência.

IV. Na determinação das consequências da não-publicação, nos
boletins de cotações das bolsas de valores, de actos que lhe estejam
sujeitos há que recorrer, na falta de preceito específico, às regras
gerais aplicáveis.

Dada a natureza da consulta, interessa, desde já, afastar as hipóteses em que a publicação tenha finalidades não jurídico-privadas;
assim, quando se trate de facilitar a cobrança de determinados

---

[14] Cf., p. ex., MENEZES CORDEIRO, *Direitos Reais*, 1 vol. (1979), 371 ss.,
Direitos Reais/Sumários (1984-85) 125 ss., e «Registo predial», *Enc. Pólis*, 5 (1987),
259-266.

impostos, a não-publicação irá abrir as vias de prevenção ou da infracção tributárias, que não estão aqui em causa.

Quando estejam em causa níveis de actuação privados, há que distinguir duas situações:

— A lei exige a publicação num *momento posterior à prática do acto;*
— a lei exige tal publicação *antes de concluído o acto.*

Quando a publicação deva seguir-se à prática do acto e não tenha lugar, há uma *ineficácia em sentido estrito:* o acto não produz todos os efeitos que deveriam ter lugar, *sendo, designadamente, inoponível a terceiros,* nos termos do artigo 168.º/1 do Código das Sociedades Comerciais e do artigo 14.º/2 do Código do Registo Comercial.

Quando a publicação deva anteceder a prática do acto e não tenha tido lugar, há uma *invalidade* na versão da *nulidade:* o acto não observou as formalidades legalmente prescritas para a sua prática, incorrendo na previsão do artigo 220.º do Código Civil[15]. Aliás, na dúvida, a invalidade assume, em Portugal, a forma da nulidade, como se infere dos artigos 280.º/1 e 294.º do Código Civil[16].

---

[15] A doutrina distingue entre a forma dos negócios e as formalidades que os devem acompanhar. Cf. MENEZES CORDEIRO, *Teoria Geral do Direito Civil,* 2.º vol. (1986/87), 150. Em certos casos, a omissão de formalidades pode dar lugar a outros efeitos diversos, desde que prescritos na lei. Assim sucede no caso da não-certificação, pelo notário, da existência de licença de construção ou de habitação, nos termos do artigo 410.º/3 do Código Civil, na redacção dada pelo Decreto-Lei n.º 379/86, de 11 de Novembro.

[16] Ou seja: no Direito português, e ao contrário do que sucede noutras ordens jurídicas, as situações de anulabilidade ou de ineficácia jurídica em sentido estrito só se consubstanciam quando uma lei expressa o prescreva; na sua falta, cai-se na nulidade.

Note-se que no Direito anterior, o regime já era este, embora, na falta de disposições legais que determinassem meras ineficácias, se caísse no domínio mais radical da nulidade (na época também dita inexistência). Cf. JOSÉ TAVARES, *Sociedades e Empresas Comerciais,* 2.ª ed., (1924): «(...) em face do art. 107.º, tão inexistente é a sociedade cuja constituição não consta de documento escrito nos termos da lei como aquela cujo título constitutivo não foi registado e publicado devidamente.»

III — O AUMENTO DE CAPITAL POR SUBSCRIÇÃO DE NOVAS ACÇÕES

6. Regime geral e publicações obrigatórias.

I. Numa aproximação crescente ao objecto deste estudo, cabe agora ponderar as regras aplicáveis às hipóteses de aumentos de capital por subscrição de novas acções.

Nos termos acima apurados, o regime geral de tal operação será o seguinte:

— deliberação de aumento;
— subscrição;
— escritura de aumento ou aumento propriamente dito.

Quando se esteja perante uma sociedade anónima sujeita ao regime supletivo legal, pode-se completar o quadro assim traçado:

— deliberação de aumento de capital, nos termos do artigo 456.º do Código das Sociedades Comerciais;
— anúncio do prazo e demais condições de exercício do direito de subscrição pelos accionistas, dada a preferência que lhe assiste — artigo 459.º/1 do mesmo diploma;
— subscrição, pelos accionistas interessados, de um número de acções proporcional àquelas de que for titular na data da deliberação de aumento de capital ou de um número inferior a esse, se assim o houver desejado — *idem*, artigo 458.º/2, *a*);
— subscrição pelos accionistas de um número de acções superior ao referido, quando o hajam solicitado e isso resulte de um ou mais rateios excedentários — *idem*, artigo 458.º/2, *b*);
— escritura de aumento e registo.

II. O Código das Sociedades Comerciais determina, como se vê, o anúncio do direito de subscrição pelos accionistas — artigo 459.º/1. O artigo 167.º/1 do mesmo diploma prevê como local geral para publicações o *Diário da República*.

Simplesmente, o Código das Sociedades Comerciais não é o único diploma aplicável no caso de aumento de capital. Há, neste ponto, que jogar também, nomeadamente, com o Decreto-Lei n.º

42/80 e com as publicações obrigatórias nos *Boletins das Cotações das Bolsas de Valores.*

Segundo o artigo 1.º, *a*), do referido Decreto-Lei n.º 42/80, na redacção dada pelo Decreto-Lei n.º 122/81, de 23 de Maio, deve ser dada publicidade, pelo menos no *Boletim Oficial de Cotações* de uma das bolsas de valores, aos aumentos de capital social. Trata-se do aumento propriamente dito, que ocorre apenas como a derradeira fase do processo acima descrito. A redacção actual do artigo 2.º do Decreto-Lei n.º 42/80, dada pelo Decreto-Lei n.º 162/85, de 13 de Maio, não deixa, nesse ponto, margem para dúvidas; diz ele:

> 1 — A publicação a que se refere a alínea *a*) do artigo anterior deverá ser feita nos 30 dias posteriores *ao* da celebração da correspondente escritura.

A escritura de aumento de capital deve, assim, ser publicada num dos *Boletins de Cotações.*

III. O artigo 1.º, *c*), do Decreto-Lei n.º 42/80 vai, no entanto, mais longe: ele obriga à publicidade, num dos *Boletins* em causa, dos

> (...)
> *c*) Resultados dos rateios e datas de pagamento das prestações de subscrição de títulos;
> (...)

Este preceito coloca problemas de certo melindre interpretativo. Cabe, por isso, examiná-los com algum cuidado.

7. Os «resultados dos rateios».

I. O artigo 1.º, *c*), do Decreto-Lei n.º 42/80, de 15 de Março, acima transcrito, apresenta anomalias evidentes, quando sujeito a mera interpretação literal. Basta atentar na redacção dada ao artigo 2.º do mesmo Decreto-Lei n.º 42/80 pelo Decreto-Lei n.º 162/85, de 13 de Maio:

> 2 — A publicação a que se referem as alíneas *b*) a *e*) deverá ser feita com a antecedência mínima de 20 dias em relação à data em que tiver lugar a respectiva operação.

Ou seja: em termos literais, os resultados dos rateios deveriam ser publicados, no mínimo, 20 dias antes de ocorrerem. Apenas haveria publicidade quando tais resultados fossem previsíveis e com essa antecedência; nos outros casos, *impossibilia nulla est obligatio*. Ora, justamente quando o resultado do rateio seja previsível, menos se justifica a sua publicação.

Sob pena de total desadequação valorativa, há, pois, que abandonar quaisquer linhas argumentativas assentes apenas na letra da lei e procurar mais fundo qual o sentido da mensagem normativa.

II. O Decreto-Lei n.º 42/80, de 15 de Março, visou dar publicidade a certos factos da vida societária que se prendem com o mercado de mobiliários. Trata-se de um elemento teleológico relevante na fixação do sentido da lei.

O resultado de um rateio — sendo, para mais, previsível e com 20 dias de antecedência — não tem grande interesse, tanto mais que a lei não dá publicidade à titularidade das acções, sobretudo quando sejam ao portador. A pessoa que concorra a uma subscrição em termos de depois se vir a encontrar num rateio, estabelece logo uma ligação privilegiada com a sociedade que depois lhe facilitaria o conhecimento directo do resultado do rateio.

O legislador foi, por certo, mais longe: ao pretender publicitar *urbi et orbi* o resultado de um rateio, *ele partiu do princípio de que o próprio rateio havia sido anunciado*.

Havendo um rateio com certas características, poderá ser possível prever os seus resultados com 20 dias de antecedência. Mas a ocorrência de um rateio, em si, não é previsível, a não ser perante os dados de uma subscrição. Ou seja: *anunciar um rateio é, no fundo, anunciar uma subscrição que não esteja predeterminada*.

O anúncio dos resultados de um rateio é menos importante do que o da subscrição antecedente; logo, a lei que obrigue à publicidade dos resultados é mais rigorosa do que a que se atenha à da subscrição. Pode, pois, na base de um *argumentum a fortiori*, apresentar-se a seguinte conclusão:

— ao obrigar à publicação, com 20 dias de antecedência, dos resultados de um rateio, a lei obriga, automaticamente, à publicação da realização das subscrições que lhe venham a dar lugar, com igual antecedência.

III. A redacção deficiente do artigo 1.º do Decreto-Lei n.º 42/80 tem uma explicação histórica que importa conhecer e que permitirá confirmar as asserções acima produzidas.

O artigo 43.º/1 do *Decreto-Lei n.º 8/74, de 14 de Janeiro*, visava dinamizar as bolsas de valores. Por isso, quando mandava publicitar os aumentos ou reduções de capital, os resultados dos rateios e as datas de pagamento das prestações de subscrição de títulos da mesma natureza dos que se encontrarem cotados, ele tinha em vista *os reflexos que essas informações poderiam ter nas cotações.*

A evolução posterior, transformando, como foi visto, os *boletins de cotações das bolsas* em *boletins das sociedades anónimas* — embora sem lhes mudar o nome tradicional —, deu outro sentido às publicações nele realizadas: *elas visavam levar ao conhecimento dos interessados a mera ocorrência dos factos em jogo, para que estes pudessem proceder em consequência.*

No domínio do Decreto-Lei n.º 8/74, de 14 de Janeiro, a interpretação das diversas alíneas do artigo 43.º/1 seguia um *rumo próprio*. Na verdade, há que ter bem presente que ele se reportava sempre a sociedades com acções cotadas. Ora, para que se desse tal cotação, era necessário proceder, em momento prévio, a um requerimento dirigido à comissão directiva, instruído com larga lista de elementos, elencados no artigo 39.º/2, alíneas *a)* a *g)*, do Decreto-Lei n.º 8/74. Além disso, sendo os títulos admitidos à cotação, deveria a sociedade eminente, no prazo de 30 dias, colocar à disposição do público um prospecto com as mais variadas informações sobre o seu capital e o seu funcionamento, de acordo com o artigo 39.º/4, *a)* a *m)*.

Ou seja: *perante o Decreto-Lei n.º 8/74, de 14 de Janeiro, quando se tratasse de interpretar as suas alíneas, havia que contar com o facto de muitos outros elementos relevantes e com elas conexos já haverem sido publicitados na bolsa.*

IV. Deve ainda chamar-se a atenção para o facto de as acções resultantes de aumentos de capital deverem, perante o Decreto-Lei n.º 8/74, ser admitidas à cotação, de forma autónoma. Assim, segundo o artigo 38.º desse diploma:

> As sociedades que tenham as suas acções admitidas à cotação numa bolsa nacional deverão requerer, no prazo máximo de 180 dias a contar da data da integral libertação dos títulos respectivos, a admissão à cotação, nessa bolsa, das acções emitidas por virtude de aumento de capital.

Perante estas novas acções, haveria, pois, que retomar todas as medidas de publicidade enumeradas nos artigos 39.º/2 e 39.º/4 do Decreto-Lei n.º 8/74, acima aludidos.

E quando, em todo o processo, o caso fosse de subscrição pública ou de oferta pública de venda, haveria que seguir o procedimento publicitário regulado na Portaria n.º 365/79, de 25 de Julho.

V. A transformação dos *boletins das cotações em boletins das sociedades anónimas* aproveitou, em parte, as estruturas normativas preexistentes, pensadas para a realidade da bolsa. Mas as distorções eram inevitáveis.

Assim, no Decreto-Lei n.º 42/80, o legislador aproveitou, de modo patente, a enumeração feita pelo artigo 43.º do Decreto-Lei n.º 8/74. Não atentou, contudo, no facto de este preceito ter um enquadramento e um objectivo que não possibilitava, sem esterótipos, uma mera transposição.

Deste modo:

No Decreto-Lei n.º 8/74 compreende-se que o aumento de capital antecedesse o rateio — artigo 43.º/1, alíneas *a* e *c*), respectivamente —, uma vez que ambas as operações poderiam ter reflexos — ainda que indirectos — nas cotações da bolsa, sem directamente terem algo a ver com as acções teriam de ser objecto de um processo autónomo de admissão à cotação — artigo 38.º —, que, esse, sim, daria todas as garantias de publicidade; também, no caso de subscrição pública haveria que seguir um processo adequado, tratado noutro local; ora, numa óptica puramente bolsista, o aumento de capital é mais importante do que o rateio, compreendendo-se que o anteceda, ainda quando a ordem cronológica seja inversa;

No Decreto-Lei n.º 42/80 a ordem ficou invertida: não se tratando de dar publicidade em dimensão bolsista, mas antes de divulgar certas vicissitudes societárias, o legislador deveria ter colocado o aumento de capital apenas depois das diversas operações de subscrição, entre as quais o rateio.

Ou ainda:

No Decreto-Lei n.º 8/74 compreende-se a referência desgarrada a «rateios», uma vez que as diversas operações que os antecedem ou rodeiam tinham uma publicidade assegurada por outras vias;

No Decreto-Lei n.º 42/80 essa mesma referência fica, na forma, isolada: surge desacompanhada da exigência de publicidade dos factos que antecedem o «rateio».

VI. Aquando da interpretação, há que reconstituir a lógica do espírito legislativo. *Mandar publicar o resultado dos rateios equivale a mandar publicar a própria concorrência das subscrições,* quando ela não se mostre assegurada noutros locais desse diploma.

A alternativa possível seria a de considerar o artigo 1.º/c) do Decreto-Lei n.º 42/80 sem qualquer conteúdo normativo útil. Pelos ditames da interpretação, sabe-se que tudo deve ser feito para evitar tal saída.

8. As «datas de pagamento das prestações de subscrição de títulos»

I. A segunda parte do artigo 1.º do Decreto-Lei n.º 42/80, que manda publicar nalguns dos *Boletins Oficiais de Cotação das Bolsas de Valores* as datas de pagamento das prestações de subscrição de títulos, tão-pouco pode ser interpretada em meros termos gramaticais.

Importa, desde logo, evitar uma interpretação restrita do preceito: a de que a publicação dessas datas de pagamento se destinaria apenas a avisar o próprio devedor para que cumprisse o seu débito. O caso é outro.

II. No Decreto-Lei n.º 4/74, o artigo 43.º/1, *d*), tinha a seguinte redacção:

> *d)* Resultados dos rateios e datas de pagamento das prestações de subscrição de títulos da mesma natureza dos que se encontram cotados;

Ora, em princípio, os títulos cotados estão liberados. Pode, no entanto, suceder que, havendo aumento de capital com nova emissão de acções, estas não se encontrem ainda liberadas; nos termos do artigo 38.º do Decreto-lei n.º 4/74:

> As sociedades que tenham as suas acções admitidas à cotação numa bolsa nacional deverão requerer, no prazo máximo de 180 dias a contar da data da integral liberação

dos títulos respectivos, a admissão à cotação, nessa mesma bolsa, das acções emitidas por virtude de aumentos de capital.

Haverá então, lado a lado, acções cotadas (liberadas) e acções não cotadas e não liberadas. *Quando isso suceda, a data da liberação tem o maior interesse, para efeitos de cotação na bolsa*: todo o valor da sociedade pode depender disso. Esta mesma ideia permite entender a surpreendente inserção sistemática do preceito: após o aumento de capital e o próprio rateio.

III. Uma vez transposto para o Decreto-Lei n.º 42/80, o preceito em estudo teria de ganhar um sentido bem diferente. Tanto assim que mesmo o legislador não deixou — ao contrário do ocorrido nas restantes alíneas — de adaptar a própria redacção do preceito: o artigo 1.º, *c*), do diploma em causa refere simplesmente,

c) Resultados dos rateios e datas de pagamento das prestações de subscrição de títulos;

Foi, pois, suprimido, depois de «títulos», a locução «(...) da mesma natureza dos que se encontrem cotados».

A publicação geral — agora independente de quaisquer cotações — das datas de pagamento das prestações de subscrição de títulos — e logo da existência de acções não liberadas, com o horizonte em que tal não-liberação se vai manter — satisfaz numerosos interesses:

— *do público em geral*, que, deste modo, tem uma ideia mais clara do valor e da situação da sociedade considerada;
— *dos credores da sociedade*, que, por essa via, ficarão em condições de exercer os direitos que lhes atribui o artigo 30.º do Código das Sociedades Comerciais e, designadamente:

— exercer os direitos da sociedade relativos às entradas não realizadas, a partir do momento em que se tornem exigíveis;
— promover judicialmente as entradas antes de estas se terem tornado exigíveis, nos termos do contrato, desde que isso seja necessário para a conservação ou satisfação dos seus direitos.

128
Bolsa

— *dos adquirentes de acções não liberadas,* que são solidariamente responsáveis com os alienantes pelo valor em dívida —
artigo 286.º/1 do Código das Sociedades Comerciais[17];
— *da própria sociedade,* que pode, por via de anúncio, interpe-
lar os devedores de entradas — artigo 285.º/2 e 3 do mesmo
diploma;
— *dos devedores,* que podem assim conhecer atempadamente
os seus deveres, programando o seu cumprimento.

O artigo 1.º, alínea *c),* do Decreto-Lei n.º 42/80 apresenta-se,
assim, como uma norma razoável e sadia: não se vislumbram razões
para a desvalorizar ou para incentivar ao seu incumprimento.

IV. As datas de pagamento de prestações de subscrição de títulos podem ser fixadas pelo contrato de sociedade. Mas dentro de
certos limites:

— nas entradas em dinheiro só pode ser diferida a realização de
70% do valor nominal das acções — artigo 277.º/2 do
Código das Sociedades Comerciais;
— o diferimento não pode ir além de cinco anos — *idem,*
285.º/.1.

*Quer isto dizer que pelo menos uma prestação de 30% da subs-
crição de títulos terá de coincidir com a própria subscrição.*

*Ao mandar anunciar, com a antecedência mínima de 20 dias, a
data de pagamento das prestações de subscrição de títulos*[18]*, o
legislador mandou anunciar, com essa mesma antecedência, a própria subscrição:* ela coincide, necessariamente, com a prestação
inicial.

Tudo isso, repita-se, no interesse do público, dos credores da
sociedade, dos adquirentes das acções, da sociedade e dos devedores.
E pode-se agora acrescentar: *no interesse também dos interessados
em subscrições.*

---

[17] Trata-se de um regime já vigente no Direito anterior; cf. FERRER COR-
REIA, *Lições de Direito Comercial,* II — *Sociedades Comerciais* (1968), 245.
[18] Cf. o artigo 2.º/2 do Decreto-Lei n.º 42/80, de 15 de Março, na redacção
que lhe foi dada pelo Decreto-Lei n.º 162/85, de 13 de Maio.

9. A comunicação ao preferente.

I. Quando ocorra um aumento de capital por entradas em dinheiro, as pessoas que à data da deliberação competente forem accionistas podem subscrever as novas acções com preferência relativamente aos não-accionistas — artigo 458.º/1 do Código das Sociedades Comerciais. Institui-se, assim, um direito de preferência.

Segundo o artigo 459.º/1 do mesmo diploma, e como modo de dar corpo a essa preferência, os accionistas devem ser avisados, por anúncios, do prazo e demais condições de exercício do direito de subscrição ([19]).

Bem se compreende o preceito: os accionistas interessados podem não ter tomado parte na deliberação de aumento de capital; há pois, que levar ao seu conhecimento a própria existência de preferência e os termos do seu exercício.

II. Retoma-se agora a questão, já aflorada, da execução desse anúncio. O artigo 167.º/2 do Código das Sociedades Comerciais dispõe sobre o modo de efectivação de anúncios. Trata-se, como é patente, de uma *disposição geral, que poderá ser afastada por preceitos especiais. E, designadamente: quando legislação especial, aplicável às sociedades anónimas ou em comandita por acções, mande efectivar noutro local os anúncios relativos aos aumentos de capital, o preceito geral vê satisfeitos os seus objectivos, devendo ceder na sua aplicação.*

Pode, naturalmente e por razões de uniformidade, defender-se uma tese de dupla publicação: os anúncios relativos a subscrições de sociedades anónimas deveriam surgir nalgum dos boletins de cotações das bolsas, nos termos do Decreto-Lei n.º 42/80, e no Diário da República, por via do Código das Sociedades Comerciais.

([19]) Quanto a este dispositivo e à 2.ª Directiva da CEE que lhe subjaz, cf. Raúl Ventura, *Alterações do Contrato da Sociedade* (1986), 197 ss. O texto da directiva em causa pode ser confrontado em Marcus Lutter, *Europäisches Gesellschaftsrecht*, 2.ª ed. (1984), 95 ss.; cf., ainda G. Ferri, *Manuale di Diritto Commerciale*, 5.ª ed. cit., 312. Quanto à preferência dos accionistas, v. Enrico Mango, «Opzione (diritto di) (nelle società per azioni)», *Appendice* ao *Novissimo Digesto Italiano*, vol. V (1986), 523-527, e Gastone Cottino, *Diritto Commerciale* 1 vol. (1976), 602 ss..

A questão não vai ser aqui dilucidada, ainda que, dado o complexo cenário legal vigente, pareça de boa gestão proceder às duas publicações.

O que se pergunta tem uma formulação inversa: poderá o preferente retardatário prevalecer-se da não-publicação nos boletins de cotações?

III. Como foi visto, a publicação da realização de subscrições nos boletins de cotações é obrigatória. Não tendo lugar, qualquer terceiro interessado pode alegar a ineficácia dos actos antecedentes e a invalidade dos subsequentes.

Ora, seria disfuncional que a posição do preferente ficasse *pior* salvaguardada do que a do terceiro estranho. Sem necessidade de maiores desenvolvimentos, *quando um terceiro estranho possa alegar a não-publicação nalgum dos boletins, para daí tirar os efeitos que entender, por maioria de razão poderá fazê-lo o preferente.*

Noutros termos: numa situação jurídica de preferência, em que existam *várias publicações obrigatórias,* a comunicação ao preferente exige o *acatamento de todas elas.* E isso muito simplesmente porque o artigo 459.º/1 do Código das Sociedades Comerciais, ao exigir um anúncio aos preferentes, está a impor pelo menos tanto quanto impõe para o anúncio ao comum terceiro.

Para além da lógica formal acima exposta, esta solução é requerida por valores consideráveis em jogo: *na presença de uma publicação obrigatória, o interessado em preferir ficará sossegado quando, consultando-a regularmente, nela não veja anunciada a situação relevante em jogo.* A isso acresce que a gestão das acções é hoje feita por departamentos bancários especializados, que se mantêm informados através da leitura dos *boletins de cotações das bolsas:* por essa razão, aliás, a lei procedeu ao alargamento, já examinado, do seu âmbito. Ao omitir a publicação nalgum dos *boletins,* a operação irá passar despercebida nos departamentos em causa.

10. Conclusões:

I. O exposto permite apresentar as seguintes conclusões:

Quanto às noções básicas:

1 — A subscrição de acções é um acto jurídico pelo qual uma pessoa manifesta a intenção de aceitar a titularidade de determinadas acções, com todos os deveres daí advenientes e, designadamente, o de realizar o seu valor.

2 — A subscrição de acções e as ulteriores operações de realização do capital da sociedade têm o maior relevo para a comunidade jurídica e, designadamente, para quantos entrem em contacto com ela; a lei estabelece assim, para elas, uma cuidada publicidade.

3 — O aumento de capital e a subscrição de novas acções que o tenham em vista não constituem meras questões internas da sociedade: antes relevam *erga omnes*, sendo por isso objecto de particular publicidade, assegurada por lei.

Quanto à evolução geral dos boletins de cotações das bolsas:

4 — O Decreto-Lei n.º 8/74, de 14 de Janeiro, veio definir a organização e o funcionamento das bolsas de valores; a esse propósito impôs às sociedades com acções cotadas na bolsa a publicação de determinados eventos sociais.

5 — A evolução legislativa posterior processou-se no sentido de, através de múltiplos diplomas legais, se vir, progressivamente, a obrigar à publicação nos boletins de cotações das bolsas factos que com a bolsa já nada tinham a ver; no limite, e conservando embora a sua designação de *boletins de cotações das bolsas*, as publicações em causa transformaram-se, de facto, em *boletins das sociedades anónimas*.

6 — A essa luz há que entender o Decreto-Lei n.º 42/80, de 15 de Março, com alterações posteriores, que obriga as sociedades não cotadas na bolsa às publicações nele elencadas.

Quanto ao regime das publicações obrigatórias nos boletins de cotações das bolsas:

7 — As publicações obrigatórias nos boletins de cotações das bolsas sobreviveram ao aparecimento do Código das Sociedades

Comerciais: trata-se de matéria que ele não regula — artigo 3.º/1 do Decreto-Lei n.º 262/86 — e analisa-se em preceitos que consagram um regime especial para certas sociedades, ficando assim expressamente ressalvados pelo artigo 3.º/2 do mesmo diploma preambular.

8 — Não obstante, essas mesmas publicações sofreram o influxo do novo diploma, designadamente naqueles aspectos do seu regime que, como o das consequências privadas da não-publicação, não tenham outra sede legal.

Quanto às consequências da não-publicação:

9 — As sanções cominadas nos casos de não-publicação, quando ela fosse obrigatória, variam em função da natureza da norma em jogo: a publicação de dividendos com fins fiscais não tem, quando violada, as mesmas consequências da de subscrições, que visam terceiros.

10 — Não têm aqui aplicação as regras de registo: a diversidade de situações e a variedade dos normativos em jogo a isso se opõem.

11 — Quando a lei exija determinada publicação em momento posterior à prática do acto e ela não tenha lugar há ineficácia em sentido estrito: o acto não produz todos os efeitos que deveriam ter lugar, sendo, designadamente, inoponível a terceiros, nos termos do artigo 168.º/2 do Código das Sociedades Comerciais.

12 — Quando a lei exija tal publicação antes da prática do acto e ela não tenha lugar, há invalidade na forma, em princípio, da nulidade: não foram observadas formalidades, caindo-se na alçada do artigo 220.º do Código Civil.

Quanto ao aumento de capital por subscrição de novas acções:

13 — A escritura de aumento de capital deve ser publicada num dos *boletins de cotações das bolsas de valores*, no prazo de 30 dias da sua celebração, segundo os artigos 1.º, *a*), e 2.º/1 do Decreto-Lei n.º 42/80, de 15 de Março, nas redações dadas, respectivamente, pelos Decretos-Leis n.ºˢ 122/81, de 23 de Maio, e 162/85, de 13 de Maio.

14 — Os resultados dos rateios e as datas de pagamentos das prestações de subscrição de títulos devem ser publicadas com a antecedência mínima de 20 dias em relação à data em que tiver lugar a respectiva operação, segundo os artigos 1.º, *c*), e 2.º/2 do Decreto-Lei n.º 42/85, acima referidos.

Publicações obrigatórias 133

15 — Publicar com 20 dias de antecedência o resultado de um rateio obriga, por imperativo lógico, a publicar a ocorrência da própria subscrição donde o rateio em causa poderá emergir; a redacção formal do preceito em jogo explica-se pela evolução histórica que lhe subjaz e que confirma esse sentido.

16 — Dos pagamentos das prestações de subscrição de títulos, o primeiro tem lugar, por lei, necessariamente aquando da subscrição; logo ao obrigar a anunciar todos os pagamentos com a antecedência de 20 dias, a lei obriga a anunciar a própria subscrição.

17 — Estes anúncios visam satisfazer os interesses do público em geral, dos credores da sociedade, dos adquirentes de acções não liberadas, da própria sociedade e dos seus sócios, dos subscritores e dos que pretendem sê-lo.

Quanto à comunicação ao preferentes:

18 — O artigo 459.º/1 obriga, no caso de emissão de novas acções, a fazer anúncios destinados a informar os accionistas da ocorrência: eles poderão, assim, exercer um direito de preferência na subscrição.

19 — Tais anúncios nunca poderão ser de menor intensidade do que os exigidos para informar o público comum: o accionista preferente tem uma posição mais valorada do que a do comum terceiro.

20 — Assim, o anúncio ao preferente nunca se mostrará satisfeito enquanto não tenham sido acatados todos os deveres de publicação legal.

IV — DA PREFERÊNCIA DOS ACCIONISTAS NA SUBSCRIÇÃO DE NOVAS ACÇÕES: EXCLUSÃO E VIOLAÇÃO *

1. A subscrição de acções

I. A *subscrição de acções* é um acto jurídico pelo qual uma pessoa *manifesta a intenção* de aceitar a titularidade de determinadas acções, com todos os deveres daí derivados e, designadamente, o de realizar o seu valor.

A subscrição constitui uma das fases do processo tendente à constituição duma sociedade anónima ou à concretização da alteração duma sociedade pré-existente, por aumento do capital([1]). Este aspecto, que não tem sido devidamente enfocado na literatura portuguesa mais recente, tem reflexos importantes, que devem ser postos em claro.

No Direito privado, há *processo* ou *sequência processual* quando diversos actos jurídicos se encadeiem de modo a proporcionar um objectivo final. Quando vários actos se encontrem reunidos numa sequência processual, eles têm todos um fim comum, de que

---

* Publicado na *Revista da Ordem dos Advogados* (1990).

([1]) O processo de formação duma sociedade anónima, em cujo decurso ocorre o fenómeno da subscrição, pode ser confrontado nos diversos ordenamentos; assim: na Alemanha, KLAUS J. HOPT/GÜNTHER HEHL, *Gesellschaftsrecht,* 3.ª ed. (1987). 205 ss. na Áustria, WALTHER KASTNER/PETER DORALT, *Grundriss des österreichischen Gesellschaftsrechts,* 4.ª ed. (1983), 154 ss.; em Espanha, FRANCISCO VINCENT CHULLÁ, *Compêndio crítico de derecho mercantil,* 1.º vol. (1986), 413 ss. em Itália, ORESTE CAGNASSO, *Società per azioni,* NssDI/*Appendice,* vol. VII (1987), 293-306 (296 ss.); e na Suíça ARTUR MEIER HAYOZ/PETER FORSTMOSER, *Grundriss des schweizerischen Gesellschaftsrechts,* 3.ª ed. (1978), 245 ss.. Outra bibliografia referente aos diversos países pode ser confrontada em MENEZES CORDEIRO, *Das publicações obrigatórias nos boletins de cotações das bolsas de valores: aspectos do regime do aumento de capital das sociedades anónimas por subscrição de novas acções,* em O Direito 120 (1988), 341-370 (341-342).

são meros instrumentos. Resultam daí algumas conhecidas especificidades de regime:

— os actos integrados na sequência devem ser interpretados e valorados à luz do todo de onde promanem;
— as invalidades que, proventura, ocorram, podem ser reparadas antes de encerrada a sequência e de modo a assegurar que o objectivo é obtido sem perturbações ([2]).

II. A subscrição de acções integra-se, pois, num processo mais vasto. Tratando-se da subscrição originada por aumento de capital por emissão de novas acções ([3]), é possível analisar tal processo nos seguintes actos:

— *a deliberação de aumento do capital*: trata-se duma deliberação em sentido técnico, tomada pelo órgão estatutariamente competente — *vide* o artigo 456.º/1 do CSC — e que corresponde à formação da vontade social de tal aumento; essa deliberação deve ser acompanhada por vários elementos, nos termos do artigo 87.º do mesmo CSC;
— *anúncio do prazo e demais condições de exercício do direito de subscrição pelos accionistas*, o qual deve ser feito no *Diário da República* e no *Boletim Oficial de Cotações* duma das bolsas de valores;
— *anúncio de idêntica operação pelos não-accionistas*, quando haja subscrição pública;
— *subscrição;*
— *realização das acções subscritas*, a qual pode ser parcial — cf. artigo 277.º do CSC;
— *escritura pública do aumento;*
— *o registo;*
— *as publicações obrigatórias;*
— *a emissão dos títulos.*

([2]) A aplicação da ideia de processo à formação do contrato pode ser confrontada em MENEZES CORDEIRO, *Teoria Geral do Direito Civil*, 2.ª ed. (1987/88), 564 ss..

([3]) Tratando-se duma subscrição destinada à constituição duma sociedade, seria necessário lidar, ainda, com outros actos como sejam, depois da subscrição, a convocação da assembleia constitutiva e a sua deliberação — artigo 281.º do CSC.

III. A consideração do processo acima enunciado permite efectuar algumas precisões, prevenindo equívocos.

Assim, a *subscrição de acções não se confunde com a sua aquisição*. A aquisição pode ser, nos termos gerais, originária ou derivada. Neste último caso, há transmissão de acções já subscritas, pelo que o tema não tem, agora, relevância. No primeiro, *a aquisição da acção dá-se, apenas, ou com a constituição da sociedade ou com o aumento do capital dependentes da escritura pública*. Vale a pena insistir: ninguém adquire uma acção por a subscrever; tal aquisição ocorrerá, apenas, eventualmente, com o termo do processo.

Pela mesma ordem de ideias *ninguém, por subscrever uma acção, se torna sócio*. Essa qualidade depende sempre seja da efectiva contituição da sociedade, seja da outorga do aumento de capital. O artigo 88.º do CSC — se necessário fosse — não deixa dúvidas quanto a esse ponto:

> «Para todos os efeitos internos, o capital considera-se aumentado e as participações consideram-se constituídas a partir da celebração da escritura pública».

E, inversamente, ninguém, *por não subscrever uma acção*, perde ou desperdiça qualquer posição societária: isso apenas sucederá com a escritura, se lá se chegar.

Em termos técnicos, a subscrição duma acção coloca o subscritor numa situação de sujeição: na de, prosseguindo com êxito o processo, ele se tornar titular da acção, com as vantagens e os deveres a isso inerentes — *maxime*, o dever de realizar o capital subscrito.

IV. A subscrição de acções pode ser objecto de várias classificações. Assim, ela pode ser *pública* ou *particular*([4]), consoante ela possa ser realizada por qualquer pessoa interessada — portanto, pelo público em geral — ou, apenas, por certas pessoas, predeterminadas ou predetermináveis. A *subscrição particular*, por seu turno, é *simples, reservada a sócios* ou *reservada a obrigacionistas*, consoante o círculo de pessoas que ela venha atingir.

Modalidade de subscrição já autonomizada, de modo expresso, nalgumas legislações é a *reservada aos trabalhadores de empresa*. O Direito português permite documentar esta modalidade nalguns esta-

---

([4]) Cf. o artigo 279.º/4 do CSC.

tutos e outros instrumentos relativos à subscrição de capital —*vide* o caso recente da UNICER — numa posição a que não é estranho o CSC; recorde-se que este, no seu artigo 64.º, autonomiza os *interesses dos trabalhadores*, ao lado dos da sociedade e dos sócios, determinando aos gerentes, administradores ou directores um dever de os observar.

2. A denominada preferência dos accionistas

I. O artigo 458.º/1 do Código das Sociedades Comerciais estabelece o denominado direito de preferência dos accionistas. E fá-lo nos seguintes e precisos termos:

> Em cada aumento de capital por entradas em dinheiro, as pessoas que, à data da deliberação de aumento de capital, forem accionistas podem subscrever as novas acções, com preferência relativamente a quem não for accionista.

Este preceito foi reconhecidamente introduzido por exigência da 2.ª Directriz do Conselho da CEE[5], cujo artigo 29.º/1 dispõe[6]:

> Em todos os aumentos do capital subscrito por entradas em dinheiro, as acções devem ser oferecidas com preferência aos accionistas, proporcionalmente à parte do capital representada pelas suas acções.

No Direito português anterior havia dúvidas quanto à existência de tal preferência[7]. A prática, contudo, mostrava que as partes solucionavam o problema inserindo a preferência nos estatutos das diversas sociedades anónimas. Esclareça-se, ainda, que o artigo 29.º/1 da 2.ª Directriz, acima referido, se ficou a dever a considerações doutrinárias que já haviam logrado êxito em diversas legislações

---

[5] Assim, RAÚL VENTURA, *Alterações do contrato de sociedade*, (1986), 172.

[6] O texto pode ser confrontado, ainda, em MARCUS LUTTER, *Europäisches Gesellschaftsrecht*, 2.ª ed. (1984), 95 ss.. Cf., também, G. FERRI, *Manuale di diritto commerciale* 5.ª ed. (1983), 312.

[7] Cf. a bibliografia citada, a tal propósito, em RAÚL VENTURA, *Alterações do contrato de sociedade* cit., 197, onde se referem escritos de J.G. PINTO COELHO, FERNANDO OLAVO, CAVALEIRO DE FERREIRA, FERRER CORREIA, FERRER CORREIA/ANTÓNIO CAEIRO e AMÂNDIO D'AZEVEDO.

Preferência dos accionistas 139

comunitárias, com relevo para a italiana[8] e para a alemã[9], cujo apuro técnico justifica a sua conhecida influência entre nós.

II. O referido direito de preferência dos accionistas tem sido justificado, nas diversas doutrinas, com recurso a duas ordens de razões[10]:

— o interesse dos sócios na conservação do peso relativo de que disfrutavam desde o início;
— a manutenção, na esfera da sociedade de (eventuais) mais-
-valias correspondentes ao valor de mercado das acções.

Na síntese de Ascarelli, este dispositivo visa conservar o peso relativo que cada sócio detinha, no ente social, desde o início, quer nas dimensões sociais, quer nas patrimoniais[11].

---

[8] Assim, o artigo 2441.º/1, do Código Civil italiano, que engloba, sabidamente, o Direito comercial. Cf. ENRICO MANGO, *Opzione (diritto di) (nelle società per azioni)*, NssDI/*Appendice*, vol. V (1986), 523-527 (523) GIOVANNI SILVIO COCO/ /VINCENZO CORRENTI, *Opzione nelles società per azioni* ED, vol. XXX (1980), 573- -583 (574) e FRANCESCO FERRARA/FRANCESCO CORSI, *Gli imprenditori e le società* (1987), 563 ss.. O preceito remonta, por seu turno, ao § 152 da Lei Alemã das Sociedades Anónimas de 1937; cf. TULLIO ASCARELLI, *Due questione sul diritto di opzione*, em Banca, Borsa e Titoli di credito 1950, 1, 81 ss.= *Studi in tema di società* (1952), 275-278 (275), citado por este último local.

[9] Tal o conteúdo do § 186 AktG (*Aktiengesetz*, a Lei das Sociedades Anónimas, de 6-Set.-1965, com várias alterações posteriores; cf. GÖTZ HUECK, *Gesellschaftsrecht*, 18.ª ed. (1983), 273, HERBERT WIEDEMANN, *Gesellchaftsrecht — I — Grundlagen* (1980), 447 ss., RUDOLF REINHARD/DIETRICH SCHULTZ, *Gesellschaftsrecht/Ein Lehrbuch*, 2.ª ed. (1981), 236 e FRIEDRICH KÜBLER, *Gesellschaftsrecht*, 2.ª ed. (1986), 219 ss. O preceito alemão teve o seu correspondente no § 152 do AktG de 1937 e, anteriormente, no § 282 do HGB — o Código Comercial alemão. Quanto aos antecedentes históricos cf., p. ex., WIEDEMANN, *Gesellschaftsrecht* cit., 1.º vol., 415 ss e 447 ss.. Segundo ASCARELLI, *Diritto d'opzione nell'aumento di capitale e emissione delle nuove azioni com aggio* (1954)= *Saggi di diritto commerciale* (1955), 429-437 (430), a preferência dos accionistas teria a sua origem primeira na jurisprudência do Estado de Massachussets, no ano de 1807.

[10] Cf. G. COTTINO, *Società per azioni* cit., 656 e *Diritto commerciale* cit., 1.º vol., 737, GIOVANNI SILVIO COCO/VINCENZO CORRENTI, *Opzione nelle società per azioni* cit., 574 DIDIA LUCARINI, *Art. 2441 Cod. Civ 3.ª comma: diritto di prelazione o diritto di opzione?* RDComm LXXV (1977), I, 260-263 (260) e KÜBLER, *Gesellschaftsrecht*, 2.ª ed. cit., 218.

[11] ASCARELLI, *Diritto d'opzione nell'aumento di capitale* cit., 430.

140 *Bolsa*

Em termos técnicos, a preferência dos accionistas na subscrição de novas acções é um direito dos sócios[12], de conteúdo patrimonial[13], concedido no interesse deles[14]. Trata-se, pois, duma figura que obedece à lógica do comércio privado.

III. A doutrina tem sublinhado que a denominada preferência dos accionistas só impropriamente é designada como tal. Na verdade, a preferência comum[15] corresponde à situação da pessoa que, caso pretenda celebrar um contrato, o deva fazer com determinado beneficiário, desde que este acompanhe as condições oferecidas por um terceiro interessado.

A «preferência» do accionista, porém, coloca-se noutro plano: ela existe independentemente de qualquer terceiro interessado. Por isso, ela opera não como uma preferência simples, mas antes como um verdadeiro direito de subscrição. Mas apesar desta precisão, parece haver um patente paralelo entre as duas preferências: assim, além das idênticas designações, é de esperar a presença de regras comuns, como a possibilidade de recorrer à acção de preferência.

IV. A doutrina chama ainda a atenção para um aspecto da construção técnica da preferência do accionista, que tem grande relevo prático. Reside ele na distinção entre[16]:

— o direito abstracto de preferência;
— o direito concreto de preferência.

O *direito abstracto de preferência* corresponde à posição genérica que qualquer sócio, pelo simples facto de o ser, tem de subscrever futuros e eventuais aumentos de capital, em certa proporção, e verificados os demais requisitos.

O *direito concreto de preferência* equivale à posição específica que certo sócio tem de, perante um determinado aumento de capital

---

[12] Cf. Raffaele Nobili, *Il diritto d'opzione degli azionisti e i suoi limiti*, Riv. Soc. II (1957), 656-695 (657), Alessandro Graziani, *Sopraprezzo delle azioni e diritto di opzione*, Riv. Soc. VI (1961), 51-64 (52).

[13] Assim, Cottino, *Società per azioni* cit., 656.

[14] Assim, Mango, *Opzione* cit., 524. Por isso, é seguro que a preferência em causa pode ser alienada, quando se constitua, pelo seu titular.

[15] Cf., p. ex., Menezes Cordeiro, *Direito das Obrigações* cit., 1.º vol., 483.

[16] Cf., p. ex., Vasco Lobo Xavier, *Anulação de deliberações sociais* cit., 227, nota 99 a, com indicações.

Preferência dos accionistas 141

concretamente deliberado e em curso de verificação, subscrever certas acções, desde que concorram os demais requisitos.

Na verdade, estas duas situações teórica e praticamente muito distintas, concitam regimes diferentes.

3. A exclusão da preferência por deliberação dos sócios

I. A preferência dos accionistas na subscrição de novas acções visa, como foi dito, o interesse destes. Contudo, pode suceder que a prossecução atomística de tais interesses venha contundir com o interesse da própria sociedade em termos tais que todos venham a ser prejudicados. Por isso, as diversas ordens jurídicas admitem que os sócios possam deliberar a exclusão da preferência.

O Direito italiano, na redacção dada ao Código Civil pela Lei n.º 216, de 7-Jun.-1974, admite a exclusão da preferência dos sócios em três situações[17]:

— quando, segundo a deliberação de aumento, as acções devam ser liberadas em espécie — 2441.º/4;
— sempre que a mesma deliberação, por exigência do interesse da sociedade, entenda efectuar a exclusão — 2441.º/5;
— nas hipóteses de a aludida deliberação decidir destinar parte das acções a subscrição pelos trabalhadores — 2441.º/7, todos do Código Civil italiano.

A *realização das acções em espécie* não é compatível com a preferência[18]. Na verdade, há aí uma situação semelhante à da troca, em que o preferente não pode oferecer exactamente o que se propõe — ou o que se solicita — ao terceiro interessado.

A deliberação por *interesse da sociedade* exige uma ponderação dos interesses desta, cotejados com os dos sócios[19]; o interesse social tem sido entendido em termos puramente privados[20].

---

[17] Cf. ENRICO MANGO, *Opzione* cit., 523 ss., onde pode ser confrontado o sentido da reforma de 1974, GASTONE COTTINO, *Società per azioni* cit., 656 e *Diritto Commerciale*, 1.º vol. cit., 737, GIOVANNI SILVIO COCO/VINCENZO CORRENTI, *Opzione nelle società per azioni* cit., 577, RAFFAELE NOBILI, *Il diritto d'opzione degli azionisti e i suoi limiti* cit., 682 ss. e *Contributo allo studio del diritto di opzione nelle società per azioni* (1958), 185 ss..

[18] Cf. NOBILI, *Il diritto d'opzione* cit., 682.

[19] Cf. LUIGI MENGONI, *Interesse sociale ed esclusione del diritto di opzione*, RDComm LIII (1055), II, 281-290 (290); uma casuística pode ser confrontada em NOBILI, *Contributo allo studio del diritto di opzione* cit., 209.

[20] COTTINO, *Società per azioni* cit., 657 e *Diritto comerciale*, vol. 1.º (1976), 738.

Finalmente, a atribuição de *acções aos trabalhadores*, caso eles as queiram subscrever, tende a ser autonomizada do interesse da sociedade, com o qual não coincidiria necessariamente[21]. De notar que a lei italiana distingue consoante a percentagem de acções reservadas aos trabalhadores ultrapasse, ou não, um quarto; no primeiro caso, requer-se uma maioria que represente metade do capital da sociedade, exigência que não se verifica, em ulteriores convocações, se essa cifra não for atingida.

II. Também o Direito alemão admite a exclusão da preferência dos accionistas[22] — § 186, III do AktG. Tal exclusão deve, contudo, ser deliberada aquando do aumento do capital social e por uma maioria qualificada de 3/4. A decisão em causa deve, ainda, fundar-se no interesse da sociedade[23], o que exige uma ponderação de interesses susceptível de ser controlada pelo tribunal[24].

Resta acrescentar que a preferência dos accionistas, com os seus limites, embora encontre nas experiências italiana e alemã as suas mais interessantes consagrações, é conhecida por muitas outras legislações europeias[25].

III. Nestas condições, compreende-se que a 2.ª Directriz da CEE também tenha admitido a exclusão da preferência dos accionistas. Tal exclusão poderia operar por deliberação da assembleia geral, adoptada nos termos do seu artigo 29.º/4. O artigo 41.º/1 da mesma 2.ª Directriz admite ainda que os Estados-membros não apliquem a preferência, quando se trate de favorecer a participação dos trabalhadores.

Todos estes elementos estão na base do esquema estabelecido pelos actual Código das Sociedades Comerciais português[26].

---

[21] NOBILI, *Contributo allo studio del diritto di opzione* cit., 211.

[22] Cf. FRIEDRICH KÜBLER, *Gesellschaftsrecht* 2.ª ed. cit., 218.

[23] G. HUECK, *Gesellschaftsrecht*, 18.ª ed. cit., 273.

[24] REINHART/SCHULTZ, *Gesellschaftsrecht*, 2.ª ed. cit., 235 e WIEDEMANN, *Gesellschaftsrecht* cit., 1.º vol., 447.

[25] Cf. ALAIN COURET, *Le développement du droi préférentiel de souscription de l'actionnaire en droit comparé*, Revue des Sociétés, 1979, 505-519 (507 ss.).

[26] Cf. RAÚL VENTURA, *Alterações do contrato de sociedade* cit., 202 ss..

IV. O artigo 460.º do CSC dispõe sobre a limitação ou supressão do direito de preferência([27]). Tem utilidade, desse preceito, referenciar os números 2 e 3 — embora todos devam ser considerados:

2. A assembleia geral que deliberar o aumento de capital pode, para esse aumento, limitar ou suprimir o direito de preferência dos accionistas, desde que o interesse social o justifique.

3. A assembleia geral pode também limitar ou suprimir, pela mesma razão, o direito de preferência dos accionistas relativamente a um aumento de capital deliberado ou a deliberar pelo órgão de administração, nos termos do artigo 456.º.

A supressão da preferência é compreensível: está em causa uma posição patrimonial, disponível e que põe em causa a vida da sociedade. Parece também normal que se fixem condições particulares para a sua supressão, de modo a garantir bem a posição dos sócios e que elas incluam uma ponderação que mostre ser esse o interesse da sociedade.

A exigência de uma deliberação a propósito de *cada aumento* de capital torna-se mais clara se se tiver em conta a distinção, acima referida e presente, duma ou doutra forma, em toda a doutrina comercialística, entre o *direito abstracto* e o *direito concreto de preferência*. O primeiro é indisponível: faz parte do *status* de sócio e envolve sempre todos os membros, actuais ou futuros, da sociedade; o segundo, pelo contrário, é um direito comum, que pode ser condicionado, renunciado ou mesmo suprimido por deliberação competente. *A exigência do artigo 460.º/2 do CSC tem, pois, o sentido de só admitir a supressão da preferência concreta; não da preferência abstracta.*

V. O sentido e o alcance da técnica, acima apontada, da exclusão da preferência dos accionistas dá, também, a dimensão dos seus limites. Em especial, haverá que precisar três pontos:

— se a exclusão da preferência pode ser decidida pelo Conselho de Administração;

([27]) Para além de RAÚL VENTURA, ob. e loc. cit. na nota anterior, verificam-se, sobre este preceito, as referências de JOÃO LABAREDA, *Das acções das sociedades anónimas* (1988), 326-327. Tem ainda interesse confrontar o artigo 370.º do anteprojecto, correspondente, com algumas alterações, ao artigo 460.º em vigor; cf. o *Código das Sociedades (Projecto),* no BMJ 327 (1983), 262.

144

Bolsa

— se essa exclusão pode ser decidida pelos estatutos;

— se a mesma exclusão pode ser operada pela Assembleia Geral depois de deliberado o aumento e desencadeadas as competentes operações.

O primeiro ponto — *exclusão da preferência pela Administração* — poderia parecer bastante claro: ela não é possível, uma vez que tanto a 2.ª Directriz como o artigo 460.º/1 do CSC reservam tal competência à Assembleia Geral. A questão pode, porém, recolocar-se por outra via: a lei admite que o próprio aumento de capital seja deliberado pelo órgão de administração por autorização dos estatutos — artigo 456.º/1 do CSC. Quando isso suceda, *o contrato de sociedade estabelecerá as condições para o exercício dessa competência — idem*, n.º 2. Finalmente, o artigo 87.º/1, relativo ao aumento de capital, *sem distinções*, explicita:

«1. A deliberação de aumento do capital deve mencionar expressamente:

(...)

g) As pessoas que participarão nesse aumento.»

Parece possível, perante os textos portugueses em vigor, defender que a administração, *podendo decidir o mais* — o aumento de capital — *decida o menos* — a limitação da preferência. Tal interpretação é, aliás, possibilitada pela 2.ª Directriz da CEE[28]: o Estado português teria facultado, à administração, a possibilidade de exclusão da preferência, através da confluência dos artigos 456.º/1 e 87.º/1, g), ambos do CSC.

Aliás, a assim não ser, perder-se-ia boa parte das vantagens derivadas da deliberação e, designadamente: a rapidez e a flexibili-

---

[28] Cujo artigo 29.º/5 dispõe

«A legislação dum Estado membro pode estabelecer que os estatutos, o acto constitutivo ou a assembleia geral, deliberando em conformidade com as regras de quorum, de maioria e de publicidade indicadas no n.º 4, possam conceder o poder de limitar ou de suprimir o direito de preferência ao órgão da sociedade autorizado a decidir o aumento de capital subscrito, nos limites do capital autorizado. Esta competência não pode ter um prazo de exercício superior à do poder previsto no n.º 2 do artigo 25.º».

O poder em causa é o de deliberar, através da Administração, o aumento de capital.

Preferência dos accionistas 145

dade. Querendo aumentar o capital com certas limitações à preferência, a administração só poderia tomar meia decisão — o aumento — devendo convocar a assembleia para debater a preferência: a complicação seria maior, jogando contra a sociedade e contra os sócios.

Os valores da lei ficariam facilmente assegurados pela observância, aquando da concessão de poderes à administração, dos requisitos postos, por ela própria, pela exclusão pela assembleia geral e, designadamente, o da maioria qualificada. Não se ignora que tal via interpretativa não corresponde à intenção subjectiva do projecto; mas ela é legitimada pelo sentido objectivo da lei e pela ponderação dos valores em presença.

Conclui-se, pois, que *o Conselho de Administração duma Sociedade Anónima pode ser autorizado a aumentar o capital, definindo as condições desse aumento, o que abrange a possibidade de exclusão ou de limitação da preferência dos accionistas, nos termos dos artigos 87.º/1, g) e 456.º/1 do CSC e do artigo 29.º/5 da 2.ª Directriz da CEE.*

VI. Quanto à possibilidade de exclusão da preferência pelos estatutos, a resposta não pode ser, *a priori*, negativa. O assunto tem de ser melhor ponderado.

A aprovação dos estatutos duma sociedade comercial corresponde à manifestação máxima da autonomia privada consentida no campo societário. Aliás, basta ver que na outorga inicial subscreve *quem quer*, enquanto nas deliberações subsequentes pode haver vencedores e vencidos. Por isso, *bem estranho se torna que haja efeitos possíveis através de deliberação ulterior dos sócios e impossíveis para os estatutos.* A regra é precisamente a inversa; assim:

— os preceitos dispositivos da lei podem ser derrogados pelo contrato de sociedade, salvo se este permitir expressamente a derrogação por deliberação dos sócios — artigo 9.º/3 do CSC;
— os direitos especiais estipulados no contrato de sociedade não podem ser suprimidos ou coarctados sem o consentimento do respectivo titular — artigo 24.º/1 e 5.

A dissonância que assim se perfila, a propósito da exclusão da preferência, pode ser evitada com recurso à distinção fundamental, já sublinhada, entre a preferência concreta e a preferência abstracta.

Quando se diz que *os estatutos não podem excluir a preferência, tem-se em vista a preferência abstracta; quando se afirma que tal exclusão é possível por deliberação dos sócios, visa-se uma preferência concreta.* E tudo fica, então, claro: a preferência abstracta é uma prerrogativa comum, correspondente ao *status* de sócio e que escapa à autonomia privada, seja qual for o modo da sua relevação. A preferência concreta é a vantagem comum, submetida à lógica do comércio privado, que poderá ceder perante valores superiores.

Mas assim sendo, nenhum inconveniente existe em que os *estatutos, como qualquer conjunto de deliberações, prevejam um concreto aumento de capital e, em relação à correspondente preferência concreta, efectuem limitações ou supressões, também concretas.*

A lei exige, para a limitação ou supressão do direito de preferência, uma deliberação tomada pela assembleia que decida o aumento de capital — artigo 460.º/2, do CSC. Não diz que tal deliberação não possa ser (também) estatutária; tem é de ser concreta.

Conclui-se, pois, que *os estatutos que prevejam um concreto aumento de capital podem, também, prever uma concreta limitação da preferência dos accionistas*, nas condições em que o poderia fazer uma deliberação comum.

VII. Finalmente, pergunta-se se, depois de deliberado um aumento de capital pela administração, pode a assembleia geral decidir a exclusão da preferência dos accionistas. Este ponto apresenta-se como o mais simples de quantos foram agora colocados, uma vez que encontrou, na lei, uma solução expressa; segundo o artigo 460.º, n.º 3, do CSC.

> A assembleia geral pode também limitar ou suprimir, pela mesma razão, o direito de preferência dos accionistas relativamente a um aumento de capital deliberado ou a deliberar pelo órgão de administração, nos termos do artigo 456.º.

A resposta é, pois, positiva. Apenas se requererá, em nome da boa fé, que o órgão de administração não delibere um aumento limpo e, depois, vá pedir à assembleia a exclusão de preferência, em termos que possam provocar danos por quebra de confiança.

A dilação entre a decisão da administração e a da assembleia não tem limites legais. Induz-se, porém, das regras gerais que ela não

Preferência dos accionistas 147

pode ser tal que ponha em causa *direitos já constituídos* dos sócios. Ora, nos termos gerais expressamente confirmados pelo artigo 88.º do CSC, tais direitos surgem com a escritura pública do aumento de capital. Assim, a deliberação prevista no artigo 460.º/3 do CSC pode surgir *até* ao momento da outorga da escritura de aumento de capital.

A concluir, julga-se que não haverá dificuldades em, também aqui, permitir que a *limitação* ou *supressão* referidas no artigo 460.º/3 do CSC possam ser deliberadas *através de alteração estatutária*, desde que reportada a uma preferência concreta e desde que aprovada com os requisitos legais. As posições dos sócios só ficariam, com isso, mais protegidas.

4. Inobservância da preferência e consequências

I. A inobservância da preferência legal dos accionistas levanta também as suas dúvidas, no tocante às consequências daí derivadas. Na verdade, a lei não explica quais essas consequências, obrigando a uma utilização intensiva dos princípios gerais.

Parece aqui oportuno distinguir, de novo, a preferência abstracta, tal como resulta da lei para todos os sócios de todas as sociedades anónimas e a preferência concreta, eventualmente constituída a favor de certo sócio de determinada sociedade anónima.

A preferência abstracta, quando não seja observada, dá lugar *à invalidade da deliberação viciada*. É importante ter presente que a preferência abstracta não representa ainda um verdadeiro direito subjectivo: ela não faculta, antes de se concretizar, o aproveitamento de um bem; corresponde apenas a uma potencialidade de qualquer sócio.

Assim, o sócio que considere *ter havido inobservância do direito abstracto de preferência deve propôr, nos termos e prazos legais, a competente acção de invalidação da deliberação faltosa* — e, à frente, se verá que se trata de uma acção de anulação.

II. A preferência concreta, a ser violada, levanta já mais dúvidas. Para que ocorra tal violação é necessário, antes de mais, que a preferência em causa se tenha constituído e, designadamente: que tenha sido activada a competente elevação do capital, que tenham sido individualizadas as acções objecto do direito, e que o sócio interessado tenha pretendido subscrevê-las. De seguida, exige-se que tenha ocorrido uma violação a qual, na presente conjuntura, só pode consistir na atribuição a outra pessoa das acções reservadas para o sócio. Deve ter-se presente que tal atribuição só ocorre com a outorga da escritura púbica: os princípios gerais e o teor expresso do artigo 88.º do CSC não deixam, neste ponto, quaisquer incertezas.

Verificada a violação da preferência concreta, a principal dúvida que se põe é a de saber se o «preferente» pode lançar mão da acção de preferência regulada no artigo 1410.º do Código Civil.

Os preceitos que se reportam à matéria no Código das Sociedades Comerciais são omissos. Há, pois, que percorrer o caminho das fontes aplicáveis, respeitando as relações de subsidiariedade que entre elas se estabeleçam. Ora, quanto a consequências da violação da preferência dos accionistas:

— não há norma expressa no Código das Sociedades Comerciais;
— não há norma, no mesmo diploma, que possa ter aplicação analógica;
— não há princípios gerais, ainda no referido Código, que possam valer;
— não há princípios informadores do tipo «sociedade anónima» que dêem qualquer ajuda.

Há, pois, e nos termos do artigo 2.º do CSC, que recorrer ao Código Civil.

III. O Código Civil tem, no domínio da preferência e com relevo para as consequências emergentes da sua violação, uma distinção da maior importância: a que separa as *preferências obrigacionais* das reais[29]. As primeiras originam um conjunto de deveres de tipo obrigacional, cuja violação envolve a responsabilidade civil (contratual); as segundas envolvem um direito real de aquisição que, para se efectivar, faculta o esquema da acção de preferência, tratada no artigo 1410.º do Código Civil.

Noutra classificação, as preferências podem ser *convencionais* ou *legais*, conforme tenham sido constituídas por vontade das partes — normalmente por pacto de preferência ou por testamento, embora se possa lá chegar por outras vias como, por exemplo, por

---

[29] Por todos, MENEZES CORDEIRO, *Direitos Reais*, 2.º vol (1979) 1109 e *Direito das obrigações*, 1.º vol cit., 486.

negócio atípico — ou, directamente, por lei. As preferências convencionais podem ser obrigacionais ou reais, em função da vontade das partes, desde que observados certos requisitos — artigo 421.º do Código Civil; *as preferências legais são sempre reais, a todas cabendo a acção de preferência* — p. ex., artigos 1117.º/2, 1380.º/4, 1410.º/1, 1535.º/2 e 1555.º/2, todos do Código Civil.

IV. Em rigor, as preferências societárias não respeitam coisas corpóreas. Por isso, elas não são direitos reais, no sentido estrito do Código Civil. No entanto, as regras próprias de certos direitos reais — que nada têm, em si, de excepcionais — podem aplicar-se fora do seu âmbito estrito, desde que existam razões que a tanto conduzam e, designadamente, sempre que estejam em jogo os mesmos valores.

Deve ainda sublinhar-se que o Direito, quando prescreve certa solução, pretende, de facto, vê-la aplicada. Por isso, a sua primeira reacção perante a violação das normas é providenciar, *in natura*, a consubstanciação daquilo que a prevaricação frustrou.

As preferências societárias convencionais — portanto, as fixadas, apenas, em pactos sociais — levantam muitas dúvidas quanto a saber se as partes lhes podem atribuir «eficácia real»; no entanto e no tocante às preferências societárias legais — portanto, as derivadas directamente da lei, como sucede com a preferência dos accionistas — *parece adequada a aplicação da acção de preferência: o sócio ilicitamente preterido poderá fazer sua a posição que lhe competia, pagando o valor da subscrição que lhe cabia.*

V. Impõe-se, porém, um limite que funciona quer perante a preferência abstracta, quer perante a concreta.

A lógica do Direito das Sociedades implica uma particular confiança no ente colectivo: de outro modo, todo o tráfego ficaria comprometido, perante uma sociedade comercial. O Direito tem, por isso, uma particular cautela em assegurar que as falhas internas das sociedades não prejudicam os terceiros de boa fé. Assim, concretizando um vector geral presente, por exemplo, no artigo 996.º/1 do Código Civil, o artigo 61.º/2 do CSC dispõe:

A declaração de nulidade ou a anulação não prejudica os direitos adquiridos de boa fé por terceiros, com fundamento em actos praticados em execução da deliberação; o conhecimento da nulidade ou da anulibilidade exclui a boa fé.

Este normativo impede que, na presença de terceiros que, de boa fé, tenham adquirido as acções objecto de preferência, a anulação da deliberação que haja ocasionado o desvio possa produzir efeitos. Do mesmo modo, a acção de preferência não produzirá efeitos contra eles, sempre que a sua posição derive de prévia deliberação social.

No fundo, há aqui um reflexo dos limites do paralelismo com os direitos reais: a preferência societária, por não ter como objecto uma coisa corpórea, não goza daquela publicidade particular que justifica, na comunidade jurídica, a sequela.

De todo o modo, a possibilidade de bloquear, *ex bona fide*, uma preferência societária constitui prerrogativa do terceiro que este, querendo, poderá exercer: trata-se de uma excepção em sentido material.

Resta acrescentar que em todo este domínio, qualquer pessoa que alegue um dano ilícito, causado com dolo ou mera culpa, pode pedir uma indemnização, com base nos competentes pressupostos.

V — DA TRANSMISSÃO EM BOLSA DE ACÇÕES DEPOSITADAS *

1. Princípios gerais do Direito das bolsas de valores.

I. A doutrina portuguesa não é rica no domínio do Direito da bolsa. As obras existentes têm mais a ver com a divulgação do seu regime do que como aprofundamento jurídico-científico dos temas em jogo.

De todo o modo, e recordando os princípios relativos aos títulos de crédito e à sua circulação, tal como têm sido isolados na literatura nacional e no estrangeiro [1], torna-se possível apontar alguns grandes vectores que animam o tráfego jurídico nas bolsas de valores.

---

* Publicado em *O Direito* 120 (1988).

[1] Cf., por exemplo,em Itália, RENATO CORRADO, *Borsa (contratti di brosa valori)*, NssDI 2 (1958), 540-553; GIUSEPPE GUALTIERI, *I titoli di credito* (1953); ENRICO COLAGROSSO, *Diritto bancario/Soggetti-titoli-negozi giuridici* (1947); LUIGI BIANCHI d'ESPINOSA, *Borsa valori/contratti di borsa*, ED 5 (1959), 596-608; CESARE COLTRO LAMPI, *Considerazioni sui contratti a premio e sulla aleatorità dei contratti di borsa*, RDComm, 56 (1958), 1, 380-405; um lugar particular é, ainda hoje, devido a FRANCESCO MESSINEO, *Operazioni di borsa e di banca* (1924, com várias edições posteriores), com a interessante recensão de TULLIO ASCARELLI, *In tema di operazioni di banca e di borsa*, RISG 1926, 367-384, e a DOMENICO CARABELLESE, *La struttura giuridica delle operazioni di banca* (1923).

Em França: ERNEST DUPRAZ, *Tittres et papiers-valeurs/Principales opérations auxquelles ces documents peuvent donner lieu* (s/d); RENÉ RODIÉRE/JEAN-LOUIS RIVES-RANGE, *Précis de droit bancaire,* 3.ª ed. (1980); PAUL KOUTAISSOFF, *Le jeu de la bourse/Étude de droit civil comparé/droits allemand, anglais, français et suisse* (1931) (trata-se de um escrito de Direito comparado, publicado na Suiça); HENRI FONTAINE, *ABC des opérations de bourse et de banque* (1924).

Em Espanha: RAFAEL RUIZ Y RUIZ, *La compraventa de valores mobiliários* (1944); ANTÓNIO RODRIGUEZ SASTRE, *Operaciones de bolsa/Doctrina, Legislación y Jurisprudencia Españolas* (1944).

Na Alemanha: CLAUS-WILHELM CANARIS, *Bankvertragsrecht*, 2.ª ed. (1981); ALFRED HUECK/WILHELM CANARIS, *Recht der Wertpapiere,* 11.ª ed. (1977);

II — Tais vectores podem ser reconduzidos a três proposições básicas:
— celeridade;
— não-formalismo;
— confiança.

A regra da *celeridade* corresponde às necessidades prementes de circulação mobiliária, a que as bolsas de valores dão corpo. Uma vez tomada certa decisão, ela deve ser prontamente executada, sob pena de, por alteração dos factores ambientais que a condicionam, ela se concretizar já em termos desajustados com a realidade.

III — O *não-formalismo* tem, como é natural, a ver com a celeridade, embora vá mais longe. Como ponto de partida, sabe-se que, no Direito civil e noutros sectores mais formalizados, as operações jurídicas tornam-se lentas, por via das operações acessórias que precedem ou acompanham os actos. Uma escritura pública pode exigir semanas para ser executada. No giro comercial e, em particular, no campo dos títulos de crédito, tais delongas seriam impensáveis. Estas necessidades específicas são ainda dobradas pelo condicionalismo reinante no campo dos títulos de crédito e das operações em bolsa. Na verdade, sabe-se como, tradicionalmente, a exigência de formalidades para a prática dos actos jurídicos visa ([2]):

WOLFGANG ZÖLLNER, *Wertpapierrecht*, 13.ª ed. (1982), HANS BROX, *Handelsrecht und Wertpapierrecht*, 3.ª ed. (1983).

Em Portugal: JOSÉ GABRIEL PINTO COELHO, *Lições de Direito Comercial*, vol. 2, fasc. 1 e ss.; ANTÓNIO FERRER CORREIA, *Lições de Direito Comercial*, 3.º vol. (1975); FERNANDO OLAVO, *Direito Comercial*, vol.II, 2.ª parte, fasc. I (1977); PAULO SENDIM, *Letra de Câmbio*, 2 vols. (1979); A. PEREIRA DE ALMEIDA, *Direito Comercial*, 3.º vol. (1988).

Tem ainda o maior interesse considerar a evolução histórica das bolsas de valores, designadamente da Bolsa pioneira de Francoforte, onde nasceram muitas das regras que, depois, se generalizariam aos diversos espaços jurídicos, assim, HELMUT COING, *Die Frankfurter Börse in der Entwicklung unserer freiheitlichen Wirtschafts- und Gesellschaftsordnung*, ZHR 150 (1986), 141 — 154.

([2]) A doutrina moderna tem posto em dúvida que a exigência de forma para certos actos jurídicos vise, na verdade, quaisquer valores autónomos. O argumento fundamental reside na desconexão hoje existente entre o valor dos actos e as formalidades exigidas para a sua celebração: a venda de um pequeno terreno, de valor insignificante, exigirá sempre escritura pública, enquanto a alienação de uma jóia de valor incalculável pode operar verbalmente. De toda a maneira, as finalidades inseridas no texto, que são as tradicionais, têm hoje relevo interpretativo.

Transmissão em bolsa de acções depositadas 153

— proteger as próprias partes contra a sua irreflexão;
— facilitar a prova;
— publicar os actos.

Ora, no tráfego cambiário, todos estes vectores têm canais próprios de protecção, que não passam pela forma. A *protecção das pessoas* — menos intensa já que se trata de um sector específico ao qual só acede quem o quiser fazer — consegue-se pela limitação no acesso: apenas certas entidades podem receber ordens da bolsa. A *prova* é facilitada pela posse dos títulos. A *publicidade*, quando necessária, beneficia também desse factor.

Portanto: as necessidades de prontidão e de eficácia, por um lado, e a presença de moldes para acautelar os valores prosseguidos, noutras áreas normativas, com recurso às regras formais, por outro conduzem a um princípio geral de *não-formalismo*, no tráfego de títulos e, em especial, no que se realize nas bolsas de valores.

IV — A *confiança*, por fim, apresenta-se hoje como um aspecto essencial de todo o tráfego mercantil. Na sua base está a ideia de que a pessoa, levada por outrem a acreditar em certo estado de coisas, tem direito, à protecção do Direito. Essa protecção poderá seguir dois caminhos: ou a consolidação do próprio estado de coisas em que se foi levado a acreditar, de tal modo que qualquer alteração superveniente surja como uma violação, ou uma pretensão de indemnização contra quem tenha dado azo à situação em causa.

A *confiança*, devidamente objectivada, funciona em estreita ligação com a celeridade e o não-formalismo. Na verdade, todos estes princípios correspondem a um todo inter-relacionado, que apenas se pode dissociar para efeitos de estudo e de análise.

V — Estes princípios gerais introdutoriamente expostos são, no fundo, grandes vectores do Direito comercial, que no domínio do tráfego cambiário, atingem a sua maior razão de ser, acompanhado de grande intensidade na aplicação.

Eles têm um duplo papel:

— são *auxiliares de interpretação*, permitindo retirar das diversas fontes as regras mais consentâneas com o sistema jurídico no seu todo;

Bolsa

—têm *aplicação directa*, quando, por remissão implícita ou explícita[3] das regras existentes ou por necessidade de integração de lacunas, haja que recorrer a elas.

Ao longo do desenvolvimento subsequente haverá a oportunidade de, repetidamente, reencontrar estes aspectos.

2. As ordens de bolsa e a sua extensão.

I — No que toca ao funcionamento da bolsa cabe, em termos funcionais, ponderar o seu primeiro motor: as denominadas *ordens da bolsa*. A matéria surge, ainda hoje, tratada no Decreto-Lei n.º 8/74, de 14 de Janeiro, com alterações subsequentes[4].

Nos termos do artigo 70.º/1 do Decreto-Lei n.º 8/74, as *ordens de bolsa* são ordens «[...] relativas às operações de compra e venda em bolsa de quaisquer valores mobiliários».

Tais ordens submetem-se ao seguinte regime:

—podem ser dadas, nos termos gerais, por qualquer titular legítimo de valores mobililários que tenha capacidade de exercício;

—devem ser dirigidas directamente aos corretores, às instituições de crédito e casas de câmbio e a outras entidades especificadas na lei e autorizadas a negociar em títulos — artigo 70.º/1 do Decreto-Lei n.º 8/74;

— só podem ser executadas por corretores, pelo que as demais entidades que as recebam lhas devem transmitir — *idem*, artigo 70.º/2;

—devem conter as identificações seriadas no artigo 71.º do diploma em causa: identificação dos comitentes, valores a transaccionar, com a sua natureza, espécie, quantidade e condições de preço, a data e o prazo de validade da ordem e o tipo de operação.

---

[3] Tal remissão pode ocorrer, por exemplo, através de recurso a conceitos indeterminados, como o de «boa fé» ou «justa causa», que, ao remeterem para os dados básicos do sistema, automaticamente invocam a aplicação desses princípios.

[4] Assim, as introduzidas pelos Decretos-Leis n.os 113/74, de 18 de Março, 696/75, de 12 de Dezembro, 72/77, de 25 de Fevereiro, 272/77, de 2 de Julho, 67/83, de 4 de Fevereiro, e 104/83, de 18 de Fevereiro.

Transmissão em bolsa de acções depositadas 155 ·

II — Além do exposto, o comitente deve, antes de execução, entregar os valores mobiliários a vender ou a importância provável para a compra ordenada — artigo 72.º/2 (⁵) —, salvo se se tratar de ordens transmitidas por instituições de crédito ou similares — artigo 72.º/2.

Segundo o artigo 72.º/4 do mesmo Decreto-Lei n.º 8/74, de 14 de Janeiro, o corrector a quem for transmitida uma ordem de bolsa com observância do disposto nesse artigo *não poderá eximir-se ao seu cumprimento.*

Outros aspectos instrumentais, tais como os relativos ao processamento da operação, a comunicação da sua realização e às reclamações vêm tratados no Decreto-Lei n.º 8/74 e desenvolvidos no Regulamento das Bolsas de Valores.

III — O regime acima esquematizado permite apresentar a *ordem de bolsa* como um *negócio jurídico unilateral* (⁶): o seu autor goza, ao emiti-la, de liberdade de celebração e de liberdade de estipulação, dentro de certas margens; por outro lado, independentemente da execução, ela produz, desde logo, efeitos comandados por uma única vontade.

A *ordem de bolsa* corresponde a uma faculdade potestativa que tem qualquer titular de valores negociáveis na bolsa; nessa mesma linha, ela dá corpo a uma *sujeição,* por banda do corretor: uma vez emitida, este ficará, inevitavelmente, *obrigado a executá-la,* desde que se encontrem reunidos os requisitos legais.

IV — Nos termos gerais de Direito, a adstrição a uma vinculação obriga não só a uma *prestação principal,* mas também a todas as condutas necessárias à efectiva prossecução do fim em vista.

Assim, os corretores, ao ficarem obrigados à execução das ordens de bolsa que recebam, incorrem, só por isso, noutras vinculações:

— as obrigações legais associadas por disposições normativas explícitas aos deveres principais e às situações por eles criadas;

(⁵) O artigo 72.º do Decreto-Lei n.º 8/74 foi muito alterado pelo Decreto-Lei n.º 696/75, de 12 de Dezembro

(⁶) Segue-se a terminologia fixada em MENEZES CORDEIRO, *Teoria Geral do Direito Civil,* 1.º vol., 2.ª ed. (1988), 500 ss. Trata-se, no entanto, de um ponto sobre o qual não há quaisquer divergências doutrinárias essenciais de fundo.

156 *Bolsa*

— as obrigações implícitas derivadas da boa fé, perante a conjuntura em causa([7]).

Pode-se concluir, com total propriedade, que *a ordem de bolsa obriga os corretores não só à sua execução mas ainda a todos os deveres acessórios, explícitos ou implícitos, que tal execução implica.* Tal é a extensão da ordem.

V — Entre os deveres acessórios explícitos contam-se os atinentes à liquidação das operações — artigo 79.º do Decreto-Lei n.º 8/74, de 14 de Janeiro.

Aquando da liquidação das operações — mais precisamente da liquidação dos títulos — pode verificar-se a ocorrência de faltas. Assim sucederá sempre que alguém não tenha os títulos atempadamente.

Prevê-se então que o regulamento interno ou que normas a fixar pela Comissão Directiva da Bolsa determinem a *realização de recompras* para ocorrer às faltas em causa — artigo 79.º/3([8]); a entidade que não entregar atempadamente os títulos será responsável pelos danos que tal situação causar — artigo 79.º/4.

Ou seja:

— a ordem de bolsa *obriga os corretores à sua execução;*
— *essa mesma ordem, em conjunto com a lei expressa, obriga ainda o corretor, verificadas certas circunstâncias, à realização de recompras;*
— os prejuízos assim ocasionados são *suportados pelas entidades que não entreguem atempadamente os títulos.*

([7]) Cf., em geral, e com múltiplas indicações, MENEZES CORDEIRO, *Violação positiva do contrato,* anot. a STJ 31-Jan.-1980, ROA 1981, 128-152 (132), *Da boa fé no Direito Civil,* 1.º vol. (1984), 22 (590 e ss. e *passim*) e *Direito das Obrigações,* 1.º vol. (1980, reimpr., 1987), 149 ss. e 304 ss.

([8]) Assim sucedeu através da Portaria n.º 262/74, de 10 de Abril, que aprovou o Regulamento da Bolsa. O seu artigo 40.º dispõe:

1— Quando a liquidação dos valores não for feita na totalidade, por falta imputável a qualquer dos devedores, proceder-se-á e imediatamente à recompra dos que faltem, por intermédio do competente serviço da Bolsa.

2— Para execução do disposto no número precedente, o corretor que não entregue a totalidade dos títulos indicar qual a entidade responsável por essa falta, fazendo-se a recompra à custa da mesma.

O procedimento da recompra segue, por seu turno, o figurino fixado na circular n.º 11/87, de 5 de Março, da Comissão Directiva da Bolsa de Valores de Lisboa.

3. O formalismo requerido.

I — A regra básica dos Direitos modernos no domínio da forma necessária para a prática de actos jurídicos é a da *liberdade* ou *consensualismo* [9]; segundo o artigo 219.º do Código Civil:

A validade da declaração negocial não depende da observância de forma especial, salvo quando a lei o exigir.

Esta regra, que corresponde a uma evolução histórica precisa, é de *aplicação geral.*

II — No domínio das ordens de bolsa houve, quanto a formalismos, uma evolução.

Na sua redação inicial, o artigo 72.º/1 do Decreto-Lei n.º 8/74, de 14 de Janeiro, dispunha:

Fora dos casos do n.º 3 do presente artigo [10], o corretor a quem for transmitida uma ordem de bolsa não poderá eximir-se ao seu cumprimento, sendo-lhe, todavia, lícito exigir ao comitente, antes da respectiva negociação, e por iniciativa própria ou determinação da comissão directiva, *além da ordem por escrito*, a entrega dos valores mobiliários a vender ou da totalidade ou parte dos fundos destinados ao pagamento da compra ordenada.

Ora, na redacção actual, dada pelo Decreto-Lei n.º 696/75, de 12 de Dezembro, o mesmo artigo 72.º vem dispor:

A entidade que receber uma ordem de bolsa deverá exigir ao comitente, antes da sua transmissão ou execução, a entrega dos valores mobiliários a vender ou da importância provável destinada ao pagamento da compra ordenada.

Ou seja:

— anteriormente, a exigência de uma formalidade especial — a forma escrita — para as ordens de bolsa estava na disponibilidade da comissão directiva ou do próprio corretor;

---

[9] Cf., por último e por todos, INOCÊNCIO GALVÃO TELLES, *Direito das Obrigações,* 5.ª ed. (1986), 73.

[10] Relativo a operações a prazo.

— na actualidade tal disponibilidade desapareceu: *não se prevê já qualquer hipótese de exigência de ordens por escrito.*

Tem aplicação o artigo 219.º do Código Civil, acima citado.

III — As ordens de bolsa não devem, pois, assumir qualquer forma especial, escrita ou outra. Tal estado de coisas, que resulta directamente das regras aplicáveis, vai ainda ao encontro dos princípios básicos que se viu presidirem ao Direito das bolsas e dos títulos de crédito. Na verdade, a *celeridade* e o *não-formalismo* ficariam atingidos quando se fosse exigir, aos interessados, ordens *por escrito.*

Repare-se que o problema não residiria, apenas, no *facto de escrever.* Ao exigir *ordens por escrito* é necessário regular a sua emissão, recepção e eficácia. Sendo enviadas — como é de regra — por pessoas que não se encontrem no local do corretor, haveria demoras de dias, o que, como é conhecido por profissionais e por leigos, prejudicaria todo o funcionamento do mercado de valores.

A não exigência de qualquer forma para as ordens de bolsa é, assim, confirmada pelas mais diversas considerações.

4. O depósito de acções.

I — O Direito positivo português conhece um regime particular no tocante ao depósito de acções ([11]).

O Decreto-Lei n.º 408/82, de 29 de Setembro, veio, na verdade, estabelecer um particular regime no tocante ao registo, ao depósito e à transmissão de acções.

Mais precisamente no tocante ao depósito, o regime é o que se segue:

> — ficam sujeitas a registo ou, em alternativa, a depósito as acções nominativas emitidas por sociedades anónimas com sede no continente ou nas regiões autónomas — artigo 1.º/1 e 5 do Decreto-Lei n.º 408/82;
>
> — em igual situação podem ficar as acções ao portador, caso seja essa a vontade do seu titular — *idem*, artigo 1.º/2;

([11]) Quanto ao tipo contratual do depósito em geral, cf. INOCÊNCIO GALVÃO TELLES, *Contratos Civis,* BMJ 83 (1959), 114-282 (176 ss.)

Transmissão em bolsa de acções depositadas 159

—ficam sujeitas a depósito obrigatório as acções emitidas por sociedades com sede no estrangeiro — *idem*, artigo 2.º —, bem como as que integram fundos de investimento — *idem*, artigo 3.º.

O depósito, quando tenha lugar, é efectuado numa *instituição de crédito* — artigo 16.º/1 do Decreto-lei n.º 408/82.

II — O *depósito* aqui figurado tem a particular natureza de depósito comercial; aplicam-se-lhes as regras dos artigos 403.º e seguintes do Código Comercial e, subsidiariamente, as dos artigos 1185.º e seguintes do Código Civil.

Assim, deve notar-se que, segundo o artigo 405.º do Código Comercial, tratando-se — como se trata, no caso das acções — de

[...] depósito em papéis de crédito com vencimento de juros, o depositário é obrigado à cobrança e a todas as demais diligências necessárias para a conservação do seu valor e efeitos legais, sob pena de responsabilidade pessoal.

Portanto, o depositário das acções deve agir com a *diligência requerida* para que se preserve o valor dos papéis depositados.

5. A transmissão em bolsa das acções depositadas.

I — O regime da transmissão das acções depositadas apresenta algumas particularidades, que importa conhecer.

Na verdade, o regime da transmissão de tais acções consta do Decreto-Lei n.º 408/82, de 29 de Setembro, e, agora também, dos artigos 326.º e seguintes e 330.º e seguintes do Código das Sociedades Comerciais de 1986.

Não obstante, há que lidar também com os particulares regimes de transmissão em bolsa, designadamente os advenientes do Decreto--Lei n.º 8/74, de 14 de Janeiro: trata-se de questões que, por não terem sido reguladas no Código das Sociedades Comerciais, mantêm a sua sede própria anterior, nos termos do artigo 3.º/1 do Decreto--Lei n.º 262/86, de 2 de Setembro, que aprovou o Código em causa.

II — A conjugação desses preceitos permite concluir que, tratando-se da transmissão em bolsa de acções nominativas ou ao portador, não opera o esquema de declarações previsto nos artigos 326.º do Código das Sociedades Comerciais: requere-se ainda *a entrega dos títulos,* nos termos do artigo 60.° do Decreto-Lei n.° 8/74, de 14 de Janeiro, a qual deve ter lugar no prazo máximo de cinco dias de Bolsa, segundo o mesmo preceito, sempre que se trate de *operações a contado*, de acordo com a contraposição do artigo 354.° do Código Comercial.

III — Perante este quadro normativo, fácil se torna entender que, pretendendo transaccionar acções depositadas, o seu titular deve *fazer cessar o depósito, solicitando a sua entrega ao corretor.*

O «fazer cessar o depósito» inclui-se como *efeito lateral e necessário numa declaração de vontade tendente à alienação:* se alguém quer transmitir a outrem a propriedade de certas acções, por maioria de razão quererá transferir a sua posse, antes exercida por meio do depositário, fazendo cessar esse depósito, nos termos acima explicitados.

Ou seja: *uma ordem de bolsa dirigida a uma instituição de crédito é, implícita e necessariamente, uma declaração tendente à cessação do depósito e à entrega das acções ao corretor.*

IV — Pergunta, finalmente, se um titular cujas acções estejam depositadas em instituição de crédito pode, directamente, dar ordens de bolsa aos corretores. Repare-se que ele tem o maior interesse em poder fazê-lo[12], a fim de usufruir de uma maior rapidez na execução.

A lei, no entanto, exige no artigo 72.°/1 do Decreto-Lei n.° 8/74, de 14 de Janeiro, a prévia entrega ao corretor, antes da sua transmissão ou execução, dos títulos a vender, salvo se — artigo 72.°/2 — as ordens forem dadas directamente pelas instituições de crédito.

A extensão deste regime obriga a ponderar a *ratio* da solução. A *entrega prévia* visa dois objectivos:

— garantir as operações, assegurando que o comitente é, de facto, o titular dos títulos;
— prevenir dificuldades aquando da liquidação, por delongas na entrega dos títulos.

Compreende-se, pois, que, porque não é exigida tal entrega quando a ordem provenha de instituições de crédito, estas, sendo

---

[12] Neste momento, esta hipotese já está esclarecida em sentido positivo.

Transmissão em bolsa de acções depositadas

depositárias, atestam a existência e a titularidade dos títulos, enquanto, pela sua experiência e particular responsabilidade, se supõe que elas não irão protelar a entrega, prejudicando a liquidação.

A concatenação destas variáveis leva, pois, a concluir que os titulares de acções depositadas *podem dar ordens de bolsa directamente aos corretores, desde que, em simultâneo ou antes da operação, dêem idêntica ordem à instituição depositária e esta o comunique ao corretor ou este o confirme junto dela.*

Duas ordens de razões depõem ainda nesse sentido:

— perante uma ordem de bolsa, as instituições de crédito não têm autonomia, devendo transmiti-la ao corrector; sendo assim, tanto dá que o façam elas como o faça o comitente, com conhecimento às instituições em causa;

— havendo depósito de acções, ficam assegurados os objectivos da lei: as acções existem, são legítimas e não deixarão de ser entregues, pela particular diligência da instituição depositária, segundo supõe a lei.

V — Deve ter-se presente que a chave de toda esta situação está nas regras da posse.

As acções depositadas estão na posse (mediata, artigo 1252.º/1 do Código Civil) dos seus titulares: as instituições depositárias são meras detentoras ou possuidoras em nome de outrem, nos termos do artigo 1253.º, *c*), do Código Civil.

No entanto, pela ordem de entrega e sua execução, elas passam para a posse do adquirente, por *constituto possessório* — artigo 1264.º/2 do Código Civil [13]. Resulta daqui que perante a ordem directa dada ao corretor e confirmada junto da instituição de crédito, esta fica obrigada a remeter as acções ao corretor por qualquer uma das seguintes três razões confluentes:

— por execução de uma ordem de bolsa em que também está implicada;

— por cessação de depósito, implicitamente decidida pelo depositante;

— para respeitar a nova titularidade e posse das acções.

Além disso, há o dever, derivado da lei, de possibilitar a liquidação das operações realizadas.

---

[13] Cf. MENEZES CORDEIRO, *Direitos Reais,* 2.º vol. (1979), 754 ss.

6. As relações entre o banco e o cliente.

I — Pode acontecer, no decurso das diversas operações acima esquematizadas, que surjam problemas entre o banco e o seu cliente, ou seja, entre o depositário e o depositante. A primeira e mais frequente hipótese é a de se verificar a não-entrega dos títulos, ou seja: a ordem é dada, seguindo os seus trâmites, mas, aquando da liquidação, verifica-se não estarem em poder do corretor os títulos alienados.

A hipótese é interessante por permitir tratar o tipo de relações que se estabelecem entre o banco e o seu cliente.

II — O banco e o seu cliente estão ligados entre si por *um contrato de depósito*: ambos são, assim devedores um do outro.

Caso o banco não cumpra alguma das suas obrigações — *maxime,* a entrega aquando da cessação do depósito —, *presume-se a culpa,* nos termos do artigo 799.º/1 do Código Civil.

Entre essas obrigações contam-se deveres instrumentais acessórios — por exemplo, o de *elucidar* em tempo útil o cliente da necessidade de desdobrar certas acções ou de o *avisar* dos inconvenientes em realizar certas aquisições, por dificuldades na venda em bolsa.

Entre essas obrigações conta-se igualmente um dever de indagação e de cuidado quando, perante determinada ordem de bolsa, haja dúvidas quanto à identidade do corretor contactado.

Por seu turno, o cliente do banco deve abster-se de quaisquer ordens inexequíveis, sob pena de responder pelos danos causados. Há um dever específico nesse sentido, derivado da boa fé contratual — artigo 762.º/2 do Código Civil —, cuja violação se presume também culposa — artigo 799.º/1.

III — Tendo o cliente recebido as importâncias a que teria direito caso a ordem tivesse sido executada normalmente, estas foram pagas ou pelo corretor ou pelo banco. Aquele dos dois que se achar desembolsado poderá ter pago o que o outro devia ao cliente. Nessa altura ele será um terceiro, directamente interessado na satisfação do crédito[14] que cumpre uma obrigação alheia: *fica, nos termos do artigo 592.º/1 do Código Civil, sub-rogado nos direitos do cliente.*

---

[14] Note-se que quando o cliente fosse prejudicado por uma atitude concorrente do «banco» e do «corretor», ambos seriam solidariamente responsáveis.

Transmissão em bolsa de acções depositadas 163

Não há, pois, nos casos em jogo, lugar para *res inter alios acta*: quem se achar desembolsado pode alegar os direitos do cliente; quem se quiser defender pode alegar eventuais faltas imputáveis ao cliente.

7. O risco na dilação das operações de bolsa.

I — Pondere-se agora a situação que se põe quando haja uma dilação das operações de bolsa, isto é, um espaço de tempo entre uma decisão e a execução. Pela ordem natural das coisas, o risco de danos derivados dessa dilação —*maxime* as alterações das cotações — corre pelo titular das acções. Excepciona-se, sempre nos termos gerais, a hipótese de a delonga ter sido ilicitamente causada, com culpa, pelo banco ou pelo corretor, altura em que o responsável deverá arcar com os prejuízos.

Mas a prática permite documentar uma hipótese particular: a de, tendo sido decidida uma recompra, por falta de títulos, estes virem a surgir parcialmente *entre* a decisão de recompra e a sua execução. Ou seja: quem corre o risco de eventuais danos, nessas circunstâncias, danos esses que irão ocorrer, nomeadamente, se o preço da recompra for superior ou da operação inicial.

Em princípio, o risco corre sempre contra o dono da vantagem ameaçada ou suprimida: a deterioração da coisa é suportada pelo proprietário, a impossibilidade da prestação pelo credor, etc. Quando, porém, o dano seja provocado por alguém, com culpa, cabe ao responsável arcar com o prejuízo.

Estes vectores básicos são depois concretizados por inúmeros dispositivos legais, que ora imputam riscos, ora responsabilizam atitudes.

II — Como ponto de partida, vai entender-se que, faltando títulos aquando da liquidação, a decisão de *recompra é inevitável;* na verdade, segundo o artigo 40.º/1 do Regulamento da Bolsa:

> Quando a liquidação dos valores não for feita na totalidade, por falta imputável a qualquer dos devedores, *proceder-se-á obrigatória e imediatamente* à recompra dos que faltem, por intermédio dos competentes serviços da Bolsa.

Por outro lado, essa decisão não é — não tem de ser — executada pelo mesmo corretor.

Dados os mecanismos de bolsa, *a decisão de recompra, uma vez tomada é irreversível.*

Sendo assim, *o risco dos danos ocasionados pela dilação da recompra correm contra a entidade que, com culpa, tenha obrigado a essa operação; trata-se da regra geral consagrada no artigo 798.º do Código Civil, que responsabiliza por todos os danos causados o devedor que, culposamente, falte às suas obrigações.*

Além do exposto, duas razões muito concretas, de Direito positivo, depõem nesse sentido. Assim:

— *a inversão do risco contra o devedor em mora* — artigo 807.º/1 do Código Civil: a entidade deve remeter os títulos, em tempo útil, para a liquidação; não o tendo feito, entra em mora, suportando todos os riscos subsequentes, e isso mesmo quando fosse alheia aos danos;

— *a imputação legal expressa* dos danos ocasionados pela não entrega atempada dos títulos ao responsável pela demora; assim o dispõem o artigo 79.º/4 do Decreto-Lei n.º 8/74, de 14 de Janeiro, e os artigos 40.º/2 e 42.º/1 do Regulamento da Bolsa de Valores de Lisboa, aprovado pela Portaria n.º 262/74, de 10 de Abril. No mesmo sentido, aliás, dispõem os artigos 40.º/2 e 42.º/1 do Regulamento da Bolsa de Valores do Porto, aprovado pela Portaria n.º 1063/80, de 12 de Dezembro.

III — O exposto permite concluir que havendo lugar a recompra, por não entrega, aquando da liquidação, dos títulos, os danos daí derivados, incluindo os ligados ao protelamento da operação, correm *por conta de quem não entregou os títulos.*

Todos os factores de risco depõem nesse mesmo sentido.

8. Operações de bolsa, entrega de acções e ónus da prova

I — As operações de bolsa e todas as actuações com elas conexas, incluindo a própria entrega de acções feita pelo depositário, podem ser contestadas na sua efectivação. Seja por má fé seja por simples extravio casual de documentos, pode, num momento superveniente, haver dúvidas quanto à realização ou não-realização de determinadas operações.

Haverá, então, que recorrer às regras do ónus da prova.

Transmissão em bolsa de acções depositadas

II — As regras básicas nesse domínio constam do artigo 342.º do Código Civil:

1 — Àquele que invocar um direito cabe fazer a prova dos factos constitutivos do direito alegado.

2 — A prova dos factos impeditivos, modificativos ou extintivos do direito invocado compete àquele contra quem a invocação é feita.

3 — Em caso de dúvida, os factos devem ser considerados como constitutivos do direito.

A aplicação destas regras é automática. Assim:

— se uma instituição bancária alega um descoberto, deve provar os factos que lhe deram azo;

— querendo provar, por hipótese, que se trata do produto de venda de acções, terá de demonstrar que houve venda e que *remeteu* as competentes acções à entidade competente, *a qual as recebeu;* apenas nesse momento ocorre o cumprimento, que concentra as obrigações — artigo 540.º do Código Civil: na verdade, a lei portuguesa consagrou, neste domínio, a denominada *teoria da entrega*, defendida por Jhering ([15]).

Naturalmente, a instituição bancária que pretenda estornar uma quantia deve provar, nesses mesmos e precisos termos, *os factos constitutivos do direito a realizar tal operação*. De outra forma, haveria uma inadmissível inversão do ónus da prova.

III — Paralelamente, o corretor que alegue estar desembolsado de uma quantia devida por uma instituição bancária, deve provar os competentes factos constitutivos. Assim:

— deve provar ter havido ordem da bolsa, comunicada à instituição;

— deve provar ter realizado a operação e, depois, ter ocorrido à recompra.

([15]) Por todos, MENEZES CORDEIRO, *Direito das Obrigações*, cit., 1.º vol., 343.

Esta prova pode ser demolida pela instituição visada mostrando que os títulos foram enviados e recebidos *antes* da liquidação e, logo da decisão de recompra.

IV — Nesta como noutras latitudes, o Direito das bolsas de valores funciona como uma concretização dos princípios gerais, particularmente adaptados à realidade que são chamados a tratar.

VI — DO REPORTE: SUBSÍDIOS PARA O REGIME JURÍDICO DO MERCADO DE CAPITAIS E DA CONCESSÃO DE CRÉDITO*

1. Oportunidade da figura

I — O mercado de capitais carece de rápida recuperação. Tal efeito depende, sabidamente, de variáveis económicas e políticas que restabeleçam a confiança dos operadores do domínio mobiliário. Mas também o Direito pode, neste campo, desempenhar um papel que não deve ser desdenhado.

Por seu turno, a concessão de crédito atravessa uma conhecida fase de retracção. Razões conjunturais somam-se a tendências paulatinas, mas já claras, para a erosão das garantias bancárias[1]: pense-se, por exemplo, nas nuvens que pesam sobre a própria hipoteca, através do proliferar de privilégios especiais e do direito de retenção. Por razões políticas e psicológicas, não parece possível enfrentar o problema com reformas legislativas; cabe, pois, à Ciência do Direito procurar vias de correcção.

II — O estudo e a divulgação dos mecanismos jurídicos das bolsas de valores, alicerçados em questões de efectivo relevo prático[2], constituem um primeiro contributo juscientífico para a dinamização do mercado de capitais. Por seu turno, os mecanismos do crédito

---

* Publicado em *O Direito*, 121 (1989).

[1] Cf. MENEZES CORDEIRO, *A Erosão das Garantias Clássicas no Direito Bancário*, conferência efectuada na XXXI Convenção de Juristas das Caixas Económicas, 1989.

[2] Assim, o autor e nesta mesma revista, *Das publicações obrigatórias nos boletins das cotações das bolsas de valores*, O Direito, 120.º (1988), 341-370, e *Da transmissão em bolsa de acções depositadas*, O Direito, 121.º (1989), 75-90.

devem, também, ser objecto de reflexão dos juristas[3]: a incipiência denotada nessas matérias contrasta vivamente com a importância efectiva da problemática subjacente.

Num ponto de encontro entre mercado de capitais e concessão de crédito surge a clássica figura de reporte.

III — Previsto no Código Comercial de Veiga Veirão, o reporte nunca conheceu, entre nós, qualquer desenvolvimento apreciável. Esquecido pela doutrina, desde que Ruy Ulrich lhe dedicou um estudo clássico, abaixo citado, o reporte tão-pouco logrou uma aplicação prática: a fraqueza estrutural do mercado de mobiliários, o desconhecimento das potencialidades da figura e ou regime fiscal desfavorável a tanto conduziram.

Visando corrigir este cenário pouco animador, o Decreto -Lei n.º 182/85, de 27 de Maio[4], veio isentar certas operações de reporte do imposto de selo. Assim, segundo o seu artigo 6.º:

Ficam isentas deste imposto do selo [...]:

a) As operações sobre valores mobiliários efectuadas em sessões da bolsa;

b) As operações de reporte que, consistam na compra de títulos de crédito e revenda simultânea dos mesmos a prazo, desde que a compra e revenda sejam feitas à mesma entidade e se verifiquem, cumulativamente, as seguintes condições:

1) O comprador-revendedor seja uma pessoa singular ou colectiva colectada em contribuição industrial pelo exercício da respectiva actividade;

2) O vendedor-recomprador seja uma instituição de crédito ou parabancária.

Na linha aberta por este diploma surge a Portaria n.º 136/86, de 8 de Abril, que veio equiparar os contratos de reporte do tipo acima referido a contratos celebrados na bolsa, como modo de evitar a sua oneração suplementar — Portaria n.º 448/81, de 2 de Junho. Lê-se, aliás, no preâmbulo da referida Portaria n.º 136/86:

---

[3] Com indicações, refira-se MENEZES CORDEIRO, *Concessão de crédito e responsabilidade bancária,* BMJ 359 (1987).

[4] Tal legislação pode ser confrontada em CORREIA DOS SANTOS/JOSÉ COSTA GONÇALVES, *As Bolsas de Valores em Portugal* (1987).

Assim entendido, este contrato [o reporte] desloca o seu objecto principal da compra e venda de títulos para a mobilização de aforro e para o financiamento das empresas, funcionando os títulos como mera caução da operação.

IV — Estas medidas deram os seus frutos, ainda que apenas iniciais. O reporte tem tido a sua aplicação, anunciando-se alguns problemas práticos em torno do seu regime.

Parece, assim, oportuno realizar um primeiro estudo sobre a matéria, tendente a recordar o perfil e o sentido da figura e a divulgar alguma da literatura clássica que dela se tem ocupado.

2. Noção geral, modalidades e características

1 — O direito português dá, do reporte, uma definição legal. Segundo o artigo 477.º do Código Comercial,

O reporte é constituído pela compra, a dinheiro de contado, de títulos de crédito negociáveis e pela revenda simultânea de títulos da mesma espécie, a termo, mas por preço determinado, sendo a compra e a revenda feitas à mesma pessoa.

Esta definição, aceite com algumas reservas na doutrina([5]), teve por fonte o artigo 72.º do *Código de Comércio do Reino de Itália,* de 1882, assim concebido([6]):

O contrato de reporte é constituído pela venda com pagamento imediato de títulos de crédito que circulam no comércio

---

([5]) Cf. Ruy Ennes Ulrich, *Do Reporte no Direito Comercial Portuguez* (1906), 17 ss., que alinha as seguintes críticas: *a*) a definição legal não indica o fim do contrato; *b*) ela não distingue o reporte do deporte; *c*) ela não refere o reporte indirecto, ou seja, com intervenção de terceiros; *d*) ela faz perder de vista a unidade orgânica da figura; *e*) ela não fala na real remuneração do contrato; *f*) ela considera a soma dada pelo reportador como um preço, o que seria inexacto e insuficiente; *g*) em vez de falar em venda, seria preferível que o Código adoptasse a designação genérica de transferência de propriedade.

Também como críticas, v. Luiz da Cunha Gonçalves, *Da Compra e Venda no Direito Comercial Portuguez* (1912), 48 ss., procurando reconduzir o reporte à compra-e-venda, e, desse mesmo autor, *Comentário ao Código Comercial Português,* vol. III (1918), 53. Mais exegético, cf. Adriano Anthero, *Comentário ao Codigo Comercial Portuguez,* vol. II (1915), 269 ss., bem como, nos nossos dias, Baptista Lopes, *Do Contrato de Compra e Venda* (1968), 420, e Abílio Neto, *Código Comercial/ /Código das Sociedades/Legislação Complementar Anotados,* 7.ª ed. (1986), 448.

170 Crédito

e pela revenda contemporânea, a termo, mediante um preço determinado, à mesma pessoa, de títulos da mesma espécie.

Este parentesco tem importância científica e doutrinal. Nas palavras de Ruy Ulrich:

> Assim é que a definição de reporte dada pelo nosso Código é precisamente igual à definição do Código Italiano, de modo que as discussões acerca dela travadas na jurisprudência italiana têm cabimento natural no nosso trabalho[7].

II — Procurando, em termos singelos, distinguir o papel de cada um dos intervenientes, verifica-se que[8]:

— uma pessoa (o reportado) vai obter a disposição de uma certa soma em dinheiro, com títulos de que se não pretende, em definitivo, desfazer;
— uma outra pessoa (o reportador) vai conseguir a disponibilidade temporária de certos títulos.

Conforme as circunstâncias, assim se pode distinguir, no reporte em sentido amplo, *o reporte estrito* e o *deporte:* no *reporte estrito,* os títulos são mais caros na retransmissão, sendo o reportador remunerado através dessa diferença; no *deporte,* os títulos são mais baratos na retransmissão, cabendo a remuneração ao reportado. Tudo depende, pois, da posição dos títulos no mercado e da vontade dos intervenientes.

III — O reporte comporta várias classificações, em função de múltiplos critérios.

Bastante relevante, ainda que algo empírica, é a contraposição entre o chamado *reporte de banca* e o *reporte de bolsa*[9]:

---

[6] O Código em causa data de 2 de Abril de 1882, para entrar em vigor no dia 1 de Janeiro de 1883. Os antecedentes do preceito italano podem ser confrontados em LUIGI TARTUFARI, *Della vendita e del riporto*, 6.ª ed. revista por ENRICO SOPRANO (1936), 587 ss. Os preparatórios do próprio Código Português não revelam, porém, qualquer discusão específica sobre o reporte.

[7] RUY ULRICH, *Do reporte*, cit., 17.

[8] Cf. RENATO CORRADO, *Borsa (contratti di borsa valori)*, NssDI, 2 (1958), 540-553 (547), e CESARE VIVANTE, *Il contratto di riporto*, RDComm, 23 (1925), I, 97-117 (98 ss.), por todos.

[9] Cf. GASTONE COTTINO, *Riporto/permuta*, volume integrado no *Commentario del Codice Civile a cura di A. Sialoja e G. Branca, IV — Le obbligazioni, art. 1548-*

Do reporte 171

— no *reporte de banca* pretende obter-se dinheiro ou assegurar temporariamente a disponibilidade de um determinado conjunto de títulos;
— no *reporte de bolsa* visa diferir-se uma venda de títulos a prazo, quando, na altura, não vejam realizadas as suas previsões sobre a alta ou a baixa dos títulos.

Pode considerar-se que apenas a segunda modalidade tem a ver com o denominado jogo da bolsa, apresentando contornos especulativos; a primeira apresenta-se como uma operação financeira ([10]).

IV — O reporte em geral tem as seguintes características:
— é um contrato consensual;
— real *quoad constitutionem;*
— sinalagmático e bivinculante;
— oneroso;
— relativo a títulos;
— de *dare* e de *facere;*
— típico e nominado.

Trata-se de um *contrato consensual* por não haver, na lei, qualquer particular exigência de forma para se proceder à sua válida celebração.

A sua natureza real *quoad constitutionem* resulta da exigência legal expressa — artigo 477.º, § único, do Código Comercial, directamente retirada do artigo 72/II do Código Comercial italiano de 1882: «É condição essencial à validade do reporte a entrega real dos títulos» ([11]).

1555 (1970), 1-2. Adiante-se já que, no Direito italiano, o reporte está hoje colocado no Código Civil, artigos 1548 e seguintes: o Código Civil italiano de 1942 pretendeu operar a reunificação do Direito civil e do Direito comercial, revogando o antigo Código de Comércio de 1882.

([10]) Cf. LUIGI BIANCHI D'ESPINOSA, *I contratti di borsa. Il riporto,* vol. XXXV; t. 2, do *Trattado di diritto civile e commerciale* de ANTÓNIO CICU e FRANCESCO MESSINEO (1969), 448-489, e GIUSEPPE REGUSA MAGGIORE, *Il riporto bancario e il riporto-proroga di fronte al fallimento,* Banca, XLV (1982), 1027-1035 (1029-1030).

([11]) Trata-se da solução comum nos diversos autores e nos vários ordenamentos. Assim: VIVANTE, *Il contrato di riporto* cit., 104 (n.º 7), e *Trattato di diritto commerciale,* vol. IV, *Le obbligazioni,* 4.ª ed. (1916), 255 (n.º 1712); G. COTTINO, *Riporto/permuta,* cit., 22 ss.; RAFAEL RUIZ Y RUIZ, *La compravenda de valores*

172 *Crédito*

É *sinalagmático e bivinculante* porquanto implica prestações recíprocas, ficando ambas as partes vinculadas[12].

Surge *oneroso* porquanto ambas as partes são chamadas a efectuar sacrifícios económicos.

É relativo *a títulos de crédito negociáveis:* o legislador afastou, pelo menos nominadamente, o reporte referente a outros títulos, o qual, a ser admissível e quando o seja, terá de se reivindicar da liberdade contratual[13].

Dá lugar a prestações de *dare* e de *facere:* na sua configuração clássica, o reporte obriga as partes a entregar e restituir determinados objectos, surgindo, em simultâneo, múltiplos deveres de actuação a cargo de ambas.

Apresenta-se, por fim, como um contrato típico e nominado, uma vez que, além da designação própria, dispõe, na lei, de uma regulação específica e autónoma.

3. Função e natureza.

I — A natureza do reporte — que merece, aliás, nos nossos dias um consenso bem sedimentado — tem relevância em aspectos importantes do seu regime. Não obstante, e para converter o problema numa questão, puramente conceptual, a sua determinação deve ser precedida por algumas considerações sobre a função da figura.

---

mobiliarios (1944), 163; ENRICO COLAGROSSO, *Diritto bancario/Soggetti-titoli- -negozi giuridici* (1947), 318; D'ESPINOSA, *I contratti di borsa. Il riporto,* cit., 513 ss. Tal como sucede nos restantes contratos reais *quoad constitutionem,* também aqui seria possível suscitar a questão da existência de reportes puramente consensuais, celebrados ao abrigo da autonomia privada. Cf. MENEZES CORDEIRO, *Teoria Geral do Direito Civil,* 2.ª ed. (1988), 517 ss. A questão não tem, contudo, de ser aqui resolvida.

[12] Cf., quando estas noções, MENEZES CORDEIRO, *Direito das Obrigações,* cit., 1.º vol., 422 ss.

[13] Na Alemanha, a prática vai no sentido do alargamento da figura, inserida na categoria das operações de bolsa a termo *(Börsentermingeschäfte).* Quanto ao condicionalismo particular que levou à aprovação da lei de 8 de Maio de 1908 sobre a bolsa cf. PAUL KOUTAÏSSOFF, *Le jeu de bourse/Étude de droit civil comparé/- droits allemand, anglais, français et suisse* (1931), 174 ss. O desenvolvimento histórico da bolsa de Francoforte, onde tiveram a sua origem muitas destas operações e, provavelmente, o próprio reporte, pode ser confrontado em HELMUT COING, «Die Frankfurter Börse in der Entwichklung unserer freiheitlichen Wirtschafts- und Gessellschaftsordnung», ZHR 150 (1986), 141-154.

Entre nós, quanto à possibilidade de alargamento do objecto do reporte, cf. CUNHA GONÇALVES, *Comentário ao Código Comercial Português,* cit., III, 53-54.

Do reporte

II — O reporte tem, no seu essencial, uma *função financeira* [14]. Como explica D' Espinosa:

> Apesar de, na sua estrutura, o reporte se articular como uma dupla transferência de títulos contra um preço, a função económica do reporte não é a de uma operação de troca, mas a de uma operação de crédito [15].

E dentro da categoria financeira, o reporte surge como *operação garantida.*

Na verdade, as partes que recorrem ao reporte não pretendem, por definição, uma transferência de títulos: tudo se passa de modo diverso, uma vez que a titularidade do reportador é efémera. E, pela mesma ordem de ideias, tão-pouco está em causa uma transferência definitiva de fundos. Tudo visto, joga-se, no reporte, um mútuo especialmente garantido [16].

III — A discussão que se poderia travar em torno da natureza do reporte tem a ver com a sua essência unitária ou não-unitária. No primeiro caso, o reporte constituiria um tipo negociável próprio e autónomo, dotado da sua regulação; no segundo, ele deveria ser entendido ou como uma união de contratos, ou como um contrato misto: ele iria retirar de outras figuras preexistentes vários dos seus elementos, compondo-se, depois, uma regulação que de todos fosse um somatório.

Mas a discussão é puramente hipotética, uma vez que, desde sempre, a doutrina defende a natureza unitária do reporte. Entre nós,

---

[14] Cf. RUY ULRICH, *Do reporte,* cit., 45 ss., focando as suas diversas utilidades, todas redutíveis a esse plano. V. ainda: R. CORRADO, *Borsa (contratti di borsa valori),* cit., 548; CYRILLE DAVID, *Le report en Bourse,* RTD Comm., 18 (1965), 287-315 (311); G. COTTINO, *Del riporto,* cit., 124.

[15] D'ESPINOSA, *I contratti di borsa. Il riporto,* cit., 485.

[16] P. ex., R. CORRADO, ob. e loc. ult. cit.; FRANCESCO MESSINEO, *Riporto e mutuo contra pegno di titoli,* Banca 1937, II, 188 ss. = *Operazioni di borsa e di banca,* 2.ª ed. (1954), 171-183 (173) (cita-se por este último local), DOMENICO CARABALESE, *La struttura giuridica delle operazioni di banca* (1923), 310; RUIZ Y RUIZ, *La compraventa de valores mobiliários,* cit., 164; ANTÓNIO RODRIGUEZ SASTRE, *Operaciones de bolsa/Doutrina, legislación y jurisprudência españolas* (1944), 467.

174 Crédito

citem-se Ruy Ulrich[17], Veiga Beirão[18], Cunha Gonçalves[19] e Abílio Neto[20], embora com matizes vários. Na doutrina estrangeira, designadamente na italiana, cuja influência entre nós, neste domínio, já foi mencionada, refiram-se Vidari[21], Vivante[22], Messineo[23], Ascarelli[24], Tartufari[25], Corrado[26], Colagrosso[27], D'Espinosa[28], Cottino[29], entre outros.

Pode ainda acrescentar-se ser esta a posição há muito dominante na doutrina alemã.

IV — A natureza unitária do reporte aflora em pontos tão simples e significativos como: não faz sentido atribuir um papel autónomo a alguma das operações materiais ou jurídicas que nele se insiram ou não é possível invalidar um dos «negócios» parciais que comporiam o reporte sem, com isso, invalidar o conjunto[30].

Este ponto suscita hoje consenso alargado. Mas queda ainda verificar se, sendo unitário, o reporte não poderá reconduzir-se a algum outro tipo negocial.

---

[17] RUY ULRICH, *Do reporte,* cit., 221.

[18] FRANCISCO ANTÓNIO DA VEIGA BEIRÃO, *Direito Comercial Portuguez/ /Esboço de um Curso* (1912), 128.

[19] CUNHA GONÇALVES, *Da Compra e Venda,* cit., II, 51, e *Código Comercial Anotado,* cit., III, 53, apelando à figura da venda.

[20] ABÍLIO NETO, *Código Comercial Anotado,* 7.ª ed. cit., 448, falando em «unidade orgânica».

[21] ERCOLE VIDARI, *Corso di diritto commerciale,* vol. III, 4.ª ed. (1895), 583 (n.º 2928).

[22] CESARE VIVANTE, *Il contratto di riporto,* cit., 98.

[23] FRANCESCO MESSINEO, *Riporto e mutuo contra pegno di titoli,* cit., 175, bem como locais abaixo examinados.

[24] TULLIO ASCARELLI, *In tema di operazioni di banca e di borsa,* RISG 1 (nova série), 1926, 367-384 (372).

[25] LUIGI TARTUFARI, *Della vendita e del riporto,* cit., 596, que, apesar de admitir no reporte uma compra e uma revenda, considera-as «[...] entre si íntima e indisssociavelmente coligadas».

[26] RENATO CORRADO, *Borsa (contratti di borsa valori),* cit., 548.

[27] ENRICO COLAGROSSO, *Diritto bancario/Soggetti — titoli — negozi giuridici,* cit., 375-376 e 379.

[28] LIUGI BIANCHI D'ESPINOSA, *I contratti di borsa. Il riporto,* cit., 491 e *passim.*

[29] GASTONE COTTINO, *Del riporto/Della permuta,* cit., 18 e *passim.*

[30] Ficam, naturalmente, ressalvadas as regras da redução, que não têm a ver, de modo directo, com o que se trata no texto.

Em termos algo abstractos, têm sido referidos, a tal propósito, três grandes grupos de teorias [31]:

— as teorias do empréstimo;
— as teorias do penhor;
— as teorias da compra-e-venda.

As *teorias do empréstimo* vêem no reporte uma espécie de mútuo: o reportado receberia, no essencial, uma coisa fungível — o dinheiro —, obrigando-se a restituir outro tanto; o reportado, por seu turno, receberia títulos que, de igual modo, teria de restituir; o esquema seria mesmo facilitado porque, no reporte, o reportador não tem de restituir os *próprios títulos que recebeu,* mas antes títulos da *mesma espécie.* Em termos efectivos, esta orientação tem algum peso: tem sido focado o papel do reporte como meio de obter crédito [32]. Mas juridicamente a distinção é clara: o regime do reporte — com a sua dupla transmissão e a particular forma de calcular o «preço» — não tem a ver com as regras do mútuo. Resta apenas concluir — mas aí sem dúvidas — que o Direito põe à disposição dos interessados várias formas de conseguir crédito; entre elas contam-se o mútuo, o comodato, o reporte e outras [33]. Trata-se de uma situação relevante em termos interpretativos, mas que não autoriza a suspensão das diversas figuras.

As teorias do penhor enfocam, no reporte, a dimensão de garantia: a entrega dos títulos teria, no fundamental, o papel de assegurar a efectivação da restituição do dinheiro. A garantia, só por si, mal descreveria o reporte: por isso, estas teorias surgem combinadas com a anterior. De novo aqui a doutrina chama a atenção para o intenso paralelo económico existente entre o mútuo pignoratício e o reporte [34]. Há, no entanto, diferenças de regime, servidas por toda uma tradição de separação que se deve preservar.

---

[31] Cf. RUY ULRICH, *Do reporte,* cit., 185 ss., com adaptações. V. RODRIGUEZ SASTRE, *Operaciones de bolsa,* cit., 454 ss .

[32] O reporte destaca-se da antecipação, entendida sempre como mútuo; cf. FRANCESCO MESSINEO, *L'anticipazione sopra valori mobiliari e merci,* em *Operazioni di borsa e di banca,* cit., 371-431; cf., desse mesmo autor, *Riporto e mutuo contra pegno di titoli,* cit., 171 ss. Por fim, D'ESPINOSA, *I contratti di borsa. Il riporto,* cit., 536 ss.

[33] Cf. R. CORRADO, *Borsa (contratti di borsa valori),* cit., 548.

[34] Cf. D'ESPINOSA, *I contratti di borsa. I riporto,* cit., 541.

As *teorias de compra-e-venda* foram as mais antigas, emergindo já no próprio relatório Mancini, que antecedeu o projecto do que seria o revogado Código Comercial italiano de 1882 [35]. Para elas, o reporte analisar-se-ia, de facto, em duas compras-e-vendas simultâneas, uma imediata e outra diferida, de sinal contrário. Trata-se, porém, de uma orientação abandonada entre nós já desde Ruy Ulrich. Na verdade, qualquer contrato que implique a transferência de direitos, mediante dinheiro — e todos os contratos onerosos redudam, no fundo, em esquemas desse tipo —, têm algo da compra-e--venda, que funciona como o grande modelo dos negócios translativos e dispendiosos. Mas por aí ficam as semelhanças: o reporte funciona como um todo, uma estrutura, e não como um somatório. Por isso, as regras que se lhe aplicam são diversas das simples compras-e-vendas.

V — É, pois, com tranquilidade que a doutrina actual — com raízes, aliás, bastante antigas — considera o *contrato de reporte* como um negócio próprio, autónomo, típico ou *sui generis* dotado de *regras específicas* e com *objectivos financeiros.*

4. Os denominados direitos acessórios

I — Do regime do reporte — aliás bastante claro — interessa determinar quanto respeita aos denominados direitos acessórios.

Como pano de fundo e prevenindo confusões, interessa ter presente que, no reporte, não há *uma venda actual de títulos* e uma recompra diferida de *títulos da mesma espécie,* entre os mesmos intervenientes; *a venda e a recompra são simultâneas,* só que uma opera *a dinheiro de contado* e a outra *a termo* — artigo 477.º do Código Comercial.

O reporte não obriga, pois, o reportado a recomprar os títulos nem o reportador a revendê-los: *chegado o termo, a «revenda», já celebrada aquando do reporte, produz os seus efeitos, sem necessidade de qualquer outra manifestação de vontade humana.*

---

[35] Elas aparecem, assim, na doutrina mais antiga, com exemplo de VIDARI, *Corso di diritto commerciale,* III, 4.ª ed. cit., 528 (n.º 2927). Recorde-se que, entre nós, foi protagonista desta orientação CUNHA GONÇALVES.

II — Os *direitos acessórios* são, genericamente, todas as vantagens que, pelo Direito, cabem aos titulares dos títulos de crédito dados de reporte. Em princípio, eles irão variar com o tipo de títulos em jogo [36].

Põe-se questão de saber *a quem competem* tais direitos acessórios, durante o reporte: se ao reportador, se ao reportado.

Uma primeira posição possível, de tipo radical, negaria pura e simplesmente a existência do problema: tudo se dissolvendo em duas compras-e-vendas, reportado, reportador e reportado seriam, por esta ordem, sucessivamente proprietários. E assim sendo, os direitos acessórios caberiam, por essa mesma ordem, também sucessivamente, aos intervenientes.

Esta posição maximalista tem sido, há mais de meio século, sempre rejeitada. Duas razões fundamentais, na verdade, a tanto obrigam:

> —*em termos metedológicos,* fazer depender o regime do reporte da sua qualificação conceptual como «compra-e--venda» equivale de uma forma exacerbada de *jurisprudência dos conceitos;* há que prevenir tais excessos arcaicos ponderando, no mínimo, os valores em presença. Noutro prisma: a qualificação conceptual depende do regime e não o inverso;
> —*em termos de direito positivo,* sabe-se hoje que o reporte é um tipo *negocial próprio e autónomo;* não se lhe podem aplicar, sem mais, as regras da compra-e-venda, antes cabendo pesquisar os normativos mais adequados para os interesses em jogo.

III — O artigo 478.º do Código Comercial Português dispõe:

> A propriedade dos títulos que fizerem objecto do reporte transmite-se para o comprador revendedor, sendo, porém, lícito às partes estipular que os prémios, amortizações e juros que couberem aos títulos durante o prazo da convenção corram a favor do primitivo vendedor.

---

[36] Quanto às diferentes categorias de títulos de crédito, cf. as classificações abrangentes de HUECK/CANARIS, *Recht der Wertpapiere,* 11.ª ed. (1977), 18, WOLFGANG ZÖLLNER, *Wertpapierrecht,* 13.ª ed. (1982), 8, ss., GIUSEPPE GUALTIERI, *I titoli di credito* (1853), 83 ss., e ALBERTO ASQUINI, *I titoli di credito,* recolhido por GIORGIO OPPO (1939), 87 ss.

178 *Crédito*

Trata-se de um preceito inspirado no artigo 72.º/3 do Código de Comercio italiano de 1882:

As partes poderão acordar que os prémios, os reembolsos e os juros destinados a seguir esses títulos no período do reporte devam aproveitar ao vendedor.

Uma vez que o preceito português foi retirado do italiano, parece razoável ponderar a interpretação deste ponto, em Itália.

IV — A doutrina mais antiga[37], partindo da ideia de que, no reporte, se assistia a uma dupla venda da propriedade, imputava os direitos acessórios ao reportador. Mas cedo houve uma viragem espectacular, baseada, sobretudo, nos trabalhos clássicos de Vivante[38] de Messineo[39], e que acabaria por fazer o pleno da doutrina e da jurisprudência.

Na sua base encontram-se o uso das diversas bolsas — em Itália, em Espanha, em França e na Alemanha[40] — de atribuir ao reportado os referidos direitos acessórios ou, pelo menos, as vantagens a eles inerentes. A argumentação apresentada pelos diversos autores não era coincidente, antes revelando diversas subtilezas particulares.

No entanto, em grandes traços, podem apontar-se as seguintes proposições:

Vivante: à partida, o reportador teria tais direitos; «[...] *mas, na restituição, deve creditar ao reportado o seu valor, pois os*

---

[37] Cita-se, a tal propósito, BREGLIA e TARTUFARI, este último nas primeiras edições do seu *Della vendita e del riporto*. A edição aqui consultada — a 6.ª, revista e actualizada por ENRICO SOPRANO — , deixa já, porém, entender outra posição.

[38] CESARE VIVANTE, no já citado *Il contratto di riporto*, RDComm, 23 (1925), 97-117 (especialmente, 110 ss.)

[39] FRANCESCO MESSINEO, *La sorte dei diritti accessori nel contratto di riporto*, RDComm, 23 (1925), 328-329, também publicado em MESSINEO, *Operazioni di borsa e di banca/Studi giuridici*, 2.ª ed. (1954), 147-163, de que existe uma versão em castelhano, de R. GAY DE MONTELLA, sob o título *Operaciones de bolsa y de banca/Estudios jurídicos* (1957), 138-152.

[40] Cf., p. ex., MESSINEO, *La sorte dei diritti accessori*, cit., 334, CYRILLE DAVID, *Le report en Bourse*, cit., 302, ASCARELLI, *In tema di operazioni di banca*, cit., 372, citando NUSSBAUM, RUIZ Y RUIZ, *La compraventa de valores mobiliarios*, cit., 166, RODRIGUEZ SASTRE, *Operaciones de bolsa*, cit., 464, COTTINO, *Del riporto/della permuta*, cit., 56, e LUIGI BIANCHI D'ESPINOSA, *Borsa valori/Contratti di borsa*, ED, 5 (1959), 592-608 (600).

títulos que deve restituir devem ter o mesmo conteúdo do que aqueles que recebeu na conclusão do contrato, no momento em que recupera integralmente o preço desembolsado» [41];

Messineo: «A razão pela qual a prática de exercer os direitos acessórios *por conta* do reportado parece-me legítima e a qual Tartufari e Breglia não abalaram é a mesma que referi mais à frente. *Qualquer que seja o preço que o reportado deva pagar para retomar os títulos no fim da operação,* isto é, igual, superior ou inferior ao recebido, conserva sempre o *seu direito a receber o tantundem* dos títulos; aí, bem poderá o reportador não restituir os mesmos que recebeu, mas deverá substituir *em qualquer caso, títulos equivalentes.* Supor que possa restituir títulos depauperados dos acessórios equivaleria a autorizar efeitos não consentidos pelo contrato e, indirectamente, deformar a índole destes» [42].

Outros argumentos foram aventados; assim, Vivante entendia que o «vendedor» referido no artigo 72/3 do Código de Comércio italiano era, na realidade, o reportador [43]; Tartufari, por seu turno, chamava a atenção para o facto de, dados os usos da bolsa, se dever ter por inseridos nos diversos reportes a cláusula atribuindo os «acessórios» ao reportado [44]; Ascolli propõe que, caso a caso, se indague da probabilidade da sujeição das partes aos referidos usos [45].

A jurisprudência acolheria estas enérgicas posições doutrinárias; segundo a Cassação Italiana, em 25 de Janeiro de 1932:

«[...]na falta de um pacto em contrário, o benefício destes direitos (acessórios) deve caber ao reportado, porque os títulos devem-lhe ser restituídos com o mesmo conteúdo que o reportador recebeu no momento »[46].

---

[41] VIVANTE, *Il contratto di riporto,* cit., 111.

[42] MESSINEO, *La sorte dei diritto accessori,* cit., 334.

[43] VIVANTE, *Il contratto di riporto,* cit., 111. Este autor, *ob.* cit., 112, chamava ainda a atenção para o enriquecimento injusto que a solução inversa iria acarretar para o reportador e contra o reportado.

[44] TARTUFARI, *Della vendita e del riporto,* 6.ª ed. cit., 628.

[45] ASCOLI, *In tema di operazioni di banca e di borsa,* cit., 374.

[46] Transcrito em D'ESPINOSA, *I contratti di borsa. Il riporto,* cit., 500, nota 35; cf., também desse autor, *Le operazioni e i contratti di borsa* (1960), 69-70.

V — Estava preparado o terreno doutrinário e jurisprudencial para uma clarificação legal. O Código Civil de 1942, que recebeu o Direito Comercial, veio dispor, no seu artigo 1550:

> Os direitos acessórios e os deveres inerentes aos títulos de reporte pertencem ao reportado [...]
> O direito de voto, salvo pacto em contrário, pertence ao reportador.

O preceito é aplaudido pela generalidade da doutrina, que o considera como mera consolidação do direito anterior [47]. E a justificação mantém-se bastante simples; nas palavras de Colagrosso:

> Dada a unidade orgânica do contrato, os direitos acessórios e os deveres inerentes aos títulos dados de reporte, ao contrário do que sucedeu na venda a termo (art. 1531 Cód. Civ.) respeitam ao reportado, por ele ser o propriétario definitivo da operação concluída [...] [48]

Naturalmente, quando se trata de exercer posições que requeiram a posse das acções — a qual compete ao reportador — há que estabelecer esquemas de colaboração entre as partes para que todos possam ser satisfeitos. Há neste ponto uma vasta casuística, que varia, no modo de efectivação prática, em função dos concretos direitos em jogo [49]. Não há, contudo, dúvidas no essencial.

VI — No Direito português, esta matéria está por estudar. A doutrina antiga, assente na ideia de compra-e-venda ou da propriedade, sem mais, do reportador, atribuía a este os direitos acessórios [50]. Mais recentemente, o tema não tem sido focado.

---

[47] Cf., p. ex., GASTONE COTTINO, *Del riporto/Della permuta*, cit., 57, D'ESPINOSA, *I contratti di borsa. Il riporto*, cit., 500, e *Borsa valori*, cit., 600.

[48] ENRICO COLAGROSSO, *Diritto bancario*, cit., 337.

[49] Por exemplo, o caso relatado em ANDREA PACCIELO, «A proposito di un caso di riporti di titoli azionari con diritto di voto riservato al riportato e legittimazione al voto», *Banca*, XLV (1982), 147-151 (149): fora-se, aí, mais longe, atribuindo, também, ao reportado o direito de voto; em Assembleia Geral pôs-se, depois, o problema de como poderia ele votar, em termos práticos, uma vez que não era o possuidor de títulos.

[50] Cf. RUY ULRICH, *Do reporte*, cit., 140 ss.., baseando-se exclusivamente na propriedade, e CUNHA GONÇALVES, *Comentário*, cit., III, 55, também assente na propriedade.

O artigo 478.º do Código Comercial, em jogo neste ponto, recebe claramente o artigo 72.º do Código Comercial italiano de 1882.

Além disso, é conhecido o papel do pensamento jurídico italiano na comercialística portuguesa. Tanto bastaria, para transpor as considerações acima alinhadas para o espaço nacional, concluindo que, afinal, os direitos acessórios competem ao reportado. Não se vai, no entanto, absolutizar este aspecto. Apenas se dirá que, dado o flagrante paralelo com o Direito italiano anterior a Rocco, há um *argumento histórico* sério, no sentido de, no Direito português, imputar ao reportado os direitos acessórios.

Outros argumentos devem, agora, ser ponderados:

Dogmáticos:

1. No reporte, o reportador deve, no final, restituir «[...] títulos da mesma espécie [...]» — artigo 477.º do Código Comercial —, ou seja, com as *mesmas qualidades;* ora, a fazer os seus direitos acessórios, ele iria restituir títulos depauperados, despidos de alguma ou algumas das suas potencialidades; em suma: títulos de *outra espécie,* já que não releva tanto a sua designação como o seu real conteúdo.

2. No reporte, compra e revenda operam *logo,* havendo apenas um contrato; o reportador é proprietário sujeito a *termo resolutivo:* apenas detém uma «propriedade» gravada, com a qual, assim sendo, apenas pode gerar produtos gravados.

Teleológicos:

1. No reporte há, em termos substanciais, um *negócio financeiro* e não um esquema aquisitivo; assim sendo, ele não poderia ser utilizado para receber outras vantagens que não as proporcionadas pelo próprio reporte.

2. O reporte não é um negócio aleatório([51]); assim, ele não iria abranger vantagens eventuais, que escapassem à vontade inicial, autodeterminada, das partes.

([51]) Neste ponto: CESARE COLTRO LAMMPI, *Considerazioni sui contratti a premio e sulla, aleatorietà dei contratti di borsa,* RDComm, 56 (1958), I, 380-405 (397), e MAGGIORE, *Il riporto bancario,* cit., 1030;

Sistemático:

O reporte sujeita-se, como contrato, aos princípios gerais[52] e, designadamente, aos que limitam os juros, vedam a usura e proscrevem o enriquecimento injusto.

Há, pois, razões ponderosas, de ordem histórica, dogmática, teleológica e sistemática que, no Direito português, pressionam para a atribuição, ao reportado, dos direitos acessórios.

VII — Haverá que propor a ultrapassagem, por via interpretativa, do artigo 477.º do Código Comercial? Pensa-se que não.

O artigo 477.º, na parte aqui em causa, permitirá tão-só retirar uma *norma supletiva:* a de que *durante o prazo da convenção,* correm a favor do reportador os *prémios, amortizações e juros.*

Podem as partes, de modo directo ou indirecto, expresso ou tácito, no próprio contrato de reporte, em contrato antecedente ou em contrato subsequente, estipular que tais prémios, amortizações e juros caibam ao reportado.

Mas sobretudo, nenhuma razão há para *interpretar de modo extensivo* o referido artigo 477.º do Código Comercial. Pelo contrário: fortes razões já ponderadas reclamariam mesmo uma interpretação mais comedida.

VIII — Desde logo, ao referir [...] *prémios, amortizações e juros*[...] *durante o prazo da convenção corram* a favor [...], a lei está a chamar a atenção para realidades que vencem *periodicamente,* de *modo repetido.* Um exemplo: havendo um reporte sobre títulos que, na sua vigência sejam *integralmente* amortizados, não se vê que[53] o reportador possa nada restituir, no termo.

Depois, ao restringir a referência aos «prémios, amortizações e juros», deixa-se no vago tudo quanto, sendo acessório, não possa reconduzir-se a essas realidades. A tais realidades haverá que aplicar as regras gerais que informam o reporte e que determinam, no termo, uma total restituição ao reportado.

---

[52] Assim sucede também com os contratos inominados que surgem neste domínio; cf. a sentença do Tribunal de Milão de 11 de Novembro se 1982, *Borsa,* XLVI, (1983), 461-465.

[53] Salvo, naturalmente, se a interpretação do contrato permitir revelar que as partes o celebraram tendo em vista esse factor.

Em suma: *julga-se possível, através do sublinhar da natureza supletiva do artigo 477.º do Código Comercial e da necessidade de prevenir a sua interpretação extensiva, colocá-la em consonância com o Direito Comercial dos nossos dias.*

O reporte vê, assim, reforçada a sua posição como negócio de crédito.

VII — OBRIGAÇÕES EM MOEDA ESTRANGEIRA E TAXAS DE JUROS *

1. Introdução

I — Pretende-se aqui abordar um problema teórico com implicações práticas significativas: o de saber, em última análise, qual a taxa de juros de uma obrigação pecuniária em moeda estrangeira.

A relevância efectiva, na ordem jurídica portuguesa, de um problema deste tipo é bastante recente. Durante longos anos, as taxas legais de juros nos países em cujas moedas mais vezes se estipulavam obrigações pecuniárias em moeda estrangeira eram próximas das nossas.

Como meros exemplos, comparem-se os dados seguintes: *juros legais na Alemanha* — em matéria civil, segundo o § 246 do BGB, 4%; em matéria comercial, segundo o § 252/1,1 do HGB, 5%([1]); *juros legais em Itália* — em matéria civil ou comercial, segundo o artigo 1284 do Código Civil, 5%; *juros legais em Espanha* — em matéria civil ou comercial, segundo o artigo 1108 do Código Civil, 6%, salvo quando o Governo determine outras taxas([2]); *juros legais em França* — até 1975, 4% em matéria civil e 5% em sentido comer-

---

* Publicado em *O Direito*, 119 (1987).

([1]) Quanto a outras taxas em uso, cf. STAUDINGER / K. SCHMIDT, *Kommentar zum BGB,* 12.ª ed., 1983, §§ 243-254, n. 50 e ss. (pp. 403 e ss.).

([2]) Segundo a Lei de 2 de Agosto de 1899, tal taxa era de 5%, baixando para 4% pela Lei de 3 de Outubro de 1939.

cial([3]); *juros legais em Portugal* — até 1980, 5%, segundo o Código Civil de 1966, artigo 559.º n.º 1 ([4]).

Era, pois, *relativamente indiferente* que, perante uma obrigação pecuniária em moeda estrangeira, fossem cobrados juros à taxa do país correspondente à moeda estipulada.

Como é sabido, a economia portuguesa conheceu, na última década, um processo inflacionário bastante intenso. Tal processo veio a repercutir-se na ordem jurídica, sendo fixada, a partir de 1980, uma taxa legal de 15%, elevada, três anos mais tarde, para 23% ([5]).

A partir de então, o saber se, perante uma obrigação em moeda estrangeira, se aplica a taxa legal portuguesa ou a do país da obrigação em causa torna-se de *particular importância*.

II — Ao que se sabe, nunca o problema acima indicado foi posto nos nossos tribunais superiores, de forma expressa([6]); tão-pouco sobre ele recaíram considerações doutrinais, expressas e divulgadas.

([3]) Uma Lei de 3 de Setembro de 1807 fixou essas taxas em 5% e 6%, respectivamente; a Lei de 7 de Abril de 1900 baixou-as para 4% e 5%, subindo para 5% e 6% pela Lei de 18 de Abril de 1918 e regressando, pela Lei de 8 de Agosto de 1935, aos 4% e 5%. A Lei de 11 de Julho de 1975 indexou, em certos termos, a taxa dos juros legais à taxa de desconto do Banco de França, o que, na prática implicou uma certa elevação.

([4]) O Código Civil de SEABRA, de 1867, fixava a taxa legal de juro em 6%, no seu artigo 720.º, § único, introduzido pela reforma de 1930, para as obrigações civis e comerciais. Esta taxa manteve-se em vigor depois de 1966, no domínio do direito comercial, segundo, a jurisprudência domiante — por exemplo, Relação de Évora, acórdão de 8 de Novembro de 1977, *BMJ* 273 (1978), p. 330: não sendo matéria civil, não foi atingida pela revogação operada pelo Código novo. As alterações introduzidas no Código Civil em vigor pelo Decreto-Lei n.º 200-C/80, de 24 de Junho, remeteram a fixação da taxa dos juros legais para a portaria conjunta dos Ministros da Justiça e das Finanças e do Plano. Desde logo , a Portaria n.º 447/80, de 31 de Julho, fixou tal taxa em 15%; a Portaria n.º581/83, de 18 de Maio, elevá-la-ia para 23%.

([5]) V. as referências legislativas feitas na nota anterior. Quanto à reforma legislativa de 1980, no tocante às taxas legais de juros, cf. SIMÕES PATRÍCIO, *As novas taxas de juros do Código Civil,* BMJ 305 (1981), pp. 13-65.

([6]) Tem-se conhecimento de ter havido alusões ao tema em litígios colocados perante a primeira instância; o presente estudo ficou concluído em princípios de 1986.

Para tal incipiência contribuiu, por certo, a novidade relativa da questão, de que já foi dada conta. Mas joga também outra ordem de factores, que se prende com a normalidade da contratação privada.

Com efeito, a estipulação de obrigações pecuniárias em moeda estrangeira revela um apuro elevado na fixação das normas contratuais aplicáveis. Torna-se, pois, de esperar que, quando desçam ao ponto de estipular pagamentos em moeda estrangeira, as partes não descurem a cláusula de juros. Ora, em princípio, *a estipulação, pelas partes, de uma taxa de juros afasta a aplicação da taxa legal*. Poucas vezes, pois, um contrato com cláusula de cumprimento em moeda estrangeira suscitará problemas de aplicação de taxas legais de juros.

III — Várias circunstâncias podem, no entanto, colocar o problema das taxas legais dos juros em moeda estrangeira.

Em primeiro lugar, e por inabitual que possa parecer, é sempre possível que as partes fixem o pagamento em moeda estrangeira e descurem a determinação das taxas de juros relevantes para o caso.

Seguidamente, cabe recordar que os juros podem ser computados em obrigações de origem extracontratual; o recurso às taxas legais torna-se, então, mais comum, mesmo quando o pagamento deva ter lugar em moeda estrangeira.

Por fim, pode suceder que as partes num contrato cujas obrigações sejam valutárias nada tenham pactuado sobre juros, tranquilizadas por a taxa de juro legal vigente, em Portugal, até 1980, coincidir com a taxa em vigor no país estrangeiro da moeda considerada ou, pelo menos, dela se aproximar. Posteriormente, tudo seria posto em causa pela subida, sem precedentes, da taxa legal de juros [7].

O Direito terá de dar uma resposta.

IV — A solução de casos jurídicos deve operar à luz da ciência e da cultura do Direito. Há, por isso, que evitar respostas aprioristicas, ainda quando o valor das intuições — tantas vezes servidas pela experiência — não deva ser minimizado.

De qualquer forma, sempre se adianta que, sem prejuízo das considerações abaixo elaboradas, seria *chocante admitir obrigações*

---

[7] De acordo com a jurisprudência constante, os juros de mora são calculados segundo a lei do tempo em que decorrer a mora; assim os Acórdãos da Relação de Coimbra de 2 de Fevereiro de 1982, *BMJ* 316 (1982), p. 280, e do Supremo Tribunal de Justiça de 15 de Novembro de 1983, *BMJ* 331, pp. 575-578 (578).

em moeda estrangeira estável a uma taxa legal de 15% ou 23%: por certo nem o legislador nem as partes iriam ter em mente semelhante violência.

Cabe ponderar, no entanto, a bondade das diversas soluções possíveis.

A pesquisa deve fixar, em primeira linha, os quadros que informam os termos das obrigações pecuniárias das obrigações em moeda estrangeira e das hipóteses que podem integrar o problema em análise.

A pesquisa encerra com conclusões.

I — OBRIGAÇÕES PECUNIÁRIAS, OBRIGAÇÕES EM MOEDA ESTRANGEIRA E OBRIGAÇÕES DE JUROS

2. Obrigaçõs pecuniárias

I — A obrigação pecuniária surge como modalidade de vínculo creditório, caracterizado em função do seu *objecto*: uma prestação pecuniária ou em dinheiro.

O Código Civil — à semelhança, aliás, do que ocorre em diplomas similares — versa, nalguns pontos, a obrigação pecuniária, sem desenvolver o que ela tem de mais característico: o seu objecto, o dinheiro.

II — Deve entender-se, de acordo com as regras gerais de interpretação, que a lei vigente, ao referir obrigações pecuniárias, remete para a noção geral de dinheiro, tal como nos advém da linguagem comum e da Ciência da Economia.

O dinheiro ou moeda surge, no fundamental, como *um meio geral de troca* e uma *bitola geral de valor: meio geral de troca,* porquanto permite a aquisição de quaisquer mercadorias existentes, sendo recebido pelo alienante[8]; *como bitola geral de valor,* na medida em que faculta uma comparação rápida e eficaz entre a valia das diversas mercadorias entre si[9]; a possibilidade de utilizar o dinheiro como bitola geral de valor perante realidades espaçadas no tempo depende da estabilidade do valor do dinheiro, em termos conhecidos.

---

[8] Cf. KARL LARENZ, *Lehrbuch des Schuldrechts,* I — *Allgemeiner Teil,* 13.ª ed., 1982, p. 151.

[9] Cf. JOSEF ESSER / EIKE SCHMIDT, *Schuldrecht / Allgemeiner Teil,* I, 5.ª ed., 1976, pp. 131-132.

O dinheiro ou moeda é, por vezes, utilizado não para exprimir as realidades económicas acima expressas — portanto, meio geral de troca e bitola geral de valor —, mas para traduzir as figurações materiais que lhe correspondam: moedas, notas de banco ou meios de pagamento equivalentes. Há que ter em conta este desvio linguístico comum e explicável. Com efeito, em termos jurídicos, *a obrigação pecuniária é aquela cuja prestação redunda numa entrega em dinheiro, entendido como realidade económica: meio geral de troca e bitola geral de valor.*

Fica, pois, excluída a obrigação que tivesse em vista entrega de espécies monetárias tomadas em si mesmas, independentemente de servirem como meio geral de troca ou de bitola de valor, pelo seu valor histórico ou numismático: nada mais haveria, então do que simples prestações de coisa, genérica ou específica, consoante a estipulação([10]).

III — O Código Civil trata das obrigações pecuniárias de forma tripartida. Distingue([11]): *obrigações de quantidade* — o seu objecto traduz-se apenas por uma determinada quantidade ou soma de dinheiro, por exemplo, 100 escudos; *obrigações de moeda específica* — o seu objecto é expresso não só numa determinada qualidade particular da moeda considerada; por exemplo, 100 escudos, em moedas de 25; e *obrigações em moeda estrangeira* — o seu objecto consiste em dinheiro que tenha curso legal noutro espaço jurídico.

Esta classificação, que resulta dos artigos 550.º e ss., e 552.º e ss., 558.º e ss. do Código Civil, dá lugar a termos *interpenetráveis.*

De facto, as obrigações em moeda estrangeira podem também por seu turno, ser de quantidade ou de moeda específica. Haveria, então, que apurar uma coordenação particular que englobasse as diversas normas em presença.

([10]) V. VAZ SERRA, *Obrigações pecuniárias,* separata do *BMJ* 52, 1956, pp. 10 e ss.; ANTUNES VARELA, *Das Obrigações em Geral,* vol. 1, 1982, 4.ª ed., p. 756; ALMEIDA COSTA, *Direito das Obrigações,* 1984, 4.ª ed., pp. 499-500. Nos termos gerais, a obrigação será genérica quando designe espécies através de certas características, sendo indiferente os objectos concretos que a preencham — por exemplo, tantas moedas de 1$00 de 1935; pelo contrário, será específica quando exprima uma espécie individualmente determinada — por exemplo, a moeda de 1$00 que certa personalidade ofereceu em determinada ocasião.

([11]) Cf. MENEZES CORDEIRO, *Direito das Obrigações,* 1.º vol., 1980, p. 351.

No entanto, fica claro que, quando se fala, simplesmente, de obrigações pecuniárias, tem-se em mente obrigações de quantidade, em moeda nacional.

IV — A regra geral relativa às obrigações de quantidade vem referida no artigo 550.º do Código Civil, como *princípio nominalista:*

O cumprimento das obrigações pecuniárias faz-se em moeda que tenha curso legal no País à data em que for efectuado e pelo valor nominal a que a moeda nesse momento tiver, salvo estipulação em contrário

O *princípio nominalista* vale como preceito jurídico-normativo; não como produto emanente da própria moeda[12]. A sua análise cabal implica a ponderação de vários aspectos que lhe estão subjacentes.

Em primeiro lugar, o princípio nominalista move-se no seio dos *diversos «valores»* atribuídos à moeda. Recorde-se que tais valores podem ser[13]:

O *valor nominal* ou *valor extrínseco,* imposto por lei a cada moeda, e constando, de modo publicitado, dos exemplares que, em concreto, traduzam a moeda considerada;

O *valor metálico* ou *valor intrínseco,* que corresponde ao valor da matéria — do metal — incluída nas espécies monetárias, quando se pretendesse dar-lhe uma qualquer outra aplicação[14];

O *valor de troca*[15], que traduz o poder aquisitivo da moeda, isto é, a quantidade de mercadorias que a moeda considerada pode, efectivamente, proporcionar;

---

[12] Cf. LARENZ, *Schuldrecht / Allgemeiner Teil*'' cit., p. 157.

[13] Cf. MANUEL DE ANDRADE, *Obrigações pecuniárias,* RLJ 77 (1944), pp. 49 e ss.; também ANTUNES VARELA, *Das Obrigações em Geral,* 1.º vol., 4.ª ed., cit., pp. 757 e ss.

[14] O valor intrínseco releva, na prática, apenas perante moedas metálicas, donde o falar-se em «valor metálico»; com efeito, o valor intrínseco do papel--moeda — o valor do próprio papel, quando lhe fosse dada outra aplicação — é praticamente nulo.

[15] Fala-se, por vezes, em *valor de troca interno* para deixar claro o tratar-se do poder aquisitivo da moeda dentro do espaço jurídico considerado; contrapor-se--lhe-ia o *valor de troca externo,* o que implica uma interpenetração com o *valor corrente ou cambiário.*

O *valor corrente* ou *cambiário*, que exprime a razão existente entre a moeda considerada e outras moedas estrangeiras; ainda aqui seria possível distinguir um *valor corrente ou cambiário oficial* de um *valor de mercado*, consoante se atenda a câmbios oficialmente fixados pelos bancos centrais ou instituições similares competentes ou a câmbios resultantes das leis do mercado livre.

O princípio nominalista diz, em primeiro lugar, que nas moedas de quantidade revela, apenas, o valor nominal ou extrínseco.

V — O princípio nominalista, para além de mandar atender a um determinado valor da moeda que corresponde já a uma nítida emancipação dos níveis económicos — o valor nominal — tem ainda implícitos certos corolários que lhe dão uma expressão plena.

Assim:

A moeda legal tem um poder liberatório irrecusável pelo seu valor nominal; efectivamente, quando, pelas regras económicas, surjam desvios entre o valor nominal da moeda e os outros valores acima referidos — o valor metálico, o valor de troca ou o valor corrente ou cambiário — apenas uma regra jurídica muito particular poderia dar uma certa consistência ao primeiro; tal regra é a do poder liberatório, isto é, a faculdade reconhecida à moeda com curso legal de provocar, pelo cumprimento, *a extinção das obrigações que exprima, pelo seu valor nominal ou facial*[16];

O valor nominal relevante é o do cumprimento; pactuada certa obrigação por certo valor — ou tendo-se ela, a qualquer título, constituído — e sobrevindo, depois, alterações no valor económico em jogo, é sempre pelo valor facial no momento do cumprimento que se afere o poder liberatório em jogo[17];

---

[16] O poder liberatório irrecusável manifesta-se nas obrigações que, à partida, sejam pecuniárias; mas ocorre também nas obrigações indemnizatórias por danos ou por incumprimentos inultrapassáveis de prestações não fungíveis e em execuções específicas por prestações diversas, mas como modo de calcular o seu valor; cf. BAPTISTA MACHADO, *Nominalismo e Indexação* (sep. da *Revista de Direito e de Estudos Sociais*, XXIV, 1977, pp. 49-77 (51-52).

[17] Cf., por exemplo, ANTUNES VARELA, anotação ao Acórdão do Supremo Tribunal da Justiça de 13 de Janeiro de 1967, *RLJ* 100, 1967, pp. 237-240 (237-238).

O risco das alterações no valor da moeda corre, indiferente-mente, pelos devedores ou pelos credores, consoante o sentido da modificação; em princípio, a valorização da moeda sobrecarrega o devedor, enquanto a desvalorização onera o credor; esta asserção é, na prática, totalmente teórica: bem se sabe que o sentido geral da evolução das moedas — mesmo fora dos períodos de inflação marcada — vai no sentido da desvalorização; a distribuição do risco operada pelo príncipio nominalista faz-se, pois, a favor dos devedo-res[18], podendo mesmo considerar-se como um dos pilares do apre-goado princípio do *favor debitoris.*

Tudo isto pode ser retirado do artigo 550.º do Código Civil.

VI — Com o princípio nominalista — no fundo, a base essencial das denominadas obrigações pecuniárias — prendem-se outros aspec-tos jurídicos de relevo.

Desde logo, há que contar com as denominadas *excepções ao nominalismo,* expressas em permissões legais de actualizar as presta-ções pecuniárias[19]. O artigo 551.º do Código Civil remeteu, nessa eventualidade, para certos indicadores, procurando pôr cobro a uma viva discussão anterior[20].

---

[18] Cf. BAPTISTA MACHADO, *Nominalismo e Indexação* cit., p. 54.
Como contrapartida desta vantagem, a obrigação pecuniária assume uma natureza genérica quase absoluta, que a torna insensível a dificuldades supervenien-tes; estas não poderiam justificar uma impossibilidade de cumprimento, salva a hipó-tese académica do desaparecimento da moeda. Cf., nesse sentido, os Acórdãos do Supremo Tribunal da Justiça de 7 de Outubro de 1982, *BMJ* 320 (1982), pp. 403-406, e de 4 de Dezembro de 1984, *BMJ* 342 (1985), pp. 341-345.

[19] Genericamente previstas no artigo 551.º do Código Civil, tais permissões de actualização ocorrem, por exemplo, na indemnização em renda vitalícia ou temporária — artigo 567.º, n.º 2 —, nas obrigações de alimentos — artigo 2012.º —, nas tornas em dinheiro quando ocorram partilhas em vida — artigo 2029.º, n.º 3 — e nas doações em dinheiro sujeitas a colação e nos encargos que as onerem ou sejam cumpridas pelo donatário — artigo 2019.º n.º 3, todos do Código Civil. Um campo fértil em hipóteses de actualização é o do arrendamento, hoje visado em legislação extravagante.

[20] No âmbito dessa questão surgiu o estudo citado de MANUEL DE ANDRADE, *Obrigações Pecuniárias,* 1944. Intervieram no debate, entre outros, VAZ SERRA e a *Revista dos Tribunais.* O tema foi comtemplado num desenvolvido Pare-cer do Ministério Público de 10 de Novembro de 1962, *BMJ* 142 (1965), pp. 197-206, e deu lugar ao assento do Supremo Tribunal de Justiça de 4 de Dezembro de 1964, *BMJ* 142 (1965), pp. 215-218 (217), anotado por VAZ SERRA, *RLJ* 98 (1965), pp. 136-145.

De seguida, convém ter presente a *configuração interna da utilização da moeda no espaço jurídico considerado; este movimenta normas que vão desde a própria determinação do valor da moeda à sua convertibilidade e ao poder liberatório das diversas espécies que a componham.* A tanto haverá oportunidade de regressar.

VII — As obrigações pecuniárias correspondem, pois, a vínculos cujo objecto redunda em dinheiro.

Mas elas devem ser entendidas *em termos estritamente jurídicos; uma obrigação pecuniária é, essencialmente, o produto de um conjunto de regras de direito, dimanadas, de modo directo, para agir sobre uma realidade que, embora de origem económica, ganha reconhecida autonomia jurídica.*

3. Obrigações em moeda estrangeira

I — A existência, no Globo, de vários espaços jurídico-económicos conduz à possibilidade de obrigações em moeda estrangeira, também chamadas «obrigações valutárias».

Na obrigação em moeda estrangeira ocorre, desde logo, um débito pecuniário, válido perante determinada ordem jurídica; simplesmente o objecto desse débito recai sobre uma moeda diferente da do espaço correspondente à ordem jurídica considerada.

A possibilidade, perante a ordem jurídica portuguesa, de estipular em moeda estrangeira, resulta do artigo 558.º do Código Civil; esta disposição, embora não o disponha de modo directo, pressupõe a validade de cláusulas a tanto destinadas.

II — A presença de obrigações em moeda estrangeira pode advir de estipulações *directas ou indirectas.*

Directas, quando as partes insiram, nos seus instrumentos negociais, cláusulas que imponham, como objecto de vínculo, uma moeda estrangeira.

Indirectas, sempre que o recurso à moeda estrangeira resulte de preceitos contratuais dirigidos a outras latitudes: por exemplo, de claúsulas penais ou da lei aplicável a certas obrigações.

As estipulações de moeda estrangeira, seja qual for a forma que assumam, podem ainda destinar-se a dois *objectivos distintos :* a prevenir uma particular instabilidade da moeda nacional e, designada-

Obrigações em moeda estrangeira e taxas de juro   195

mente, a evitar os inconvenientes que possam advir para as partes da sua desvalorização; a facultar às partes o manusear de certa moeda, por razões de outra ordem; por exemplo, o credor pretende obter, no cumprimento, moeda de certa nacionalidade, para ulteriores aplicações.

Quando tenha lugar em países cuja moeda esteja marcada pela depreciação, o recurso a obrigações valutárias visa, classicamente, *prevenir hipóteses de desvalorização* ([21]); pelo contrário, nos países de moeda forte, a utilização de moeda estrangeira anda, em regra, *ligada a negócios puramente cambiais* ([22])

III — O recurso a obrigações em moeda estrangeira, seja qual for a forma por que tenha lugar e um tanto de acordo com o objectivo que vise ([23]), pode ainda assumir duas configurações bem distintas, na sua estrutura como no seu regime ([24]). Pode tratar-se: de *obrigações valutárias próprias ou puras,* quando o pagamento deva ser realizado em moeda estrangeira efectiva; de *obrigações valutárias impróprias, impuras ou fictícias,* quando as partes apenas tenham pretendido utilizar a moeda estrangeira como bitola do valor da obrigação, podendo o cumprimento ter lugar na moeda nacional que equivalha ao quantitativo estrangeiro estipulado.

Manuel de Andrade introduziu um terceira categoria, algo intercalar em relação às impróprias, e a que chamou *obrigações valutárias mistas.*

([21]) Quanto à estipulação em moeda estrangeira, como forma de evitar a desvalorização da moeda nacional, Cf. BAPTISTA MACHADO, *Nominalismo e Indexação* cit., pp. 61 e ss.

([22]) Por isso e como exemplo, os comentaristas alemães conectam muitas vezes o problema das obrigações valutárias com a legislação relativa aos câmbios.

([23]) Cf. PHILIPP HECK, *Grundriss des Schuldrechts,* 1929, reimpressão 1974, p. 60.

([24]) Esta contraposição, da maior importância, como se verá, no regime das obrigações em moeda estrangeira e na própria questão dos juros, foi elaborada na doutrina alemã, estando, por exemplo, subjacente no escrito de HECK, citado na nota anterior. Cf., entre outros, PALANDT/HEINRICHS, *Bürgerliches Gesetzbuch,* 42.ª ed., 1983, § 245, 4 (p. 229).

A sua introdução, entre nós, deve-se a MANUEL DE ANDRADE — por último, v. a sua *Teoria Geral das Obrigações,* 3.ª ed., com a colaboração de RUI DE ALARCÃO, reimp. 1966, pp. 270-271 —, podendo ser confrontada em ALMEIDA COSTA, *Direito das Obrigações,* 4.ª ed., 1984, p. 507.

Nestas, *as partes pretendem um efectivo cumprimento na moeda estrangeira, mas admitiram, para o devedor, a faculdade de pagar na moeda nacional* ([25]).

Ainda segundo Manuel de Andrade, as obrigações valutárias mistas estariam mais próximas da categoria das obrigações valutárias próprias ou puras ([26]): de facto, *fácil é verificar que as partes, nelas, pretenderam lidar com efectiva moeda estrangeira e não, apenas, com o seu valor.*

IV — A referência a uma obrigação pecuniária expressa em certa moeda transcende em muito as meras categorias económicas subjacentes e que se prendem, como é sabido, com a ideia de dinheiro.

A obrigação pecuniária surge, no essencial, como um conceito jurídico, dominado por regras de direito, já aludidas, e que são:

O nominalismo, com os seus corolários acima examinados ([27]) e, designadamente, o seu valor nominal, o seu poder liberatório irrecusável, o relevo do valor nominal referido, no momento do cumprimento e as regras implícitas relativas à distribuição do risco em ulteriores e eventuais modificações no valor;

As delimitações negativas ao próprio nominalismo, formadas pelo conjunto dos casos em que o Direito admita a actualização das prestações;

A configuração interna da utilização da moeda no espaço jurídico considerado e, designadamente: as regras que fixem um valor concreto para a moeda considerada; as regras que estabeleçam as espécies principais e divisionárias; as regras que firmem o poder liberatório das espécies em causa; as regras reletivas à convertibilidade da moeda considerada em jogo ou ao seu curso forçado e aos termos em que tudo isso se processe; outras regras reportadas à utilização da moeda em jogo e que vão desde prazos de validade das espécies em que se exprima até às quantidades máximas de que se possa ser portador.

Resulta, daqui, *uma consequência da maior importância.*

Quando as partes constituam *obrigações valutárias próprias ou puras, não está em causa um pagamento a efectivar em moeda de*

([25]) Manuel de Andrade, *Teoria Geral das Obrigações* cit., p. 271.

([26]) Manuel de Andrade, *ob. e loc. cits.*

([27]) *Supra,* § V.

certa nacionalidade: há, antes, *uma verdadeira remissão para todas as regras aplicáveis à moeda estrangeira considerada,* nos termos da ordem jurídica em que ela se integre e salvo, segundo as regras gerais, a presença de conexões sectoriais mais fortes.

Quando, pelo contrário, *as partes dêem lugar a meras obrigações impróprias, impuras ou fictícias, apenas o valor da moeda estrangeira, em relação ao da nacional, está em causa;* em tudo o mais aplicam-se, nos termos gerais, as regras próprias da ordem jurídica a que pertença a moeda nacional.

V — A determinação da natureza pura ou impura de certa obrigação pecuniária em moeda estrangeira constitui um comum problema de interpretação contratual. Trata-se , em concreto, de averiguar a *intenção das partes* que estipularam a moeda estrangeira como objecto das suas vinculações e, designadamente, *se está em causa verdadeira moeda estrangeira ou apenas o seu valor.*

Sem absolutizações, a doutrina alemã recorre a um critério de grande oportunidade: o do, local do cumprimento[28]. Quando as partes remetam para a moeda estrangeira correspondente ao país onde o cumprimento deva ter lugar, haverá obrigação valutária pura: é de esperar que apenas essa moeda interesse, em tais circunstâncias, ao credor. Quando, pelo contrário, o cumprimento esteja previsto para o país da nacionalidade, é de crer que apenas o valor da moeda estrangeira motivou as partes: a obrigação valutária é impura ou fictícia.

VI — Resta apurar a situação das *obrigações valutárias mistas;* a categoria tem tanto maior importância quanto é certo que a lei portuguesa a estabeleceu como regra subsidiária — artigo 558.º, n.º 1, do Código Civil[29].

---

[28] Cf. PALANDT / HEINRICHS, *Bürgerliches Gesetzbuch,* 42.ª ed. cit., § 245, 4, *a*) e *b*) (p. 229).

[29] Tal como vem sendo entendido, perante uma disposição semelhante inserida no Código Civil alemão, deve considerar-se que a faculdade alternativa subsidiária constante do artigo 558.º, n.º 1, pode ser afastada de modo consensual, isto é, com dispensa de formas particulares. Basta, para tanto, que as partes hajam manifestado, com clareza, uma vontade negocial do seu afastamento. Quanto ao facto do artigo 558.º, n.º 1, do Código Civil ter acolhido, a título subsidiário, as obrigações valutárias mistas, cf. ALMEIDA COSTA, *Direito das Obrigações,* 4.ª ed., cit., p. 507.

A tal propósito, houve a oportunidade de citar a opinião de Manuel de Andrade, que merece inteiramente ser sufragada. A obrigação valutária mista, quando tenha sido acordada, aponta para a obrigação valutária própria: tanto as partes tiveram em vista um cumprimento em moeda estrangeira efectiva que convencionaram a moeda nacional como mera faculdade de alternativa.

Quando, porém, a faculdade alternativa resulte da lei, ainda que subsidiária, há que ir mais longe na interpretação do contrato. Muito útil é, então, o critério do local do cumprimento, já examinado.

VII — As obrigações em moeda estrangeira implicam, pois, vínculos bem caracterizados *pelo seu objecto. Em causa estão, porém, as regras jurídicas que enquadrem a moeda estrangeira visada.*

Quando se trate de obrigações valutárias puras ou próprias, há que lidar com o conjunto das regras relativas à moeda estrangeira em jogo; quando, porém, haja meras obrigações impuras, impróprias ou fictícias, apenas o valor da moeda estrangeira releva para o vínculo considerado.

4. Obrigações de juros

I — A obrigação de juros é o vínculo cujo objecto corresponde ao rendimento de um crédito, calculado em função, de três factores [30]: o montante do crédito principal, também designado como capital; o tempo por que o crédito principal se mantém e que traduz o lapso pelo qual o credor fica privado dos correspondentes bens; a taxa de renumeração correspondente ao crédito principal em causa.

O tema dos juros tem sido, ao longo da História, objecto de grande controvérsia [31]. Desde diversos anátemas morais e religiosos até instrumentos de política económica de primeira grandeza, na sequência de Keynes, ele tem percorrido as vias mais diversificadas. Não obstante, a matéria pode considerar-se, hoje, como suficientemente estabilizada.

---

[30] Cf., entre nós, MENEZES CORDEIRO, *Direito das Obrigações* cit., 1.º vol., p. 355; ANTUNES VARERLA, *Das Obrigações em Geral* cit., 1.º vol., 4.ª ed., p. 778, e ALMEIDA COSTA, *Direito das Obrigações* cit., 4.ª ed., p. 509.

[31] Cf. GALVÃO TELLES, *Manual de Direito das Obrigações,* 2.ª ed., 1965, pp. 80 e ss.

Obrigações em moeda estrangeira e taxas de juro 199

Na sequência, vão considerar-se apenas os seus aspectos jurídicos nas formas mais comuns.

II — Não sendo embora necessário [32], o juro traduz, normalmente uma obrigação pecuniária, *homogénea em relação a uma outra* — a obrigação de capital — *e correspondente a uma percentagem desta, contada ao ano.*

Consoante a sua origem, os juros podem ser *convencionais* ou *legais:* nos primeiros, o montante da taxa resulta de acordo entre as partes; nos segundos, ele emerge de norma legal supletiva.

Esta distinção não deve confundir-se com uma outra, da maior importância e que separa os juros de acordo com os critérios funcionais. Tais critérios permitem distinguir: *juros remuneratórios, juros compensatórios, juros moratórios e juros indemnizatórios.*

Os juros remuneratórios visam possibilitar o rendimento de determinado capital, correspondendo à sua capacidade criadora de riqueza.

Os juros compensatórios têm por finalidade satisfazer uma pessoa pela privação desse mesmo capital; estão nessa situação os juros arbitrados nos termos do artigo 480.º do Código Civil, quando haja agravamento da obrigação de restituir o enriquecimento [33] e que ao contrário dos moratórios e dos indemnizatórios, dispensam a culpa [34].

Os juros moratórios são devidos a títulos de indemnização pelo não cumprimento tempestivo de uma obrigação pecuniária; dispõe, nesse sentido, o artigo 806.º, n.º 1 do Código Civil.

Os juros indemnizatórios são, mais latamente, os que se vençam pela prática de um incumprimento ou de um acto ilícito, independentemente de mora em sentido próprio; tal situação é configurável, por exemplo, na presença de cláusulas penais.

---

[32] Assim, VAZ SERRA, *Obrigação de Juros,* separata *BMJ* 55, 1956, p. 159.

[33] Cf. o Acórdão do Supremo Tribunal de Justiça de 2 de Maio de 1985, *BMJ* 347 (1985), pp. 370-374 (373).

[34] O denominado agravamento da obrigação de restituir o enriquecimento — cf. MENEZES CORDEIRO, *Direito das Obrigações,* 2.º vol., 1980, p. 64 — exprime um juízo de desvalor mas não de culpa, no sentido da responsabilidade civil. Outro domínio dos juros compensatórios é, por exemplo, o das indemnizações devidas por nacionalização.

200 *Crédito*

III — Os juros convencionais e os juros legais articulam-se com a sua natureza remuneratória, moratória ou indemnizatória em termos fixados no Direito positivo, mas que tendem a obedecer aos vectores que seguem.

Em princípio, a taxa de juros, seja qual for a sua natureza, está na disponibilidade das partes; apenas lhe está vedado ultrapassar certos limites máximos, estabelecidos na versão em vigor do artigo 1146.º do Código Civil, generalizado pelo artigo 559.º-A do mesmo diploma (35).

Os juros legais apresentam, assim, uma feição marcadamente supletiva: a sua taxa funciona sempre que caiba computar juros e não haja qualquer pacto quanto ao seu montante; nesse sentido pode citar-se o artigo 806.º, n.º 2, do Código Civil.

IV — A essência dos juros corresponde a necessidades variadas, referidas na doutrina dos diversos países.

Por um lado, os juros devem lidar com a capacidade reprodutiva do capital, no espaço jurídico onde se ponha o problema; trata-se de uma faceta claramente dominante nos juros remuneratórios.

Por outro, cabe aos juros assumir uma dimensão correspondente aos danos que eles sejam chamados a ressarcir; este aspecto releva, sobretudo, nos juros compensatórios, nos moratórios e nos indemnizatórios.

Presos a uma taxa determinada em abstracto, os juros *não acompanham, por natureza, as necessidades referidas.* De facto, bem poderia acontecer que, concretamente, certo capital possa facultar um rendimento real diferente do resultante dos juros; e da mesma forma, só por coincidência os danos efectivos verificados irão corresponder ao produto da aplicação das taxas de juros preestabelecidas.

Surge aqui um vector de relevo, no campo da técnica dos juros: *o da segurança jurídica.*

Os juros visam pois, também, predeterminar certas consequências de Direito, tendo em conta as dificuldades que haveria em provar os lucros ou os danos reais (36).

---

(35) Redacção dada pelo Decreto-Lei n.º 262/83, de 16 de Junho. Os limites máximos variam, aliás, consoante a natureza remuneratória ou moratória dos juros em jogo, como se depreendem dos n.os 1 e 2 do artigo 1146.º.

(36) Por isso se fala na fixação *forfaitaire* da indemnização, a qual «[...]tem a vantagem de ser simples, evitando discussões e dificuldades de prova acerca do montante do dano. Esta prova poderia ser mesmo muito difícil, por não ser fácil averi-

V — No Direito português actual desenha-se ainda uma outra função própria dos juros: *a de contrabalançar a desvalorização monetária.*

Em cenários caracterizados por uma inflação acentuada, a retenção de um certo capital não dá apenas lugar a vectores remuneratórios ou indemnizatórios: a própria integridade do capital retido é sujeita à erosão da depreciação da moeda. E se este aspecto desde sempre é conhecido, não oferece dúvidas o impacte recente por ele assumido na ordem jurídica portuguesa. A depreciação monetária põe em causa o princípio nominalista[37], *uma vez que obriga a actualizações monetárias.* Um compromisso é possível: *o de compensar, através de uma elevação da taxa dos juros, a desvalorização do dinheiro;* este fenómeno reflecte-se, como é claro, nos juros legais.

---

guar que destino daria o credor ao dinheiro, caso a obrigação tivesse sido cumprida no tempo». VAZ SERRA, *Mora do devedor,* no BMJ 48 (1955), pp. 5-317 (100).

[37] Cf. PINTO MONTEIRO, *Inflação e Direito Civil,* 1984, p. 17, citando ALMEIDA COSTA.

II — A DETERMINAÇÃO DA TAXA DE JUROS NAS OBRIGAÇÕES EM MOEDA ESTRANGEIRA

5. Generalidades

I O apuramento de conceitos, acima realizados, faculta uma aproximação ao tema deste breve estudo.

Impõe-se, contudo, ponderar algumas questões gerais, *de manifesta relevância na problemática em análise.* Estão nestas condições: a temática da taxas de juros nas obrigações em moeda estrangeira como *questão privada internacional;* as limitações advenientes da *ordem pública,* em sede de taxas de juros; a natureza particular das *obrigações de valor.*

II — Numa tradição fortemente implantada, o tema das obrigações em moeda estrangeira é tratado no Direito Civil. Com efeito, ele suscita, de modo directo, uma concretização da figura das obrigações com faculdade alternativa.

No entanto, é possível uma outra colocação, de dimensões suficientemente plausíveis para merecer um consenso imediato: a simples presença de uma obrigação em moeda estrangeira coloca uma questão privada internacional.

A referência a uma obrigação em moeda estrangeira implica *um contacto entre duas ordens jurídicas nacionais distintas:* a ordem jurídica que regule a obrigação enquanto produto de certas fontes e a que institua e reja a moeda estrangeira para que se remeteu. Os conflitos de competência derivada de tal contacto têm regras imediatamente cognoscíveis: à fonte, aplica-se a lei nacional; à prestação, a lei estrangeira cuja moeda foi designada.

Este aspecto é importante: como houve oportunidade de esclarecer de modo repetido, a «moeda» implica, em Direito, *sempre o funcionamento de normas jurídicas.* Quando se remeta para a moeda estrangeira, é à lei estrangeira respectiva que cabe regular a presença

204 *Crédito*

e intensidade do nominalismo existente, as modalidades das espécies monetárias válidas e em circulação, o seu poder liberatório, a sua convertibilidade e vários outros aspectos. *Bem natural é, pois, que à própria lei estrangeira caiba determinar as taxas legais de juros, em certas circunstâncias a que se fará referência mais detida.*

O título de aplicação desta lei estrangeira na ordem interna é, simplesmente, *a vontade das partes,* que surge, no Direito das obrigações, como factor primordial de conexão. Confirma-o, aliás, o artigo 41.º, n.º 1, do Código Civil.

III — Ao longo da História, a problemática das taxas de juros suscitou largas restrições. Na actualidade, o próprio Código Civil fixas taxas de juro máximas ([38]), considerando como usurárias as estipulações que as excedam. Tais estipulações são sempre vedadas, quer fixem directamente os juros excessivos, quer o façam de modo indirecto — «[...] *quaisquer outra vantagens* [...]», nos termos da letra do artigo 559.º-A do Código Civil. A natureza imperativa de tais limitações é duplamente confirmável: por um lado, ela resulta do artigo 1146.º, n.º 3, do Código Civil, que, em moldes muito claros, dispõe: «Se a taxa de juros estipulada ou o montante da indemnização exceder o máximo fixado nos números precedentes, considera-se reduzida a esses máximos, ainda que seja outra a vontade dos contraentes»; por outro lado, ela flui do Código Penal, que incrimina a usura, referindo expressamente (artigo 320.º, n.º 2) «[...] juros ou quaisquer outras vantagens superiores ao limite fixado na lei [...]».

Os limites máximos das taxas de juros constituem, assim, *normas injuntivas,* que escapam à livre disponibilidade das partes; nesse sentido, eles integram a *ordem pública interna* ([39]).

Pode-se mesmo ir mais longe; passadas certas fronteiras, *a ordem pública internacional obstará a que, seja por via da aplicação da lei estrangeira seja através do próprio reconhecimento de sentenças estrangeiras, se efectivem em Portugal taxas de juros excessivas* ([40]).

([38]) Cf. os já citados artigos 1146.º e 559.º-A, na redacção dada pelo Decreto-Lei n.º 262/83, de 16 de Junho.

([39]) Quanto à noção de ordem pública, cf. MENEZES CORDEIRO, *Da Boa Fé no Direito Civil,* 2.º vol., 1984, pp. 1219 e 1222 e *passim.*

([40]) O Acórdão do Supremo Tribunal de Justiça de 12 de Janeiro de 1977, *BMJ* 236 (1977), pp. 196-203 (202), considerou não contrariar a ordem pública a sentença arbitral que fixara de uma taxa de juros de 10%. Fê-lo, porém, expressa-

Obrigações em moeda estrangeira e taxas de juro 205

IV — Cabe, por fim, ter em conta uma particular natureza das obrigações do valor. Nestas, tem-se em vista, *não uma quantia monetária, mas uma porção de riqueza, delimitada em termos reais.*

Convertida em expressões monetárias, as obrigações de valor surgem como variáveis: pretende-se prefazer o valor em jogo e não acatar uma formulação exterior, expressa em certa quantia rígida [41].

6. Primeira hipótese: juros convencionados

I — Procurando indagar, em geral, o montante das taxas de juros aplicáveis a obrigações em moeda estrangeira, cabe ponderar, como primeira hipótese, a possibilidade de haver *uma convenção* sobre o assunto.

Tal convenção poderia conseguir-se por uma de duas vias: ou por indicação expressa de determinada taxa; ou por remissão para o ordenamento a quem compita essa indicação, a título de taxa supletiva ou legal, *maxime* escolhendo, para o efeito, ou a lei nacional ou estrangeira.

Em ambos os casos a convenção em causa seria válida, enquanto se mantiver dentro dos limites máximos fixados pela lei portuguesa [42].

II — Problema autónomo é o de saber se esses limites devem ser aferidos em termos *formais ou materiais:* no primeiro caso, haveria que verificar se a expressão numérica da taxa combinada é igual ou inferior ao máximo permitido pela lei portuguesa; no segundo, tratar-se-ia de apurar se a taxa de juro estipulada, *acrescida* da taxa de valorização da moeda estrangeira, fica dentro dessa cifra.

Em princípio, deve entender-se que a idoneidade das taxas estipuladas deve ser verificada em termos materiais, isto é, atendendo à

---

mente por reconhecer que, face à lei interna, tal taxa poderia ser atingida em termos válidos, por via convencional.

[41] A categoria das obrigações de valor foi reconhecida pelo Acordão do Supremo Tribunal de Justiça de 1 de Junho de 1978, *BMJ* 278 (1978), pp. 102-109 (107) = *RLJ* 112 (1979), pp. 9-14 (13), com anotação de Vaz Serra, favorável. A obrigação de valor aí em jogo era uma obrigação de restituição. Cf., com outras aplicações, Afonso de Melo, *Dívidas de valor, inflação e limites da condenação,* Tribuna da Justiça, 1986, n.º 17, pp. 1 e 11.

[42] Seria ainda necessário assumir a forma escrita para fixar juros superiores aos legais, nos termos do artigo 559.º, n.º 2, do Código Civil.

taxa de juros e à eventual taxa de valorização. Com efeito, é boa regra de interpretação *a que manda atender aos valores efectivamente em presença nas locuções jurídicas e não apenas às conjunções verbais exteriores.*

Não deve, no entanto, escamotear-se que a valorização relativa das moedas pode ser inesperada e que a vontade das partes tem aqui um papel de relevo. O princípio do cômputo material deve, pois, ser aplicável em condições particulares.

III — As condições nas quais a ponderação das taxas de juros convencionais, perante obrigações em moeda estrangeira, não pode deixar de contar com a valorização da moeda em causa são as seguintes: na fraude à lei; na modificação das obrigações por alteração das circunstâncias; na redução, segundo a equidade, das cláusulas penais; na própria interpretação do contrato.

Quando, numa obrigação em moeda estrangeira, seja estipulada uma taxa de juros que, somada à sua taxa de valorização, *actual ou previsível,* ultrapasse os máximos permitidos pelo Direito português, *há fraude à lei:* procura-se, por via indirecta, tornear as limitações das taxas de juros. A taxa de juros estipulada deve ser reduzida na medida do necessário.

A modificação das obrigações por *alteração das circunstâncias* tem aplicação geral, nos termos do artigo 437.º, n.º 1, do Código Civil. Por isso ela permitiria sempre, ao abrigo da boa fé prevista nesse preceito, a *reductio ad aequitatem* de qualquer taxa de juros ou, até, o seu aumento: bastaria que, de outra forma, houvesse graves atentados à boa fé. A possibilidade de aplicar tal preceito é remota: recorrendo à moeda estrangeira e fixando uma taxa fixa, as partes estão a assumir riscos próprios que impedem a aplicação da base negocial([43]).

A redução segundo a equidade, da taxa estipulada, poderia ser viável ao abrigo da possibilidade de *reduzir equitativamente as cláusulas penais,* nos termos do artigo 812.º do Código Civil, na redacção

---

([43]) O Supremo, em Acórdão de 15 de Abril de 1975, *BMJ* 246 (1975), pp. 138-141, reduziu uma obrigação indexada ao valor do ouro, perante a inesperada subida deste. Julga-se, no entanto, que esta questão, em si bem decidida, poderia ter outra fundamentação: a interpretação negocial. De facto, as partes pretenderam garantir-se contra a desvalorização e não especular com o ouro; subindo este mais que os preços, impunha-se a correcção em nome da vontade das partes.

Obrigações em moeda estrangeira e taxas de juro 207

dada pelo Decreto-Lei n.º 262/83, de 16 de Junho. Seria, então, apenas necessário que a estipulação feita pudesse ter natureza de cláusula penal, designadamente por se revestir de feições indemnizatórias.

Por fim, a própria interpretação contratual poderia ser utilizada para inflectir taxas combinadas; bastaria demonstrar que as partes tiveram em vista, por exemplo, apenas cobrir um certo patamar de desvalorização ou de valorização, tendo-se excedido nas palavras ao exprimi-lo.

IV — Portanto: *perante obrigações em moeda estrangeira, é válido estipular uma taxa de juros, desde que nos limites máximos admitidos pelo Direito português; estipulado tal juro, as partes sujeitam-se às flutuações cambiais subsequentes, por ter sido esse o risco assumido; a estipulação não é, contudo, válida, quando vise defraudar os limites legais, podendo ainda ser interferida pela alteração das circunstâncias, pela redução da cláusula penal ou pela própria interpretação.*

7. Segunda hipótese: juros legais e obrigações valutárias próprias

I — Numa segunda hipótese, pode surgir uma obrigação em moeda estrangeira, para a qual não se tenha pactuado qualquer taxa de juro.

Caberia, então, recorrer a taxas legais de juros.

Preconiza-se a solução seguinte: *quando a obrigação valutária em causa seja pura ou própria, aplica-se a taxa legal indicada pela ordem jurídica própria da moeda estrangeira pactuada.*

E as razões são as que se seguem.

II — Na obrigação valutária *em sentido próprio,* as partes tiveram em mente uma efectiva prestação em moeda estrangeira. Ao pactuá-lo, *remeteram para todo um complexo de regras de Direito estrangeiro,* como houve oportunidade de verificar.

A obrigação de juros *tem carácter acessório;* como tal, *ela rege--se pela lei aplicável à prestação em si, isto é, pela lei estrangeira* correspondente à nacionalidade da moeda escolhida[44].

---

[44] Nesse sentido, expressamente, STAUDINGER / KARSTEN SCHMIDT, *Bürger-liches Gesetzbuch,* 12.ª ed. cit., § 426, n.º 49 (p. 403).

Quanto à acessoriedade da obrigação de juros que, no Direito fiscal, poria cobro à sua própria autonomia, cf. MOUTEIRA GUERREIRO, *Juros de Mora / Alguns*

Tudo dependeria, pois, de se determinar, pela interpretação, a natureza própria ou pura das obrigações valutárias em jogo, numa operação facilitada pelo critério, já ponderado, do local do cumprimento. Apurado esse aspecto, a aplicação da lei estrangeira na fixação dos juros seria, apenas, uma consequência da regra da autonomia no Direito internacional privado ([45]).

Como limite de ordem geral fica a *ordem pública internacional:* não pode ser aplicada a lei estrangeira que seja contrária aos princípios fundamentais do Direito português, o qual, neste ponto, chega a prever uma *tutela penal.*

III — Resta ainda acrescentar, como consequência do estudo acima realizado, que a solução proposta tem plena aplicação as obrigações valutárias mistas, na denominação de Manuel de Andrade. Nesse sentido depõe um argumento decisivo: a vontade das partes, nelas corporizada, propende, em primeira linha, para um efectivo pagamento em moeda estrangeira.

8. Terceira hipótese: juros legais e obrigações valutárias impróprias

I — Numa terceira hipótese, pode ocorrer, também, uma obrigação em moeda estrangeira, para a qual as partes não estipularam qualquer juro. Desta feita, porém, tal obrigação é imprópria: os contraentes não se motivaram pela própria moeda estrangeira em si, mas *apenas pelo seu valor.* Em termos jurídicos, isso implica que as partes não remeteram para *toda* a regulação relativa à moeda estrangeira: volta a frisar-se que *apenas o valor* está em causa. Por exemplo, *A* pagará a *B*, na data tal, o equivalente em escudos a tantos marcos alemães.

II — *A obrigação valutária imprópria é uma obrigação de valor;* não sendo convencionados juros — e não resultando, das circunstâncias, que ela é pura ([46]) — , *não cabe computá-los,* até ao seu vencimento.

Elementos para o Seu Estudo, Cadernos de Ciência e Técnica Fiscal 73 (1965), pp. 51-117 (54-55).

([45]) Cf. Baptista Machado, *Direito Internacional Privado,* 1974, p. 366.

([46]) *Maxime* por resultar de mútuo ou negócio similar, que implique uma restituição em espécie monetária equivalente ao que se tenha cedido.

Como obrigação de valor reportada a certa bitola, ela faz correr, pelos intervenientes, os riscos das oscilações cambiais; passados certos limites, poderá utilizar-se o artigo 437.º, n.º 1, do Código Civil[47].

III — A obrigação valutária imprópria é convertida em moeda nacional, no seu pagamento. Havendo mora, devem computar-se os *danos moratórios*[48] que porventura haja numa operação a realizar caso a caso, e que deverá ter em conta: o montante de juros, dados pelas taxas portuguesas e correspondente à importância em escudos que o credor deveria ter recebido no vencimento; as depreciações da moeda que ocorram depois da mora registada [49], sobretudo quando elas venham penalizar o credor[50].

Isto é: pelo jogo destes dois factores, *o credor terá direito a uma indemnização que o coloque na situação em que se encontraria se não fosse a mora.* Qualquer suplemento de dano deveria ser considerado[51].

IV — Em qualquer dos casos considerados ficou claro, que perante uma obrigação pecuniária em moeda estrangeira relativamente estável, *nunca poderia ser aplicada a taxa de juro legal portuguesa. Na prática, isso iria permitir uma ultrapassagem dos máximos legais civil e penalmente tutelados, duplicando os esquemas de defesa contra a depreciação: a alta taxa de juro interna e a moeda estrangeira forte.*

---

[47] Cf. o já citado Acórdão do Supemo Tribunal de Justiça de 15 de Abril de 1975, *BMJ* 246 (1975), pp. 138-141, quanto à correcção de uma cláusula, indexada ao valor do ouro, por súbita alta deste.

[48] Cf. ANTUNES VARELA, *Das Obrigações em Geral,* 1.º vol., 4.ª ed., pp. 776-777, e o Acórdão do Supremo Tribunal de Justiça de 9 de Outubro de 1979, *BMJ* 190 (1979), pp. 352-369 (364), que evitam falar em taxas, mencionando apenas «danos moratórios».

[49] VAZ SERRA, *Obrigações Pecuniárias* cit., pp. 185 e ss. (187).

[50] Nesse sentido, para além dos princípios gerais da remoção de *todos* os prejuízos, joga a regra da inversão do risco do artigo 807.º do Código Civil.

[51] Cf. o artigo 806.º, n.º 3, do Código Civil, na redacção dada pelo Decreto-Lei n.º 262/83, de 26 de Junho, e que se reporta a uma típica dívida de valor.

III — CONCLUSÕES

9. Conclusões

I — *Quanto a obrigações pecuniárias, obrigações em moeda estrangeira e obrigações de juros:*

1 — As obrigações pecuniárias traduzem vínculos crediticíos cujo objecto é constituído por dinheiro; não obstante, elas surgem como o produto de múltiplas regras jurídicas, entre as quais as que firmam e delimitam o nominalismo, e não como mera realidade económica.

2 — As obrigações em moeda estrangeira, ou obrigações valutárias, reportam-se a dinheiro próprio de outro Estado; devem então ser tidas em conta as regras desse Estado, no que se reportem à moeda considerada que só por elas pode ser caracterizada, em variados e essenciais aspectos.

3 — As obrigações valutárias podem ser puras ou próprias ou impuras, impróprias ou mistas: no primeiro caso, há que lidar com o conjunto das regras relativas à moeda estrangeira, cuja efectivação as partes pretendem; no segundo, cabe ponderar apenas o que se refira ao valor da moeda e que as partes tiveram em vista.

4 — A obrigação de juros é o vínculo cujo objecto corresponde ao rendimento de um crédito calculado em função do montante deste, do tempo pelo qual ele se mantenha e da taxa de remuneração que caiba ao credor.

5 — Os juros são legais ou convencionais, conforme a origem, e remuneratórios, compensatórios, moratórios ou indemnizatórios, consoante a sua função; as suas taxas estão sujeitas a limites máximos fixados por lei.

6 — Os juros obedecem a variáveis distintas, que vão desde a remuneração do capital ao montante dos danos; uniformizam, porém, as diversas consequências desses eventos, com objectivos de segurança.

7 — Recentemente, em Portugal, os juros assumiram, em primeira linha, a necessidade de contrabalançar a desvalorização monetária.

II — *Quanto à determinação da taxa de juros nas obrigações em moeda estrangeira:*

8 — Numa obrigação em moeda estrangeira surge uma questão privada internacional: à fonte aplica-se a lei nacional; ao objecto a lei estrangeira. O título de aplicação desta última, na ordem interna, é a vontade das partes.

9 — Os limites máximos das taxas de juros, que têm mesmo, em certas condições, tutela penal, pertencem à ordem pública, não podendo ser ultrapassados pelas partes.

10 — As obrigações de valor visam uma porção real de riqueza e não certa expressão monetária.

11 — Quando, numa obrigação em moeda estrangeira, haja uma *taxa convencional de juros,* esta é válida desde que respeite os limites máximos das taxas, em Portugal.

12 — Na apreciação requerida pelo número anterior há que lidar com taxas reais, correspondentes à soma da taxa de juros com a taxa de valorização da moeda estrangeira, designadamente perante os institutos da fraude à lei, da alteração das circunstâncias, da redução equitativa de cláusula penal e das exigências eventuais da própria interpretação do contrato.

13 — Para além desses factores, as partes sujeitam-se às flutuações cambiais subsequentes, por ter sido esse o risco por elas assumido.

14 — Quando, numa *obrigação valutária pura ou própria* nada tenha pactuado sobre juros, aplica-se a taxa legal indicada pela ordem jurídica da própria moeda estrangeira considerada; a ordem pública internacional deverá, porém, ser salvaguardada.

15 — Quando, numa *obrigação valutária impura, imprópria ou fictícia* nada tenha sido pactuado sobre juros, não cabe a sua contagem, até ao vencimento. Havendo mora, há que computar todos os danos verificados, incluindo os juros legais portugueses correspondentes à soma que deveria ter sido paga em escudos no vencimento e as flutuações cambiárias.

16 — Em caso algum as taxas legais de juros vigentes em Portugal, particularmente adaptadas a uma desvalorização acentuada, têm aplicação a moedas estrangeiras cuja depreciação seja inferior.

VIII — COMPRA E VENDA INTERNACIONAL, INFLAÇÃO, MOEDA ESTRANGEIRA E TAXA DE JUROS*

Acordão do Tribunal de Relação de Lisboa, de 7 de Maio de 1987

Acordam no Tribunal da Relação de Lisboa, por imperativo do Art. 205.º da Constituição da República:

1. EAI ELECTRONIC ASSOCIATES, S.A.R.L. sociedade de direito francês, com sede em Paris, França, na Rua Ginoux, n.ºˢ 25 a 27, propôs contra CASSEL — INDÚSTRIAS ELECTRÓNICAS E MECÂNICAS, S.A.R.L., com sede no Casal do Garoto, Amadora (Estrada Lisboa-Sintra) acção de processo ordinário pedindo a condenação da ré no pagamento da importância em escudos correspondente a US$25,183 (vinte e cinco mil cento e oitenta e três doláres americanos) ao câmbio do dia em que for realizado o pagamento, nos termos do art. 558.º do Código Civil, acrescida dos juros de mora respectivos, nos termos do art. 806.º do mesmo diploma a partir de 5 de Junho de 1982, dia da entrega da mercadoria que devia ser paga contra entrega de documentos, à taxa de 15% até 18 de Maio de 1983, de 23% a partir dessa data até 4 de Agosto de 1983 (art. 102.º, § 2.º do Código Comercial, na redacção introduzida pelo Dec.--Lei n.º 200-C/80, de 24 de Junho com referência ao art. 559.º do Código Civil e às Portarias n.ºº 447/80 e 581/83, respectivamente de 31 de Julho e de 18 de Maio) e calculado nos termos da Portaria n.º 807-U1/83, de 30 de Julho, a partir daquela data, com fundamento no fornecimento da autora à ré, por encomenda desta, pela sua ordem

---

* Publicado na *Revista de Direito e de Estudos Sociais*, 1988.

de compra n.º C81/55, com destino à Direcção Geral do Ensino Superior (Ministério da Educação e da Cultura), de um computador com a referência «EAI 1000 Analog / Hybrid», bem como partes do equipamento electrónico para o mesmo, mediante o preço global de US$29.340,00, do qual devia ser deduzida a comissão da ré no montante de US$4.157,00, pelo que a autora tinha a receber o preço de US$25.183 (vinte e cinco mil cento e oitenta e três dólares americanos) acrescidos do custo estimado para o transporte de avião, no montante de US$1.950,00, pelo que a importância total a receber pela autora é de US$27.750,00 (vinte e sete mil setecentos e ciquenta dólares), que devia ter sido efectuado contra documento, tendo a mercadoria sido expedida em 5 de Junho de 1982, mas não tendo sido paga nessa data nem posteriormente pela ré devedora, que comprou a mercadoria de sua conta e já recebeu da Direcção Geral de Ensino Superior o respectivo pagamento.

A ré contestou não negando a obrigação de pagar a dívida, mas impugnando o seu montante, em primeiro lugar porque o custo do transporte em avião não lhe foi comunicado pela autora posteriormente, visto que apenas fora calculado o preço com base no custo estimado do mesmo, e depois porque o montante da dívida em moeda portuguesa deve ser fixado pelo câmbio da data do vencimento da factura — 5 de Junho de 1982 — pois a ré não deve ser penalizada pela galopante desvalorização do escudo português em relação ao dólar americano, cujo câmbio era em 7 de Julho de 1982 de 72$779, e não de 174$32, como pede a autora, pelo que a dívida da ré ascende a 1.832.794$00 e não 4.390.000$00, como pede a autora;

Por outro lado, a ré alegou que o pagamento não foi efectuado, quer pela grave crise financeira que atravessa quer porque a banca não abriu os créditos conforme estava programado e acordado, acrescentando que não pode haver cumulação de diferença cambial em consequência da desvalorização do escudo perante o dólar com os juros moratórios, sendo em França manifestamente mais baixas que em Portugal as respectivas taxas dos juros moratórios, acontecendo que no período de 7 de Julho de 1982 a 22 de Outubro de 1984, o franco francês revalorizou 40% enquanto o dólar americano revalorizou 124% em relação ao escudo português!

E conclui pela parcial improdência da acção, com sua absolvição de parte do pedido.

Compra e venda internacional 215

Houve réplica e tréplica em que as partes sustentaram as suas posições, e após audiência preparatória, foi proferida sentença no saneador que, considerando que a situação financeira da ré e o facto de a banca não lhe ter aberto os créditos não a exime da obrigação de pagar nem sequer dita qualquer alteração ao contéudo e tempo de pagamento da mesma, pelo que caíu em mora no dia em que recebeu a mercadoria, que era a pagar contra documento, e de pagar em moeda portuguesa ao câmbio do dia do pagamento, nos termos do art. 558.º, n.º 1, do Código Civil, não colhendo a argumentação no sentido de que não se pode cumular a diferença cambial em consequência da desvalorização do escudo com os juros de mora, não sendo a valorização do dólar que dá lugar a qualquer redução do quantum *da prestação da ré, pela procedência da acção, a pagar à autora 25.183 (vinte e cinco mil cento e oitenta e três dólares americanos), acrescidos de juros de mora desde 5/6/1982 até efectivo pagamento, calculado às taxas legais de 15% ao ano até 23 de Maio de 1983, de 23% ao ano desde tal data até 8/8/1983, de 31,5%, ao ano até 25/6/1984 e de 30,5% ao ano desde tal data (nos termos das Portarias n.os 447/80, de 18/5 e 807-U1/83, de 30/7, e aviso do Banco de Portugal na 2.ª série D.R. de 8/8/1983 e 20/6/84), podendo a ré pagar tais quantias em moeda portuguesa ao câmbio do dia do pagamento.*

Inconformada, apelou a ré que formulou, na sua alegação as seguintes conclusões:

1.ª Deve revogar-se a sentença recorrida na parte em que fixa juros de mora às taxas nacionais para a dívida em moeda estrangeira ou, se assim se não entender;

2.ª Deve revogar-se a sentença fixando-se a dívida em 5/6/82, ao câmbio respectivo, acrescida de eventuais juros de mora às taxas de juros nacionais.

Contralegando, a autora abonou a decisão recorrida, concluindo pela confirmação da decisão recorrida no seu total.

Colhidos os vistos, cumpre apreciar e decidir.

2. Nada a opor à descrição dos factos que se devem ter como provados , feita pela primeira instância. Assim:

1 — Em 19 de Março de 1981, a ré encomendou à autora , pela sua ordem de compra n.º C81/55, com destino à Direcção Geral do

Ensino Superior (Ministério da Educação e Cultura), um computador com a referência «EAI1000 Analog / Hybrid», bem como parte do equipamento electrónico para o mesmo, referidos a fols. 8, conforme fols. 5 a 7;

2 — O preço do computador e do equipamento electrónico acima referidos foi de US$27.750,00, a que acresceu 1.590.00 dólares americanos do custo do respectivo frete, despesa essa a cargo da ré;

3 — Ao montante total de US$29.340,00 (27.750,00 + 1.590,00) havia que abater a comissão atribuída à ré de US$4.157,00, nos termos acordados entre esta e a autora;

4 — Conforme acordo das partes o pagamento seria feito a pronto, contra documentos;

5 — O material foi expedido, por via aérea, em 5 de Junho de 1982;

6 — A mercadoria não foi paga à chegada, nem pelo Banco Nacional Ultramarino nem pela ré;

7 — Nenhum defeito ou irregularidade do equipamento foram invocados;

8 — A mercadoria foi adquirida pela ré de sua conta;

9 — Há muito tempo que a ré recebeu do Ministério da Educação e Cultura o preço da mercadoria, mas ainda não o pagou à autora;

10 — O pagamento não foi efectuado, por um lado, pela grave situação financeira que a ré atravessa, situação para que muito contribuíram aumentos incontroláveis deste tipo, a que a ré é completamente alheia;

11 — E por outro lado, a Banca não abriu os créditos conforme estava programado e acordado.

Do art. 558.º, n.º 1, do Código Civil resulta que o pagamento em moeda nacional é uma faculdade do devedor, não tendo o credor o direito de pedir o pagamento em moeda portuguesa, quando o pagamento é convencionado em moeda estrangeira.

No mesmo sentido, P. Lima e A. Varela, Código Civil Anotado, em anotação ao referido artigo.

O mesmo preceito estabelece ainda que, usando da faculdade de pagar em moeda nacional, o devedor deve ater-se ao câmbio do dia do pagamento, e não ao câmbio do dia do vencimento da obrigação. Por isso, não tem qualquer fundamento a pretensão da ré de que o pagamento em moeda nacional deve fazer-se ao câmbio do dólar em

Compra e venda internacional 217

5 de Junho de 1982, data em que a obrigação se venceu por ser a da entrega da mercadoria em conjunto com os documentos respectivos.

Para ser assim, devia a recorrente ter cumprido efectivamente essa data. Deixando-se cair em mora, deve suportar o risco da desvalorização do escudo. A mora do devedor afasta a possibilidade de modificação do contrato por alteração das circunstâncias, nos termos do art. 437.º do Código Civil.

Não era assim antes do Código Civil em vigor, como se sustentava por analogia com o regime fixado no art. 41.º da Lei Uniforme sobre Letras e Livranças (P. Lima e A. Varela, local citado).

Se a mora for do credor, já é este que suporta o risco do câmbio, ou seja, neste caso, da desvalorização da moeda portuguesa, podendo então o comprador cumprir em moeda portuguesa ao câmbio do dia em que se deu o vencimento, digo, em que a mora se verificou: n.º 2 do art. 558.º.

Relembremos que o pagamento em moeda portuguesa é apenas uma faculdade do devedor. Por isso, o credor só pode exigir o cumprimento na moeda estrangeira estipulada. É no âmbito da defesa por excepção (modificação do pedido) que o réu pode invocar o pagamento em moeda portuguesa — o que se tem por cumprido no caso dos autos (art. 487.º, n.º 2, do Código de Processo Civil).

E se à data da propositura da acção se verificava uma sobrevalorização do dólar relativamente ao escudo (mais de 170$00 por dólar), o certo é que neste momento o dólar baixou o seu valor cambial significativamente (cerca de 140$00 por dólar) pelo que, embora muito acima do valor à data do vencimento da obrigação, a ré tem lucrado com o retardamento do pagamento desde a propositura da acção...

3. *Face aos factos apurados, é indubitável que se está perante uma compra e venda internacional, entre um comprador português e um vendedor francês, tendo-se vencido o preço no dia 5 de Junho de 1982, dado que a ré adquiriu a mercadoria de sua conta obrigando-se a efectuar o pagamento do preço contra documentos, como é prática usual do comércio internacional.*

Não foi convencionada a taxa de juros de mora.

Segundo o direito português, art. 806.º do Código Civil, a indemnização pela mora nas obrigações pecuniárias corresponde aos juros legais a contar da data da constituição em mora.

Não distinguindo o direito português quanto à espécie, digo, quanto à natureza da moeda em que é feito o pagamento, parece não poder deixar de se entender que, sendo o direito português aplicável, deverá atender-se às taxas de juros legais no caso de mora por obrigação em moeda estrangeira.

Nenhum preceito parece permitir que se recorra, na falta de convenção, às taxas de juros praticáveis nas praças estrangeiras (quais?) para dólares americanos, como pretende a recorrente.

A não ser que se entenda que se trata de um caso omisso, para o qual não é possível a analogia com as obrigações em moeda nacional.

Na verdade, as condições particulares ocorridas com a desvalorização anormal da moeda portuguesa justificaram alteração das taxas de juro que não tem razão de ser para as obrigações pagas em moeda estrangeira, pelo menos com a mesma acuidade. É assim, que a erosão monetária, segundo o relatório do respectivo diploma, justificou a alteração do art. 559.° do Código Civil, que fundamentalmente, remeteu para Portaria conjunta dos Ministérios da Justiça e das Finanças e do Plano a fixação dos juros legais, segundo a redacção do Dec.-Lei n.° 200-C/80, de 24 de Junho, que por «coerência legislativa», alterou também os arts. 1146.° do Código Civil e 102.° do Código Comercial, e para harmonizar a nossa lei civil com as directrizes estabelecidas pelo Conselho da Europa, deu nova redacção aos arts. 811.° e 812.° do Código Civil.

Posteriormente, o relatório do Dec.-Lei n.° 262/83, de 16 de Junho, aludindo a que o Dec.-Lei n.° 200-C/80 tivera «designadamente em conta que o fenómeno da inflação tornara praticamente irrisórios ou de toda a maneira irrealistas as normas legais, que havia décadas, regiam aquelas matérias», justificava-se por visar complementar o antes referido.

É assim que são alteradas as redacções dos arts. 282.°, 805.°, 806.°, 811.°, 812.° e 1146.° do Código Civil, e art. 102.° do Código Comercial (aditamento do § 3.°), aditados os arts. 559.° - A e 829.° - A do primeiro diploma citado e alargado às letras, livranças e cheques o regime dos juros legais (art. 4.° do Dec.-Lei n.° 262/83).

A ser assim, desde a publicação dos referidos diplomas — e portarias complementares — o regime de juros legais, nas taxas actuais, deixou de reger para as obrigações pecuniárias em moeda estrangeira, por ter deixado de ter razão de ser, devendo a situação ser

Compra e venda internacional 219

resolvida segundo a norma que o próprio intérprete criaria, se houvesse de legislar dentro do espírito do sistema (art. 10.º, n.º 3, do Código Civil).

A esta luz, não deixa de ser compreensível a atitude do recorrente quando se insurge contra a injustiça de em Portugal vencerem-se juros de mora da ordem dos 30% relativamente a obrigações de cumprimento em moeda estrangeira (Portaria n.º 807-U1/83, de 30 de Julho) quando é certo que as taxas em vigor talvez sejam até excessivas já, em virtude do abaixamento da taxa inflacionária e da desvalorização da moeda (?), sendo actualmente de apenas 15,5% a taxa dos juros de depósito a prazo pelo prazo de mais de um ano na Caixa Geral de Depósitos.

4. Uma coisa é certa, porém: a dúvida estará tão somente no montante da taxa dos juros, que não quanto à existência da obrigação de juros de mora, aliás, reconhecida na maioria dos países, pelo menos nos da civilização cristã ocidental, e que a própria recorrente aceita no caso em concreto (há países islâmicos contrários ao recebimento de juros: M. A. Bento Soares e R. M. Moura Ramos, Contratos Internacionais, p. 211, nota 390).

A própria Convenção das Nações Unidas sobre os contratos de compra e venda internacionais de mercadorias, acordada em 1980 em Viena, a que Portugal, aliás, ainda não terá aderido, estabelece a obrigação de pagamento de juros pela parte que não pague o preço ou qualquer outra quantia em dívida (art. 78.º). Mas curiosamente, distinguindo os juros assim estabelecidos da indemnização de perdas e danos, autonomizada nos termos do art. 74.º do mencionado diploma.

Dispõe efectivamente o mencionado art. 78.º: «Se uma parte não pagar o preço ou qualquer outra quantia em dívida, a outra parte tem direito a perceber juros sobre essa quantia, sem prejuízo de qualquer indemnização por perdas e danos exigível nos termos do art. 74.º».

Entre nós, porém, os juros constituem a própria indemnização de perdas e danos; independentemente de estes se verificarem, nos termos do art. 806.º do Código Civil (indemnização «à forfait»).

Mas a referida convenção não estabelece qualquer taxa de juros, pelo que há que ter em conta o disposto no art. 7.º, n.º 2, do mesmo diploma, segundo o qual «as questões respeitantes às matérias regu-

ladas pela presente Convenção e que não são expressamente resolvidas por ela serão decididas segundo os princípios gerais que inspiram ou, na falta destes princípios, de acordo com a lei aplicável em virtude das regras de direito internacional privado».

Dispõe entre nós o art.º 42.º do Código Civil:

«1. Na falta de determinação da lei competente, atende-se, nos negócios jurídicos unilaterais, à lei da residência habitual do declarante e, nos contratos, à lei da residência habitual comum das partes.

2. Na falta de residência comum, é aplicável, nos contratos gratuitos, a lei da residência habitual daquele que atribui o benefício e nos restantes contratos, a lei.do lugar da celebração».

Qual o lugar da celebração do contrato internacional em apreço? Será o que como tal for considerado pela lei do foro, como é óbvio.

Ora nos termos do art. 243.º do Código Civil, «quando a proposta, a própria natureza ou ainda as circunstâncias do negócio, ou os outros tornem dispensável a declaração de aceitação, tem-se o contrato por concluido logo que a conduta da outra parte mostre intenção de aceitar a proposta».

No caso, a proposta — docs. de fols. 5 a 7 — foi remetida pela ré à autora com todos os detalhes, o que faz pressupor a precedência de negociações preliminares para acerto dos referidos termos, representando a proposta a vinculação definitiva da compradora, que apenas fez depender a remessa da mercadoria pela vendedora de aviso da compradora nesse sentido. Em último caso, este aviso é a condição de entrega da mercadoria por parte da vendedora.

Nestas condições, as diligências efectuadas pela autora, sem posição da ré recorrente, para expedir a mercadoria por avião para Portugal revela que o contrato se tem por concluido nessa altura.

Este entendimento é também sufragado pelos arts. 23.º com referência ao art. 18.º, n.ºs 1 e 3 da Convenção de Viena de 1980.

Segundo o n.º 1 do art. 18.º, «uma declaração ou outro comportamento do destinatário que manifeste o seu assentimento a uma proposta contratual constitui uma aceitação. O silêncio e a inacção, por si só, não podem valer como aceitação».

Compra e venda internacional 221

Para o n.º 3 desse artigo, «no entanto, se em virtude da proposta contratual, das práticas que se estabeleceram entre as partes, ou dos usos, o destinatário da proposta contratal puder manifestar o seu assentimento através da realização de um acto relativo, por exemplo, à expedição das mercadorias ou ao pagamento do preço, sem comunicação ao autor da proposta, a aceitação torna-se eficaz no momento em que aquele acto é praticado, contanto que o seja nos prazos previstos no parágrafo anterior».

A factura e a nota de crédito de fols. 8 a 10 são já documentos que acompanham a entrega da mercadoria, posteriores, portanto, à perfeição do contrato, porque já acompanham e documentam o cumprimento da obrigação por parte do devedor, no caso a autora recorrida.

Por isso, o art. 23.º da mesma Convenção conclui que «o contrato se conclui no momento em que a aceitação de uma proposta contratual se torna eficaz em conformidade com as disposições da presente Convenção».

Por conseguinte, o contrato tem-se por celebrado em França, sendo, por isso, aplicável a lei francesa em matéria de juros moratórios, nos termos do art. 42.º, n.º 2, do Código Civil.

Mas o processo não contém elementos para determinar qual é o montante desses juros. Por isso, terá de se deixar para liquidação em execução de sentença a sua fixação nos termos do art. 661.º, n.º 2 do Código de Processo Civil.

5. A Portaria n.º 339/87, de 24 de Abril, revogou a Portaria n.º 581/83, de 18 de Maio, e fixou a taxa de juros de mora em 15%. Mas esta modificação, valendo para futuro, não invalida as considerações efectuadas quanto à aplicabilidade da lei francesa.

6. Pelo aspecto, acorda-se em conceder apenas parcial provimento ao recurso, e só no que respeita aos juros moratórios aplicáveis, confirmando-se no mais a douta sentença recorrida e, em consequência, confirma-se a condenação da ré recorrente no pagamento de US$27.750,00 (vinte e sete mil setecentos e cinquenta dólares americanos), preço das mercadorias adquiridas pela recorrente, ou seja, da quantia em moeda nacional equivalente a essa dívida ao câmbio do dia do pagamento, nos termos do art. 558.º do Código Civil, mas altera-se a condenação nos juros moratórios, condenando-se agora a *recorrente no pagamento à autora, por acréscimo à quantia antes mencionada, dos juros moratórios que forem devidos desde o dis 5 de Junho se 1982 até ao dia do efectivo pagamento, à taxa que for devida segundo a lei francesa, e que serão liquidados em execução de sentença, revogando-se a decisão recorrida na parte em que condenou em juros a diversas taxas segundo o direito português vigente.*

A recorrente vai já definitivamente condenada nas custas correspondentes ao preço da mercadoria. Quanto às custas correspondentes aos juros de mora, serão liquidados posteriormente em função da liquidação definitiva do montante devido consoante o vencimento, mas adeantando-as por ora a recorrente provisoriamente pelo montante pedido.

Lisboa, 7 de Maio de 1987.

Ricardo Velha
Moreira Mateus
Prazeres Pais

ANOTAÇÃO

1. Os factos relevantes; as questões a considerar

I — O presente acórdão recai sobre matéria fixada na primeira instância que cabe sintetizar.

A Autora, sociedade de Direito francês, propõe contra a Ré, sociedade portuguesa, uma acção com processo ordinário pedindo a sua condenação no pagamento em escudos da importância correspondente a *US$25 183,* segundo o câmbio do dia em que for realizado o pagamento, acrescido dos juros de mora respectivos.

Na verdade, em 19-Mai-1981, a Ré havia encomendado à Autora determinado equipamento informático, destinado ao Ministério da Educação; esse equipamento seria pago a pronto, na entrega, contra documentos. No entanto, a Ré recebeu-o, em 5-Jun.-1982 e nada pagou.

Perante isso, a Autora pede a condenação da Ré no pagamento da aludida quantia, correspondente ao preço do equipamento, deduzida a comissão que esta competia; solicita ainda a sua condenação nos juros, à taxa de 15% a partir de 5-Jun.-1982 e até 18-Mai.-1983, de 23% desde esta data até 4-Ago.-1983 — Decreto-Lei n.º 200-C/80, de 24 de junho, com referência ao art. 559.º do Código Civil e às Portarias n.ºº 477/80 e 581/83, de 31 de Julho e de 18 de Maio, respectivamente — e calculada nos termos da Portaria n.º 807-U1/83, de 30 de Julho, de então em diante.

II — A Ré não negou, em contestação, a obrigação de pagar a dívida em causa. Impugnou, contudo, o seu montante e por duas ordens de razões fundamentais, para além dum aspecto secundário relacionado com o custo do transporte. Em primeiro lugar, por entender que não deveria ser penalizada pela desvalorização galopante do escudo português em relação ao dólar americano; a taxa de câmbio a ter em conta deveria ser a de 7-Jun.-1982 — 72$00 — o que reduziria a dívida de 4 890 000$00 para 1 832 794$00. Em segundo lugar, porque não poderia haver cumulação da diferença cambial em consequência da desvalorização do escudo perante o dólar com os juros monetários, cujas taxas são, em França, manifestamente mais baixas do que em Portugal, acontecendo ainda que no período de 7-Jul.-1982 a 22-Out.-1984, o franco francês revalorizou 40% enquanto o dólar americano revalorizou 124% em relação ao escudo português.

A tese da Autora obteve acolhimento na primeira instância mas foi parcialmente rejeitada pela Relação de Lisboa.

III — O acórdão em estudo deparou, fundamentalmente com uma compra e venda internacional, donde emergiu uma obrigação em moeda estrangeira. Esta, segundo o art. 558.º/1 do Código Civil, pode ser paga em moeda nacional, segundo o câmbio do dia do cumprimento e do lugar para este estabelecido, salvo cláusula em contrário. Por outro lado, o art. 806.º/1 e 2 determina que havendo mora, a indemnização corresponda aos competentes juros legais, salvo determinadas hipóteses. Mas não diz em termos expressos, *qual a taxa de juros aplicáveis no caso de haver mora numa obrigação em moeda estrangeira*. O problema foi tratado, em termos pioneiros, pelo presente acórdão. Ele não pode, de modo algum, passar despercebido.

Na sequência, importa considerar duas questões:

— as obrigações em moeda estrangeira perante as modificações na sua paridade;
— os juros das obrigações em moeda estrangeira.

O bom esclarecimento desses temas implica, contudo, prévias considerações sobre as obrigações pecuniárias e as obrigações de juros.

2. Obrigações pecuniárias e obrigações em moeda estrangeira

I — A obrigação pecuniária caracteriza-se, de entre as restantes, pelo seu objecto: a prestação em dinheiro. O Código Civil não entra em especificações neste domínio; deverá assim entender-se que ele aceita a linguagem comum, precisada pela Economia.

Compra e venda internacional

O dinheiro — ou moeda — assume um papel duplo:

— o de *meio geral de troca,* permitindo a aquisição de quaisquer mercadorias existentes e sendo, nessa medida, recebido pelo alienante [1];

— o de *bitola geral de valor,* facultando uma expressão numérica eficaz da valia das mercadorias e abrindo as portas a uma comparação rápida entre elas [2]

A obrigação pecuniária reporta-se ao dinheiro como realidade económica com o duplo alcance referido. Fica excluída do seu âmbito o dever de entregar espécies monetárias tomadas em si mesmas, pelo seu valor material, histórico ou numismático: haveria, então, simples prestação de coisa [3].

II — A moeda tem sido, na actual doutrina, focada desde logo como um problema de interdisciplinaridade; Direito e Economia colaboram no seu conhecimento e, designadamente: o jurista deve, no conjunto de operações tendentes a interpretar e a aplicar regras relativas ao dinheiro, ter em conta a teoria económica da moeda [4]. Este aspecto tem importâmcia crescente; para tanto contribuem factores, distintos, embora confluentes [5]. Por um lado, verifica-se que toda a evolução da moeda se processou no sentido da sua desmaterialização: passou-se, através duma escala sucessiva, da mercadoria à

---

[1] Cf. KARL LARENZ, *Lehrbuch des Schuldrechts,* I, *Allgemeiner Teil,* 14.ª ed. (1987), 162 ss..

[2] Cf. JOSEF ESSER / EIKE SCHMIDT, *Schuldrecht / Allgemeiner Teil,* 6.ª ed. (1984), 196.

[3] Cf. VAZ SERRA, *Obrigações pecuniárias,* separata do *BMJ,* 52 (1956), 10, ALMEIDA COSTA, *Direito das Obrigações,* 4.ª ed. (1984), 499-500, ANTUNES VARELA, *Das Obrigações em Geral,* vol. I, 5.ª ed. (1986), 805, BGB / RGRK / ALFF 12.ª ed. (1976), § 244, n.º 6 (63) e *Münchener Kommentar* / VON MAYDELL, 2.ª ed. (1985), 2.º vol., § 244, n.º 8 (263).

[4] KARSTEN SCHMIDT, *Geld und Geldschuld im Privatrecht / Eine Einführung in ihre Grundlagen,* JuS 1984, 737-747 (737).

[5] Na actualidade, de entre a múltipla bibliografia sobre obrigações pecuniárias, destaca-se o estudo envolvente de KARSTEN SCHMIDT inserido no *Staudingers Kommentar,* 12.ª ed. (1983), a propósito dos §§ 244-248 do BGB, em várias centenas de páginas de que foi tirada da separata complementada sob o título *Geldrecht* (1983). Estes e outros elementos podem, aí, ser confrontados; utiliza-se a versão inserida no STAUDINGER.

moeda metálica, desta à moeda fiduciária e, depois, ao papel moeda e à moeda escriturária; tudo isto apela, na sua própria definição básica, a uma conceitologia económica. Por outro, é conhecida a pretensão constante dos Estados modernos de intervirem nas dimensões económicas das sociedades, com recurso a múltiplos instrumentos e, designadamente, à política monetária[6].

A estas considerações, já de si sugestivas, há que acrescentar o facto de as pretensões em dinheiro serem, na vida jurídica, de extraordinária frequência: como explica MEDICUS, múltiplos contratos, como o mútuo ou fiança dão, na prática, apenas lugar a pretensões em dinheiro, enquanto outros, como a compra e venda ou a locação, postulam, para uma das partes, prestações desse tipo[7].

O desenvolvimento científico-doutrinário desta matéria fica, entre nós, bem aquém da sua importância. A jurisprudência adquire, assim, redobrado relevo.

III — O Código Civil trata diversas modalidades de obrigações pecuniárias[8]. Distingue-se três:
— *as obrigações de quantidade,* cujo objecto vem expresso apenas como uma certa quantidade de dinheiro — arts. 550.º e ss.;
— *as obrigações de moeda específica,* cujo objecto, além de expresso em certa quantidade de dinheiro, vem ainda precisado quanto a uma particular qualidade da moeda considerada — arts. 552.º e ss.;
— *as obrigações em moeda estrangeira,* cujo objecto se analisa em dinheiro que tenha curso legal noutro espaço jurídico — arts. 558.º e ss..

Estes três tipos podem-se sobrepor. As obrigações em moeda específica representam uma tradição do passado: na prática, tal moeda desapareceu dada a generalização do papel moeda e da moeda escriturária. Repare-se ainda que a moeda estrangeira é, em regra, objecto de obrigações de quantidade.

---

[6] Cf. KARSTEN SCHMIDT, *Geld und Geldschuld,* cit., 738 e STAUDINGER/ / KARSTEN SCHMIDT (12) cit., prenot. § 244, A 1 ss. (17 ss.)

[7] DIETER MEDICUS, *Ansprüche auf Geld,* JuS 1983, 897-903 (897).

[8] Em geral, além das obras já referidas, cite-se SPIROS SIMITIS, *Bemerkungen zur rechtlichen Sonderstellung des Geldes,* AcP 159 (1960), 406-466 (410 ss.), ADOLFO DI MAJO, *Obbligazioni pecuniarie,* ED XXIX (1979), 222-298 (293 ss.) e HUJO J. HAHN, *Währungsrecht und der Gestaltwandel des Geldes,* FS Zweigert (1981), 625-655 (637 ss.).

Compra e venda internacional

IV — A obrigação pecuniária é uma obrigação de valor[9]. Mas essa locução é polissémica, cabendo, nela, abrir algumas distinções. Com recurso a MANUEL DE ANDRADE, podem distinguir-se:

— o *valor nominal ou extrínseco,* imposto por lei e publicitado em diversas espécies;
— o *valor intrínseco ou metálico,* correspondente ao da matéria — do metal — incluída nas espécies monetárias, quando lhes fosse dada outra utilização;
— o *valor de troca,* que traduz o poder aquisitivo da moeda, isto é, as mercadorias que ele pode proporcionar;
— o *valor cambiário ou corrente,* que exprime a relação existente entre a moeda considerada e outras moedas estrangeiras[10].

Estes valores formam-se em obediência a parâmetros diferentes, pelo que podem não coincidir. O Direito intervém, fixando o valor atendível. Assim surge o *princípio nominalista:* nas moedas de quantidade releva, apenas, o seu valor nominal ou extrínseco. O nominalismo torna-se operacional mercê de alguns dos seus corolários, que importa recordar: *o poder liberatório* da moeda, irrecusável pelo seu valor nominal[11] e, nas oscilações de valor, o predomínio do valor nominal no *momento do cumprimento*[12]. O nominalismo, presente com essas implicações nas diversas ordens jurídicas[13], resulta entre nós do art. 550.º do Código Civil.

V — As obrigações em moeda estrangeira ou obrigações valutárias constituem uma modalidade de obrigações pecuniárias. Em princípio, elas estão na disponibilidade das partes, que as podem estabelecer de modo *directo* ou *indirecto.*

---

[9] Cf. *Münchener Kommentar* / VON MAYDELL, § 244, n.º 8 (263).

[10] MANUEL DE ANDRADE, *Obrigações pecuniárias,* RLJ 77 (1944), 49 ss.. No tocante ao valor cambiário, é ainda possível distinguir um *valor corrente* ou *cambiário oficial* e um *valor de mercado.*

[11] Este aspecto alargou-se às diversas obrigações pecuniárias, mesmo àquelas que, à partida, o não seriam; cf. BAPTISTA MACHADO, *Nominalismo e Indexação,* RDES XXIV (1977), 49-77 (51-52).

[12] Cf. ANTUNES VARELA, anot. a STJ 13-Jan.-1967, RLJ 100 (1967), 237-240 (237-238).

[13] Cf. KARL BETTERMANN, *Über Inhalt, Grund und Grenzen des Nominalismus,* RdA 1975, 2-9 (2).

Nas obrigações em moeda estrangeira, e mercê da postura assumida pelas partes, há duas possibilidades a considerar: a das *obrigações valutárias próprias ou puras,* quando o pagamento deva ser realizado em moeda estrangeira e a das *obrigações valutárias impróprias ou impuras,* quando as partes apenas a hajam utilizado como bitola do valor da obrigação, podendo cumprir-se com a moeda nacional equivalente ao quantitativo estrangeiro estipulado[14]. Uma terceira categoria, derivada das anteriores, é a das obrigações valutárias mistas: pretende-se um efectivo cumprimento em moeda estrangeira mas admite-se, para o devedor, a faculdade de pagar em moeda nacional[15].

3. Continuação; natureza

I — Traçado um quadro geral das obrigações pecuniárias, cabe ponderar, ainda que com brevidade, a sua natureza. Tem-se em vista responder à seguinte questão: a obrigação em dinheiro reporta-se a uma realidade puramente material, ou, pelo contrário, um *quid* jurídico?

Na obrigação em moeda específica e quando, para mais, esteja em jogo o seu valor metálico, a realidade valiosa em jogo é-o por razões de ordem material. Mas nas obrigações comuns de quantidade, sejam elas em moeda nacional ou em moeda estrangeira, lida-se com algo que só juridicamente pode ser alcançado.

II — Na verdade, tudo assenta, desde logo, no *nominalismo.* Este, verdadeira regra de Direito[16], desenvolvida em vários corolários, fixa o valor nominal e dá-lhe jurídica positividade, determina o seu poder liberatório irrecusável e implica a relevância da moeda no momento do cumprimento.

Mas há que ir mais longe.

Ainda que nas obrigações de quantidade apenas releve o *quantum* de determinada moeda, não se esqueça o facto de, em termos

---

[14] PHILIP HECK, *Grundriss des Schuldrechts* (1929, reimp. 1974), 60, PALANDT / HEINRICHS, *Bürgerliches Gesetzbuch,* 42.ª ed. (1983), § 254, 4 (229), MANUEL DE ANDRADE, *Teoria Geral das Obrigações,* 3.ª ed. (1966), 270-271 e ALMEIDA COSTA, *Direito das Obrigações,* 4.ª ed. (1984), 507.

[15] MANUEL DE ANDRADE, *Teoria Geral das Obrigações* cit., 271.

[16] Cf. LARENZ, *Schuldrecht* 14 cit., 1.º, 168.

Compra e venda internacional

229

internos, a sua utilização se configurar de acordo com novas regras de Direito. Estas, além de estabelecerem um valor e uma designação concretos para a moeda em causa, determinam também — ou podem fazê-lo — as espécies principais e as divisionárias, o poder liberatório de cada uma delas, a sua convertibilidade ou o seu curso forçado, o prazo da sua validade, as quantidades máximas de que se possa ser portador e as condicões da sua exportação.

As obrigações pecuniárias de quantidade analisam-se, assim, em *realidades jurídicas:* elas redundam na aplicação de múltiplas regras de Direito.

III — Na fixação de uma moeda estrangeira, as partes remetem, automática e necessariamente, paras as regras jurídicas vigentes no correspondente espaço jurídico: apenas o respectivo ordenamento pode fixar os diversos aspectos envolvidos, de que acima foi dada conta.

Este aspecto é claro e indiscutível perante as obrigações valutárias puras e as mistas, em que somente a ordem jurídica estrangeira da nacionalidade da moeda pode fixar os múltiplos aspectos envolvidos. Pelo contrário, nas obrigações valutárias impuras, nas quais a moeda estrangeira releva como simples referencial de valor, apenas tem aplicação o núcleo de regras estrangeiras que se prendam com esse factor.

4. Obrigações de juros

I — A obrigação de juros corresponde a um crédito cujo o objectivo, entendido como rendimento de outro crédito — o crédito principal ou capital — é calculado em função de três factores: o montante do crédito principal, o período de tempo pelo qual este se mantém antes do cumprimento e a taxa [17].

Embora não haja, nesse sentido, uma necessidade fatal, o juro traduz, normalmente, uma obrigação pecuniária, homogénea em relação a uma outra — a de capital — e correspondente a uma percentagem desta, contada ao ano.

---

[17] STAUDINGER / K. SCHMIDT[12] cit., § 246, 7. 2 (390), *Münchener Kommentar* / VON MAYDELL[2] cit., § 246, 3 (281) e LARENZ, *Schuldrecht*[14] cit., 180. Entre nós, cf. MENEZES CORDEIRO, *Direito das Obrigações* 1.º vol. (1987, reimpr.), 355, ALMEIDA COSTA, *Direito das Obrigações*[4] cit., 509 e ANTUNES VARELA, *Das obrigações em geral*[5] cit., 1.º vol., 827.

II — Os juros podem ser objecto de múltiplas classificações. De acordo com a função, os juros são *remuneratórios, compensatórios, moratórios e indemnizatórios: remuneratórios* quando exprimam o rendimento de determinado capital, *compensatórios* quando independentemente da culpa, visam satisfazer uma pessoa pela privação do capital — por exemplo, art. 480.º — *moratórios* quando surgem a título de indemnização pelo atraso do cumprimento duma obrigação pecuniária — por exemplo, art. 806.º/1 — e *indemnizatórios* quando actuem num incumprimento ou num ilícito, independentemente de mora em sentido clássico. De acordo com a taxa, os juros são *legais* ou *convencionais: convencionais* sempre que ela derive de convenção das partes; *legais* quando ela emerja de disposição legal supletiva. A liberdade das partes não é total: é-lhe vedado ultrapassar certos limites máximos [18].

Para além dos objectivos fixados a propósito da primeira classificação apontada, os juros podem desempenhar dois outros importantes papéis: eles fixam, previamente, seja a remuneração do capital seja o esforço indemnizatório, *servindo a segurança* e a previsibilidade das situações económicas [19]; e assim eles contrabalançam a *desvalorização monetária* [20].

III — As obrigações de juros são *acessórias* em relação às de capital [21].

Esta afirmação, em si corrente, impõe, contudo, algumas precisões. A acessoriedade tem a ver com o mecanismo constitutivo dos juros em si, portanto com a obrigação de juros enquanto faculdade de, periodicamente, fazer surgir os créditos de juros. Estes, uma vez constituídos, ganham autonomia. O Direito português encontra-se, neste ponto, facilitado, pois a concepção exposta subjaz, com clareza, ao art. 561.º do Código Civil.

---

[18] Actualmente em Portugal, tais limites estão fixados no artigo 1146.º do Código Civil, generalizado pelo artigo 559.º-A do mesmo diploma, na redacção dada pelo Decreto-Lei n.º 262/83 de 16 de Junho.

[19] Cf. Vaz Serra, *Mora do devedor,* BMJ 48 (1955), 5-317 (100).

[20] Cf. Pinto Monteiro, *Inflação e direito civil,* (1984), 17.

[21] Staudinger / K. Schmidt [12] cit., § 246, 11 (392).

5. Depreciação da moeda e riscos cambiais

I — A depreciação da moeda tem sido uma constante ao longo da história. No entanto, ela atingiria pontos altos no século XX, já conhecido, por isso, como o *«século das inflações»* [22].

Os múltiplos problemas postos por esses fenómenos são enfrentados, desde logo, pelo nominalismo; contrapondo-se ao valorismo, que mandaria atender ao real valor da moeda, o nominalismo ignora, propositadamente, as flutuações monetárias. Fazendo-o, procede a uma imediata distribuição dos riscos: na valorização, eles correm pelo devedor e na desvalorização — que é de regra, nos espaços internos — eles correm pelo credor [23].

As implicações políticas e económicas são enormes e bem conhecidas. Foi com intenção que os Estados modernos firmaram o nominalismo, cortando mesmo, em momentos agudos, quaisquer possibilidades de lhe fazer face.

II — De um modo geral, as partes podem, dentro da sua autonomia privada, tomar medidas para prevenir a depreciação da moeda. A solução mais radical consiste em evitar os tipos negociais que dêem lugar a prestações pecuniárias. A compra e venda será, então, substituída pela troca, por exemplo.

Mas outras soluções existem e designadamente: a indexação das referências pecuniárias a determinados valores, sejam eles índices gerais de preços ou tabelas específicas de actualização monetária, a estipulação de moeda específica, a ligação ao valor de certas mercadorias designadamente ao ouro e a estipulação da moeda estrangeira.

---

[22] KARSTEN SCHMIDT, *Geld und Geldschuld im Privatrecht* cit., 743. Um apanhado sobre os vários tipos de inflação pode ser visto em STAUDINGER / K. SCHMIDT [12] cit., § 244, D 18 ss (108 ss.).

[23] *Münchener Kommentar* / VON MAYDELL [2] cit., § 244, 15 (267) e STAUDINGER / K. SCHMIDT [12] cit., § 244, D 26 ss. (112 ss.). No caso de mora, no entanto, a inversão do risco deveria fazer correr a desvantagem da desvalorização contra o devedor, num problema que se põe quando haja inflação. Os Códigos Civis, preparados em período de estabilidade monetária, nem sempre têm capacidade de resposta, obrigando a jurisprudência a enfrentar o problema com recurso a vários esquemas. Cf. MARLO TRIMARCHI, *Svalutazione monetaria e ritardo nell' adempimento di obbligazioni pecuniarie* (1983), onde pode ser confrontada literatura e jurisprudência italianas sobre o tema. Recorde-se que em Itália a inflação tem sido pronunciada, ao contrário da Alemanha.

232 *Crédito*

Estes ou outros esquemas que se possam engendrar com essa mesma finalidade não devem confundir-se com a constituição de débitos em valor. Tais débitos ocorrem sempre que as partes, desviando-se do nominalismo, estipulem como objecto da prestação um *valor económico real.* A forma de o aferir poderá, depois, variar, em consonância com alguma ou algumas das cláusulas acima apontadas ([24]).

III — Pode acontecer que o recurso a cláusulas de indexação destinadas a afastar o nominalismo venha expor as partes a outras flutuações e, designadamente, às que advenham de modificações registadas no valor dos factores de indexação. Exemplo clásico é o da alteração real do valor do ouro, quando este tenha sido utilizado como pólo de indexação ([25]).

No caso das obrigações em moeda estrangeira, pergunta–se contra quem corre o risco das alterações cambiais, isto é, das modificações na paridade da moeda. A ideia de base é a seguinte: *tal risco corre contra a parte atingida pela variação concretamente registada* ([26]).

Pensa-se, contudo, que é possível ir mais longe.

Nas obrigações valutárias puras, os riscos cambiais correm pelas partes até às últimas consequências. Nas impuras, podem admitir-se correcções por via interpretativa: uma vez que a vontade das partes foi, tão-só, a de fixar um valor estável, pode-se admitir uma mudança de referência quando a bitola eleita sofra flutuações, em nome da autonomia privada. Repare-se que no particular círculo dos dois sujeitos do negócio, não jogam os valores que, a nível estadual,

---

([24]) Cf. STAUDINGER / K. SCHMIDT [12] cit., § 244. D 44 ss. (122 ss.), ALFF / / BGB / / RGRK [12] cit., § 245, 9 SS. (50 ss.).

([25]) O problema foi posto e resolvido em STJ 15-Abr-1975, BMJ 246 (1975), 138-141 (141), com recurso aos institutos da alteração das circunstâncias e do abuso do direito. O mesmo objectivo poderia, segundo se julga, ser obtido numa base de interpretação contratual.

([26]) Assim, *Münchener Kommentar/*VON MAYDELL [2] cit., § 244, 51 (277); como este Autor explica, só por excepção se poderia recorrer à alteração das circunstâncias. Na verdade, este instituto é negativamente delimitado pelas normas de risco que prevalecem sobre ele; cf. MENEZES CORDEIRO, *Da alteração das circunstâncias / A concretização do artigo 437.º n.º 1 do Código Civil, à luz da jurisprudência posterior a 1974 /* Separata dos estudos em memória do Prof. Doutor Paulo Cunha (1987), 29 ss..

Compra e venda internacional 233

determinaram o instituir do nominalismo(²⁷). Finalmente, nas obrigações valutárias mistas, sufraga-se, também para este efeito, a aproximação geral proposta por MANUEL DE ANDRADE às obrigações puras(²⁸): as partes apontaram, como meta principal, para a moeda estrangeira, sujeitando-se logo, aos competentes riscos.

6. Juros nas obrigações em moeda estrangeira; o problema

I — Presente uma obrigação em moeda estrangeira, podem vencer-se juros remuneratórios, compensatórios, moratórios ou indemnizatórios, conforme os casos. O seu regime, sobretudo no ponto nevrálgico da taxa, pauta-se, desde logo, pelo que as partes tenham estipulado directa ou indirectamente. Quando, na verdade, elas fixem os elementos necessários, assiste-se apenas a um comum exercício da autonomia privada. Outro tanto sucede sempre que as partes remetam a matéria dos juros para uma determinada lei estrangeira: a estipulação é indirecta.

O problema põe-se quando as partes nada digam e haja que recorrer aos denominados juros legais.

II — À partida, tenha-se presente que os juros legais não são uniformes, antes variando com o espaço jurídico. Na Alemanha, a sua taxa é de 4% e 5%, respectivamente, para obrigações civis e comerciais, em Itália de 5%, em Espanha, de 6%, podendo o Governo indicar outras taxas e em França de 4% e 5%, respectivamente, para débitos civis e comerciais até 1975, data em que a matéria foi indexada à taxa de desconto do Banco de França(²⁹). Mas as variações são pouco significativas. Simplesmente, pode suceder que, nalguns espaços jurídicos, os juros sejam chamados a desempenhar funções diferentes das que classicamente lhe eram atribuídas; como foi visto, em economias de inflação, os juros visam obstar, pelo

---

(²⁷) Também aqui não haveria qualquer aplicação da alteração das circunstâncias mas, tão-só, um exercício cuidado de interpretação negocial. Cf. MENEZES CORDEIRO, *Da boa fé no Direito Civil,* 2.º vol. (1984), 1068, nota 652.

(²⁸) MANUEL DE ANDRADE, *Teoria geral das obrigações,* cit., 271.

(²⁹) Cf. STAUDINGER / SCHMIDT ¹², cit., § 246, 50 ss. (403 ss.), JEAN CARBONNIER, *Droit civil, 4 — Les obligations,* 12.ª ed, (1985), 304, ALEX WELL / FRANÇOIS TERRÉ, *Droit civil / Les obligations,* 4.ª ed. (1986), 456 ss.. A taxa francesa vem, na prática, a rondar os 10% prevendo-se agravamentos quando sobrevenha condenação judicial.

menos em parte, a total depreciação do capital. Assim se chegou, entre nós, a taxas de juros de 23%.

Quando seja estipulada *uma obrigação em moeda estrangeira estável, não se lhe pode aplicar uma taxa legal de juro apontada para uma economia de inflação:* deixaria de haver compensação pela depreciação para se assistir a um enriquecimento desmesurado do credor, não só escandaloso mas, sobretudo, fora de quanto pretenderiam as ordens normativas em presença.

III — Razões de ordem política e social, alicerçadas em vigorosa tradição histórica, levaram os legisladores a fixar com cuidado, para além das taxas legais de juros, de sentido supletivo, taxas máximas de juros praticáveis no seu espaço jurídico. Entre nós dispõe o art. 1146.º do Código Civil, considerando usurários os mútuos em que esses máximos sejam ultrapassados. A usura é severamente penalizada pelo Código Civil — arts. 228.º ss. podendo mesmo constituir crime, segundo os arts. 320.º e ss. do Código Penal. Trata-se de matéria fortemente injuntiva; não há dúvidas em considerá-la de ordem pública.

Deve entender-se que o legislador pretendeu fixar *efectivos limites materiais:* preocupou-o a possibilidade de desmesurada exploração dos devedores e não a exteriorização formal de certa cifra. Confrontadas com os limites máximos das taxas de juros, as partes poderiam contorná-las recorrendo a uma moeda estrangeira, desde que esta fosse estável e lhe fosse possível aplicar a taxa legal de juros portuguesa, marcada pela inflação.

Há, pois, que procurar outra solução.

7. Continuação; uma questão privada internacional

I — Uma primeira via poderia consistir em engendrar, perante uma obrigação em moeda estrangeira, uma taxa de juro *ad hoc*. Esta por hipótese, assentaria na cifra que, tendo em conta as variações cambiárias registadas, permitisse atingir o mesmo efeito prático da taxa nacional, quando aplicada a obrigações nacionais; de encarar, também, o mesmo processo, mas desta feita de modo a atingir a taxa nacional máxima permitida, mantendo-se dentro dela; uma terceira solução residiria na escolha, para o efeito, da taxa interbancária média internacional ou em quaisquer outras cifras determinadas a esse nível.

Compra e venda internacional 235

Toda esta linha é desajustada, devendo ser abandonada. Desde logo porque, como se viu, ela comporta várias soluções possíveis sem que, com clareza, se possa eleger uma delas: haveria insegurança e imprevisibilidade numa área onde ambos esses factores têm enorme importância. Depois porque ela conduziria, muitas vezes, a diversas soluções, consoante o tribunal em que se pusesse o problema: o mesmo débito em dólares, discutido em Portugal, atingiria certa taxa legal de juros e, posto na Alemanha, obteria taxa diferente. E por fim, porque ela iria, sem mais, abdicar da procura da justiça: as taxas legais de juros têm em conta as particularidades das moedas para que foram pensadas — designadamente a inflação a que se encontram sujeitas — numa conexão que não pode ser dispensada.

II — Mais promissora parece, pois, uma segunda via, encetada pelo acórdão em análise: a de, numa obrigação em moeda estrangeira, ver uma questão privada internacional. Essa solução fica desde logo confirmada quando a própria situação jurídica global donde emerja a obrigação de juros seja internacional [30]. Nas restantes, há que atentar com mais profundidade nas realidades em jogo.

Como foi referido a propósito da natureza das obrigações pecuniárias, o objecto sobre que estas recaiem tem natureza normativa. Apenas através de sucessivas camadas de regras jurídicas se torna possível configurar o dinheiro. *Estipular um débito em moeda estrangeira é, simplesmente, remeter para as regras estrangeiras que o determinam, precisem, explicam e legitimam.*

Por isso, perante uma obrigação em moeda estrangeira, *antes* de perguntar pela taxa legal de juros há que indagar da *lei* competente para determinar tal taxa.

III — Está-se no sector das obrigações, dominado pela autonomia privada [31]. As partes podem estipular sobre a lei competente

---

[30] Cf. C. R. DELAUME, *What is an internacionel contract?*, ICLQ 28 (1979), 258-279.

[31] GERHARD KEGEL, *Internationales Privatrecht*, 5.ª ed. (1985), 378 ss., STAUDINGER / KARL FIRSCHING, 12.ª ed. (1984), EGBGB art. 11, III, 33 (375), JÖRG G. - A. SCHMEDING, *Zur Bedeutung der Rechtswahl im Kollisionsrecht*, Rabels 41 (1977) 299-331 (304 ss.) e RODOLFO DE NOVA, *Obbligazioni (diritto internazionale privato)* ED 29 (1979), 456-500 (459 ss.). Este princípio aflora nas diversas situações creditícias; assim e como exemplos: KARL KREUZER, *Know-how — Verträge im deutschen internationalen Privatrecht*, FS von Caemmerer (1978), 705-735 (735), F.

para reger a matéria dos juros, o que nada tem de particular: elas já podiam estipular directamente sobre os próprios juros. O Direito português é expresso, nesse sentido, no art. 41.º/1 do Código Civil. Quando o não façam, directa ou indirectamente, quedaria o recurso aos critérios supletivos do art. 42.º do mesmo diploma.

Antes de encetar tal via, cabe no entanto tecer algumas considerações sobre a problemática substancial envolvida.

Na sequência de SAVIGNY e de outras grandes doutrinas internacional-privadas nos fins do século XIX e princípios do século XX, o Direito de Conflitos caiu em acentuado formalismo: desinteressado das soluções que, efectivamente, ele provocasse, o Direito internacional privado associava, às situações da vida, os mais diversos Direitos, de acordo com as conexões pré-firmadas que se verficassem.

No segundo pós-guerra, a doutrina, em geral, reagiu contra tal estado de coisas ([32]). Na base do Direito positivo e da jurisprudência, procuraram-se princípios harmoniosos e adequados que correspondessem às necessidades da justiça internacional ([33]). Os progressos alcançados foram insuficientes. A prática corrente da «*desarticulação*», resultante da aplicação, a uma mesma questão global, de várias leis, a indiferença dos sistemas de conflitos perante as soluções efectivamente alcançadas — pois não seria o Direito internacioal privado um «*Direito de Direitos*», cabendo apenas a estes últimos a solução final? — e a própria dificuldade na aplicação correcta de leis estrangeiras põem, de novo, tudo em questão.

Um movimento metodológico renovador viria da escola norte-americana. DAVID CAVERS vem defender a necessidade de, perante

---

A. MANN, *Börsentermingeschäfte und internationales Privatrecht, idem,* 737-756 (755) e ERNST STEINDORE, *Das Akkreditiv im internationalen Privatrecht der Schuldverträge, idem,* 761-781 (762). Cf., ainda, JÜRGEN SAMTLEBEN, *Das internationale Privatrecht der Börsetermingeschäfte und der EWG-Vertrag,* RabelsZ 45 (1981), 218-252 (228 ss.) e, em geral, WILHELM WENGLER, *Die Gestaltung des internationalen Privatrechts der Schuldverträge unter allgemeiner Leitprinzipien,* RabelsZ 47 (1983), 215-266.

([32]) Como referência, ainda hoje tem interesse ZWEIRGERT, *Die dritte Schule im internationalen Privatrecht / Zur neueren Wissenchaftsgeschichte des Kollisionsrechts,* FS Raape (1948), 35-52.

([33]) Merecem referência, além da obra de WENGLER, os escritos de BEITZKE, *Betrachtungen zur Methodik im international privatrecht,* FS Smend (1952), 1-22 (17 ss.) e G. KEGEL, *Begriffs- Interessenjurisprudenz im internationalen Privatrecht,* FS H. LEWALD (1953), 259-288 (270 ss.).

Compra e venda internacional

um conflito de leis, recusar o esquema de escolha automática, a favor da aplicação da lei que proporcione uma lei mais justa[34] e ROBERT LFLAR preconiza a escolha da melhor regra em função de factores a determinar e escolher[35]. Noutra vertente, BRAINERD CURRIE propugna pela aplicação da *lex fori* sempre que estejam em causa interesses do Estado — entendidos, aliás, com generosa extensão[36], enquanto ALBERT EHRENZWEIG, na mesma linha, vê, na aplicação da *lex fori*, a regra básica nos conflitos de leis[37].

Este pensamento doutrinário norte-americano tem vindo a ser difundido no Continente Europeu[38], incluído Portugal[39], tendo sido objecto de novas elaborações. Essa evolução pode ser sintetizada nas proposições que seguem.

IV — *O postulado de um Direito de conflitos automático, totalmente formal, de segundo grau, que estatua indiferente às soluções que provoque, deve, em definitivo, ser abandonado.* Desde sempre a necessidade de preservar a ordem pública dos Estados, a verificar em cada caso concreto, e as exigências de um mínimo de aplicabi-

---

[34] DAVID F. CAVERS, *A critique of the choice-of-law problem*, Harvard Law Review, 47 (1933/34), 173-208 = PICONE / WENGLER, *Internationales Privatrecht* (1974), 126-172 (cf., aí, 149). Em escritos posteriores, CAVERS mitigaria um pouco esta posição.

[35] ROBERT A. LEFLAR, *Choice influencing considerations in conflicts law*, New York University Law Review 41 (1966), 300-302, com extracto em PICONE / WENGLER, *Internationales Privatrecht, cit.*, 173-180. LEFLAR faz notar que a manipulação das normas de conflitos, de modo a conseguir a aplicação da lei mais justa, surgiria como prática corrente; melhor seria, pois, reconhecê-lo e procurar os vectores que a escolha deveria obedecer.

[36] BRAINERD CURRIE, *Notes on methods and objectives in the conflites of laws*, Duke Law Journal, 1959, 171-181= PICONE/WENGLER, *Internationales Privatrecht, cit.*, 309-322.

[37] ALBERT A. EHRENZWEIG, *A proper law in a proper forum*, Oklahoma Law Review 18 (1965), 340-352 = PICONE / WENGLER, *Internationales Privatrecht* cit., 323-342.

[38] Para além da recolha de PICONE / WENGLER, já citado, cf. FRANK VISCHER, *Die Kritik an der herkömmlichen Methode des internationalen Privatrechts*, FS Germam (1969), 207-307 (293 ss.), ECKARD REHBINDER, *Zur politisierung des IPR*, JZ 1937, 151-158 (152 ss.) e KONRAD ZWEIGERT, *Zur Armut des internationalen Privatrechts an sozialen Werten*, RabelsZ (1973), 534-452 (438 ss.).

[39] Cf. RUI MOURA RAMOS, *Direito internacional privado e Constituição* (1980), 37 ss. e FERRER CORREIA, *Considerações sobre o método do direito internacional privado*, cit., 380 ss. *e passim.*

lidade prática, haviam provocado uma infiltração, no Direito internacional privado clássico, de valores materiais. Tais valores são, inquestionavelmente, os da *lex fori*. Este movimento tem sido alargado[40], o que, nas devidas proporções, não pode deixar de ser incentivado. Por exemplo, estando em causa os interesses dignos de protecção de uma parte débil, há-de ser dada prevalência, das leis candidatas, à que melhor assegure tal tutela. O influxo de dados constitucionais, de natureza substantiva, tem vindo a ser reconhecido.

A necessidade, sempre nas dimensões devidas, de dar maior relevo à «*lex fori*» tem, também, merecido acolhimento, em boa hora[41].

Para tanto, podem ser aduzidas três razões de peso a que não deve deixar de se dar resposta.

A primeira reside nos inconvenientes, já referidos, da técnica da «*desarticulação*»[42]; mercê das conexões parciais é possível, como se viu, aplicar a uma mesma situação da vida, leis de vários países, em simultâneo: não só se separa o que é uno como se esquece o espírito próprio de cada uma das leis em presença. No limite, não se salvaguardam os valores de qualquer uma delas.

A segunda radica no irrealismo do princípio da harmonia das decisões, supostamente prosseguido pelos Direitos de conflitos de cariz savignyano. Não basta, para tanto, que cada relação jurídica tenha, por natureza, uma sede própria e que tal sede indique a lei aplicável; seria necessário que todos os Direitos internacionais privados o reconhecessem, nos mesmos e precisos termos e que as leis

---

[40] A ordem pública é puramente negativa: limita-se a paralizar a lei estrangeira depois da sua aplicabilidade ter sido firmada. Os valores materiais em jogo, até pelas regras gerais da interpretação, não podem deixar de ter o seu peso, *antes* da determinação da lei competente, manifestando-se nessa mesma determinação.

[41] Assim, vide os insuspeitamente clássicos VISCHER, *Die Kritik an der herkömmlichen Methode des internationalen Privatrechts,* cit., 298 e ZWEIGERT, *Zur Armut des internationalen Privatrechts an sozialen Werten,* cit., 443. Cf. PAUL HEINRICH NEUHAUS, *Abschied von Savigny?,* RabelsZ 46 (1982), 4-24 (21). MICHAEL SCHWIMANN, *Internationale Zuständigkeit in Abhändgikeit von der lex causae?,* RabelsZ 34 (1970), 201-220 (220), sondando a possibilidade de fazer coincidir a competência internacional com a *lex causae,* chega mesmo a afirmar que mais vale uma decisão interna, que não seja actuável no estrangeiro, mas que poupe tempo e dinheiro às partes, do que o inverso.

[42] Cf. cit. estudo de VON SCHWIND, *Von der Zersplitterung des Privatrechts durch das Internationale Privatrecht und ihrer Bekämpfung,* 455 ss.

Compra e venda internacional

fossem interpretadas e aplicadas, na terra de origem e no estrangeiro, do mesmo modo. Bem se sabe não ser assim: os sistemas de conflitos variam de Direito para Direito e as formas de interpretação e aplicação também.

A terceira resulta do que já tem sido denunciado como «*logro*» da aplicação da lei estrangeira: chamados a fazê-lo, os diversos tribunais nunca se poderiam desempenhar como se da sua própria lei se tratasse. Por exemplo, num levantamento feito por MAX RHEINSTEIN, de quarenta decisões exemplares, citadas nos manuais especializados norte-americanos, em que os tribunais dos Estados Unidos aplicaram direito estrangeiro, em trinta e duas a aplicação foi mal feita[43]. Não é, apenas, o conhecimento material do texto estrangeiro a aplicar: há que participar, viver mesmo, toda uma prática da qual, no momento da decisão, surge o verdadeiro Direito, para que se dê cumprimento ao art. 23.º/1 do Código Civil — ou o seu equivalente, legislado ou não, mas universal, nos outros países: «*a lei estrangeira é interpretada dentro do sistema a que pertence e de acordo com as regras interpretativas nele fixadas*».

---

[43] ZWEIGERT, *Zur Armut*, cit., 450. Um exemplo, retirado da prática recente, pode ilustrar os riscos e as dúvidas da aplicação da lei estrangeira. Nas colunas da *IPRax / Praxis des Internationalen Privat- und Verfahrensrechts*, 1982, 210-211, ERIK JAYME escreveu, como conclusão que «os cônjuges portugueses podem testar, na Alemanha, em mão comum». Esta afirmação, pelo local onde foi feita e pela autoridade de E. JAYME, valerá, a não ser corrigida, como lei, no foro alemão. Na sua base esteve o acórdão do STJ 14 de Mai.-1979, BMJ 285 (1979), 341-345, tirado com dois votos de vencido e correctamente comentado pelo autor alemão. Ora a decisão aí encontrada, conquanto na linha da nossa jurisprudência dominante, tem contra si a totalidade da doutrina. A jurisprudência revela, em termos práticos; mas — e isso só é perceptível para o foro português — ela pode ser inflectida, até por não ser unívoca. Tal inflecção, a ser feita (ou a ser recusada) por um tribunal estrangeiro que aplicasse Direito português, seria legítima? Só a sensibilidade especial dos tribunais de cada País, estatuindo na própria lei, pode decidir em tais casos, com legitimidade. A aplicação da lei estrangeira ou é mecânica, morta, ou surge criadora e é duvidosa.

[44] As dificuldades na aplicação da lei estrangeira podem ser de grau muito diverso. Por exemplo, a observância na norma estrangeira que fixe uma ordem de sucessíveis diferente da nossa ou que determine uma taxa legal de juros específica não tem dificuldades de maior. Mas como estatuiria, por exemplo, o tribunal francês, obrigado a aplicar, por hipótese, o artigo 437.º/1 do Código Civil português (alteração das circunstâncias), instituto estranho ao Direito francês e que assenta no princípio da boa fé objectiva, que nada diz aos juristas franceses e que só tem contornos mais precisos graças a uma tarefa paciente de concretização jurisprudencial?

240 *Crédito*

V — Pode, assim, falar-se numa *substancialização* do Direito internacional privado: contrariando uma prática puramente formal que, das normas de conflitos, tem feito um mero jogo de remissões abstractas, há que, nas soluções propugnadas, ainda que com cautelas[45] e atentando na necessidade de intervenções legislativas para quebrar certos princípios[46], ponderar as consequências das decisões[47]. Conexões que deixem os fracos sem protecção[48] ou que, simplesmente, se mostre desequilibrarem as prestações, devem ser repensadas e, se possível, reformuladas.

Finalmente, a desarticulação das situações jurídicas, típica do internacionalismo positivista formal, tem limites. Numa obrigação em moeda estrangeira, por exemplo, aplicar à forma do negócio--fonte a lei do local da celebração, à sua substância a lei designada pelas partes, à moeda em si, a lei da sua nacionalidade e à taxa de juros a *lex fori* será correcto na forma mas é obtuso na substância.

Apenas esta interessa ao Direito.

VI — Quando estipulem uma obrigação em moeda estrangeira, as partes estão a remeter para a lei estrangeira em causa múltiplas regulações, como foi dito. Faz sentido considerar abrangidas pela remissão das partes diversas regras circundantes e, designadamente, as que regem aspectos acessórios da obrigação principal, entre os quais os juros. Esta asserção é reforçada pelos aspectos substanciais em jogo: a particular adaptação dos juros às características próprias da moeda em jogo — designadamente ao seu ritmo de depreciação — é, por certo, mais apurada quando feita pela própria lei da nacionalidade da moeda considerada. Separar o capital e os juros, sujeitando--os a leis diferentes é, por vezes, levar a desarticulação longe de mais.

---

[45] Cf. MICHAEL JOACHIM BONELL, *Il diritto applicabile alle obbligazioni contrattuali / Recenti tendenze nella dottrina e giurisprudenze italiane,* RDComm LXXVIII (1980), 215-235 (228).

[46] Por exemplo, *vide* JÜRGEN SCHMUDE, *Verbraucherschutz und Vertragsfreiheit,* FS K. Ballerstedt (1975), 480-498.

[47] Assim se dá uma confluência entre a mais recente doutrina internacional privada e a metodologia jurídica actual; cf., neste ponto, as indicações dadas em MENEZES CORDEIRO, *Tendências actuais de interpretação da lei,* Tribuna da Justiça, 1985.

[48] Cf. JAN KROPHOLLER, *Das kollisionrechtliche System des Schutzes der schwächeren Vertragspartei,* RabelsZ 42 (1978), 634-661 (655 e *passim*).

Compra e venda internacional 241

Propõe-se, pelo que foi dito, que numa obrigação em moeda estrangeira, os competentes juros se rejam pela lei da nacionalidade da moeda em causa.

Esta será, pois, a regra de base. Mas ela assenta na ideia de que, ao remeter para a moeda estrangeira, as partes dão indicações mínimas de se quererem submeter às regras sobre juros previstas na lei da moeda em causa — art. 41.º/1; não deve, pois, ser absolutizada. Quando não tenha aplicação, operam as regras supletivas do art. 42.º, sempre sobre reserva da sindicância dos resultados.

8. O caso do acórdão; conclusões

I — Com os elementos obtidos, regresse-se ao caso do acórdão.

Devedora de uma importância em dólares, a Ré suporta o risco da sua valorização perante o escudo. Entra em mora: mais se agrava tal risco, como se emerge do art. 807.º, sendo-lhe fechadas as próprias portas da alteração das circunstâncias — art. 438.º. A faculdade de pagar em moeda nacional mantém-se, mas sempre ao câmbio existente no momento do cumprimento — art. 558.º/1 e 2. Além disso, a Ré deverá indemnizar a Autora, correspondendo a indemnização devida aos juros legais — art. 806.º/1 e 2. Quais?

A taxa legal portuguesa foi fortemente elevada, para enfrentar a depreciação do escudo. Aplicá-la a moedas estrangeiras estáveis, seria injusto. Além disso, como bem diz o acórdão em estudo, a lei portuguesa não pretendeu aplicar-se a tais casos: ela visou tão-só equacionar a concreta situação do escudo.

II — Repondere-se o assunto à luz da natureza das obrigações pecuniárias de quantidade.

As partes, ao fixarem um cumprimento em dólares, remeteram para as regras que definem o «*dólar*», as suas características, o seu valor e a sua utilização. Há aqui um elemento de estraneidade que não pode, sob pena de formalismo e de irrealismo, ser aplicado apenas ao capital e não aos juros. A lei portuguesa não é competente para fixar a taxa legal de juros: a autonomia das partes parece remeter tal questão para a lei norte-americana. Caminho fácil, ele depara com obstáculos práticos que a ponderação das consequências de decisão torna patentes: qual das taxas referentes ao dólar ter em conta? O óbice não escapou à mão segura da Relação de Lisboa.

III — Regido constitutivamente pela lei americana, o dólar é hoje, também, uma moeda internacional. Remetendo para ele, as partes podem ter em vista apenas o núcleo regulativo mínimo dessa moeda, deixando os juros fora da remissão. O conflito das leis mantém-se, solicitando-se a intervenção dos critérios supletivos do art. 42.º do Códico Civil. Quando eles remetessem para a lei portuguesa — lei de assumido conteúdo territorial — tudo voltaria ao princípio, em nome de substancialidade do Direito internacional privado e, porventura, da própria ordem pública interna: haveria juros reais exorbitantes, devendo-se procurar novas conexões. Provavelmente a lei norte-americana teria de resolver o conflito, em nome do princípio da maior proximidade.

O acórdão relata, contudo, um contrato internacional. Não houve, apenas, um estipular de moeda estrangeira: dos elementos em presença, vários têm conexões com outros espaços jurídicos. O dólar surge como moeda internacional. Vale a pena testar os critérios supletivos.

O contrato tem-se por celebrado em França. Aos juros deles emergentes aplica-se a lei francesa, segundo o art. 42.º/2 *in fine*.

A saída é razoável, satisfaz os valores em presença e não surge arbitrária.

A Relação de Lisboa decidiu bem.

ÍNDICE

I — CONCESSÃO DE CRÉDITO E RESPONSABILIDADE BANCÁRIA

I — Introdução

1. Crédito bancário e responsabilidade civil 9
2. O problema no Direito português 12
3. As questões a considerar; sequência 15

II — A responsabilidade do banqueiro por danos causados aos credores do seu cliente

4. Cassação francesa, 7 de Janeiro de 1976; o problema da «falta» 17
5. Tribunal do Reich, 9 de Abril de 1932; o problema dos bons costumes 24
6. A solução no Direito português 29

III — A «culpa in contrahendo» do banqueiro

7. Parâmetros gerais; os deveres pré-contratuais 33
8. Os deveres pré-contratuais do banqueiro, em especial 39

IV — A relação bancária complexa

9. Natureza e princípio geral: a autonomia privada 47
10. A não concessão de crédito 51

V — Os deveres específicos do banqueiro

11. Generalidades 57
12. O dever do saneamento financeiro; outros deveres 59

II — SANEAMENTO FINANCEIRO: OS DEVERES DE VIABILIZAÇÃO DAS EMPRESAS E A AUTONOMIA PRIVADA

1. Introdução; saneamento financeiro e constituição económica   63

I — Dos contratos de viabilização: natureza e regime

2. O tipo contratual da viabilização   69
3. Contratos económicos e contratos administrativos   75
4. Regime e natureza   81

II — Os deveres de saneamento financeiro, no quadro da viabilização

5. Processo de viabilização e deveres conexos   85
6. Liberdade contratual, viabilização e responsabilidade   90
7. A boa fé e suas concretizações   94

III — DAS PUBLICAÇÕES OBRIGATÓRIAS NOS BOLETINS DE COTAÇÕES DAS BOLSAS DE VALORES: ASPECTOS DO REGIME DO AUMENTO DE CAPITAL DAS SOCIEDADES ANÓNIMAS POR SUBSCRIÇÃO DE NOVAS ACÇÕES

I — Noções básicas

1. A subscrição de acções   103
2. O aumento de capital   106

II — Publicações nos boletins de cotações das bolsas

3. A evolução geral dos boletins de cotações   109
4. O regime vigente perante o nosso Código das Sociedades Comerciais   114
5. As consequências da não-publicação   117

III — O aumento de capital por subscrição de novas acções

6. Regime geral e publicações obrigatórias   121
7. Os «resultados dos rateios»   122
8. As «datas de pagamento das prestações de subscrição de títulos»   126
9. A comunicação ao preferente   129
10. Conclusões   131

IV — DA PREFERÊNCIA DOS ACCIONISTAS NA SUBSCRIÇÃO DE NOVAS ACÇÕES: EXCLUSÃO E VIOLAÇÃO

1. A subscrição de acções 135
2. A denominada preferência dos accionistas 138
3. A exclusão da preferência por deliberação dos sócios 141
4. Inobservância da preferência e consequências 147

V — DA TRANSMISSÃO EM BOLSA DE ACÇÕES DEPOSITADAS

1. Princípios gerais do Direito das bolsas de valores 151
2. As ordens de bolsa e sua extensão 154
3. O formalismo requerido 157
4. O depósito de acções 158
5. A transmissão em bolsa das acções depositadas 159
6. As relações entre o banco e o cliente 162
7. O risco na dilação das operações de bolsa 163
8. Operações de bolsa, entrega de acções e ónus da prova 164

VI — DO REPORTE: SUBSÍDIOS PARA O REGIME JURÍDICO DO MERCADO DE CAPITAIS E DA CONCESSÃO DE CRÉDITO

1. Oportunidade da figura 167
2. Noção geral, modalidades e características 169
3. Função e natureza 172
4. Os denominados direitos acessórios 176

VII — OBRIGAÇÕES EM MOEDA ESTRANGEIRA E TAXAS DE JUROS

1. Introdução 185

I — Obrigações pecuniárias, obrigações em moeda estrangeira e obrigações de juros

2. Obrigações pecuniárias 189
3. Obrigações em moeda estrangeira 194
4. Obrigações de juros 198

II — A determinação da taxa de juros nas obrigações em moeda estrangeira

5. Generalidades 201
6. Primeira hipótese: juros convencionados 205
7. Segunda hipótese: juros legais e obrigações valutárias próprias 207
8. Terceira hipótese: juros legais e obrigações valutárias impróprias 208

III — Conclusões

9. Conclusões 211

VIII — COMPRA E VENDA INTERNACIONAL, INFLAÇÃO, MOEDA ESTRANGEIRA E TAXA DE JUROS

Acórdão do Tribunal da Relação de Lisboa de 7 de Maio de 1987

Anotação

1. Os factos relevantes; as questões a considerar 223
2. Obrigações pecuniárias e obrigações em moeda estrangeira 224
3. Continuação; natureza 228
4. Obrigações de juros 229
5. Depreciação da moeda e riscos cambiais 231
6. Juros nas obrigações em moeda estrangeira; o problema 233
7. Continuação; uma questão privada internacional 234
8. O caso do acórdão; conclusões 241
Índice 243

Execução Gráfica

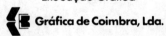 **Gráfica de Coimbra, Lda.**

Tiragem, 1600 ex. — Dezembro, 1990

Depósito Legal n.º 42552/90

Execução Gráfica:

Gráfica de Coimbra, Lda.

Tiragem: 1500 ex. — Dezembro, 1992

Depósito Legal n.º 58630/92